中国职业技术教育学会
智慧文旅职业教育专业委员会推荐用书

专家指导委员会
主　任／韩玉灵
副主任／邓　宁
总主编／杜兰晓

| 智慧旅游技术应用系列教材 |

旅游新媒体运营（第2版）

LÜYOU XINMEITI YUNYING

主　编　李　俊　伍　欣
副主编　邓莎莎　黄东梅

立体化教学资源

北京·旅游教育出版社

图书在版编目（CIP）数据

旅游新媒体运营 / 李俊，伍欣主编． -- 2版． -- 北京：旅游教育出版社，2025. 1． -- （智慧旅游技术应用系列教材）． -- ISBN 978-7-5637-4789-4

Ⅰ．F590.6

中国国家版本馆CIP数据核字第2025Z4N184号

智慧旅游技术应用系列教材

旅游新媒体运营

（第 2 版）

李 俊 伍 欣 主 编

总 策 划	丁海秀
执行策划	陈凤玲
责任编辑	陈凤玲
出版单位	旅游教育出版社
地　　址	北京市朝阳区定福庄南里 1 号
邮　　编	100024
发行电话	（010）65778403　65728372　65767462（传真）
本社网址	www.tepcb.com
E - mail	tepfx@163.com
排版单位	北京旅教文化传播有限公司
印刷单位	北京柏力行彩印有限公司
经销单位	新华书店
开　　本	710 毫米 × 1000 毫米　1/16
印　　张	18
字　　数	270 千字
版　　次	2025 年 1 月第 2 版
印　　次	2025 年 1 月第 1 次印刷
定　　价	59.80 元

（图书如有装订差错请与发行部联系）

智慧旅游技术应用系列教材专家指导委员会、编委会

专家指导委员会

主　　任：韩玉灵
副 主 任：邓　宁
委　　员：康　年　魏　凯　卓德保　丁海秀

编委会

总 主 编：杜兰晓
执行总主编：韦小良　郭　一
委　　员（按姓氏笔画顺序排列）：
丁原祖　王亚丽　王国栋　王莹莹　王新宇　邓　进　邓莎莎
叶冬梅　田　超　邢剑飞　伍　欣　刘　凯　孙　晶　李　云
李　俊　李雪丽　李　想　李　霞　杨　栋　杨　强　杨　璐
汪早荣　汪敏倩　沙子凯　张伟国　张　洁　张　萍　张梦雨
张　翊　陈志伟　陈　亮　陈晓华　陈克明　陈　超　邵　阳
罗婵玉　孟凤娇　孟晓龙　胡　卉　施蓓琦　姚梅芳　俞志兴
袁　芬　钱天宇　徐汗青　黄东梅　黄　昇　康传德　彭士平
韩　玮　韩黄英　程　琪　焦金英　谢仲文　阚玉丽　潘　宁
潘贵忠　魏　健

《旅游新媒体运营》编委会

主　　编：李　俊　伍　欣
副 主 编：邓莎莎　黄东梅
编　　委：王莹莹　李　霞　李　想　张梦雨　杨　璐　邵　阳
　　　　　姚梅芳　徐汗青　彭士平　焦金英　霍振涛　贾　靖

总序 PREFACE

  随着信息技术的快速发展并在旅游领域的深入应用，旅游业发生了前所未有的变革。《"十四五"文化和旅游发展规划》指出：积极发展智慧旅游，深化"互联网＋旅游"，加快推进以数字化、网络化、智能化为特征的智慧旅游发展。如何利用信息技术发展智慧旅游，实现旅游服务、旅游管理、旅游营销和旅游体验的智能化，促进旅游业全面转型升级和高质量发展，为把旅游业建设成为人民群众更加满意的现代服务业提供智力支持和人才保障，是当下旅游高等教育亟待解决的重要课题。

  浙江旅游职业学院一直秉持着"依托行业、产学结合、接轨国际"的办学理念，借着浙江数字经济转型的东风，工学结合、校企合作，紧紧围绕智慧旅游教育领域积极探索，并开设了智慧旅游等一系列平台课程。2021年3月，教育部全面修订新版职业教育专业目录。本人很荣幸地受教育部委托，作为组长牵头旅游大类中高本一体化专业目录修（制）订工作。在此过程中，由浙江旅游职业学院牵头申报了智慧旅游技术应用这个新专业并得到批准。自此，智慧旅游技术应用成为高职院校独立的专业，并于2021年9月正式开始招生。2021年8月，本人再次受教育部委托，作为组长牵头带领团队完成了智慧旅游技术应用专业教学标准和专业简介的研制工作。

  智慧旅游技术应用作为新专业，亟需一套与之相匹配的专业教材。在旅游教育出版社的邀请和大力支持下，我们开始筹划全国首套智慧旅游技术应用专业系列教材的编写与出版工作。2021年6月，浙江旅游职业学院承办了智慧旅游技术应用专业系列教材论证会，牵头组织了国内14所旅游院校、10余家旅游行业企业专家参与系列教材的编写工作。

该系列教材一共5册，分别是《智慧旅游技术概论》《旅游大数据及其应用》《旅游新媒体运营》《智慧旅游运营实务》《智慧旅游产品创新与创业》。该系列教材的编撰，紧扣智慧旅游技术应用专业标准，注重学生理论知识的提炼与实践能力的提升，从智慧旅游基础知识、旅游行业、实践运营、案例分析等多维度，围绕市场调研与商务数据分析、旅游大数据应用、旅游新媒体运营、智慧旅游产品应用以及智慧旅游运营逻辑主线而精心编撰，优选了国内外大量的智慧旅游相关案例，具有较强的针对性和实用性。

在此，要衷心感谢北京第二外国语学院、上海师范大学、上海旅游高等专科学校、青岛酒店管理职业技术学院、郑州旅游职业学院、太原旅游职业学院、泰山学院、江西婺源茶业职业学院、淄博职业学院、山西职业技术学院、长沙商贸旅游职业学院、南充文化旅游职业学院、上海师范大学天华学院、南京旅游职业学院等单位和编写团队的倾情付出。同时，也诚挚感谢以韩玉灵教授为主任、邓宁为副主任的专家指导委员会的悉心指导和帮助，以旅游教育出版社丁海秀副社长为首的工作团队的全力支持与配合。

本套教材既可作为中高职旅游类专业教学用书，也可作为职业本科旅游类专业教学参考用书，同时还可作为工具书供从事旅游服务与管理的企事业单位专业人员和社会人士借鉴与参考。

本套教材虽凝聚多方心血而成，但基于智慧旅游技术应用是新专业，且应用领域十分广泛，作为全国首套智慧旅游技术应用专业系列教材，肯定还存在诸多不足和遗漏之处，恳请读者不吝批评和指正，我们将在今后再版过程中予以完善与修正。

总主编：

2022年8月

前言 FOREWORD

随着互联网和信息技术的不断进步，新媒体得以快速发展，并逐渐渗透到各行各业。新媒体的应用在旅游行业的发展中发挥了巨大的作用，不仅成为了旅游消费者获取旅游资讯的重要渠道，也使得旅游企业对新媒体运营人才的需求逐渐加大。在此背景下，对旅游人才的培养提出了新挑战和新要求。

作为智慧旅游技术的应用，旅游新媒体运营已然成为旅游人才培养的重要核心课程。本教材结合旅游企业的实际需求，按照"案例＋知识＋实训"的模式展开内容，从而实现"教、学、做"的统一，既为智慧旅游技术应用、旅游管理等旅游类本、专科相关专业教学提供教学资源，同时也为相关企业人员和从业者自学提供相应的学习参考。

全教材共分为五大项目。项目一介绍了新媒体的概念和特征、旅游新媒体岗位认知、旅游新媒体运营人员认知及旅游新媒体运营思维；项目二介绍了新媒体平台认知、搭建平台及内部架构及平台矩阵的搭建；项目三介绍了用户运营的认知及流程；项目四介绍了内容运营的认知及技能（文案创作、海报及H5创作、视频制作、旅游直播）；项目五介绍了旅游裂变营销策划、旅游新媒体社群运营、旅游新媒体数据分析及舆情管理与网络安全等。

本教材自2022年首次出版以来，受到了广大读者的热烈欢迎和积极反馈。为此，我们深感荣幸，同时也意识到随着时代的发展，教材内容需要不断更新和完善。由此，我们决定推出第2版。在新版本中，我们根据读者的建议和意见，对原有内容进行了全面修订和更新，特别是视频制作和旅游直播等项目任务做了比较大的更新，以反映相关领域的最新研究成果和技术进展。

本教材由郑州旅游职业学院、长沙商贸旅游职业学院、南充文化旅游职业学院、浙江旅游职业学院教师合作完成，李俊、伍欣任主编，负责教材的整体设计和统稿，邓莎莎、焦金英、邵阳、黄冬梅、王莹莹、李霞、杨璐、徐汗青、张梦雨、彭士平、姚梅芳等老师参与编写部分章节。教材编写过程中，新华社新华网四川有限公司副总经理，四川省旅游协会副秘书长、旅游新媒体营销联盟常务副会长兼秘书长李想为本书的编写提供了部分素材内容。第2版修订是由郑州旅游职业学院教师李俊、邓莎莎、霍振涛、贾靖等老师参与完成。

在本教材编写和修订过程中，我们参考了诸多新媒体方面的专著、教材、论文及新闻等，他们的作品为本教材的顺利编写提供了丰富的参考，在此向他们致以诚挚的谢意。我们相信，通过不断改进和完善，本教材将能更好地服务于广大读者，为他们的学习和研究提供有力支持。由于时间仓促和编者水平所限，本教材难免会存在不足之处，欢迎广大读者、专家给予批评指正。

编者
2024 年 12 月

项目一　新媒体认知 ··· 1
   任务一　新媒体的概念和特征 ·· 3
   任务二　旅游新媒体岗位认知 ·· 9
   任务三　旅游新媒体运营人员 ·· 14
   任务四　旅游新媒体运营思维 ·· 19

项目二　平台认知和搭建 ··· 25
   任务一　新媒体平台认知 ·· 27
   任务二　搭建平台及内部架构 ·· 47
   任务三　平台矩阵的搭建 ·· 64

项目三　用户运营 ··· 77
   任务一　用户运营认知 ·· 79
   任务二　用户运营流程 ·· 87

项目四　内容运营 ··· 107

  任务一　内容运营认知 ··· 109
  任务二　文案创作 ··· 123
  任务三　海报及 H5 创作 ··· 142
  任务四　视频制作 ··· 157
  任务五　旅游直播 ··· 181

项目五　运营提升 ··· 209

  任务一　旅游裂变营销策划 ·· 211
  任务二　旅游新媒体社群运营 ····································· 225
  任务三　旅游新媒体数据分析 ····································· 240
  任务四　舆情管理与网络安全 ····································· 257

项目一　新媒体认知

 项目导读

新媒体的快速发展，不仅改变了用户获取和传播信息的方式与习惯，也让众多的旅游企业看到了新媒体蕴含的巨大商机，从而纷纷转战新媒体。本项目作为全书的基础储备知识，旨在引导学生认知新媒体，并激发学生对新媒体运营的兴趣，从而能够树立正确的新媒体运营意识。

学习目标

1. 掌握新媒体的概念、功能及特征；了解新媒体未来的发展趋势。
2. 熟悉旅游企业新媒体岗位的分类、职责、岗位要求及工作前景。
3. 熟悉旅游新媒体运营人员应具备的能力和素质。
4. 掌握旅游新媒体运营常用思维。

 思维导图

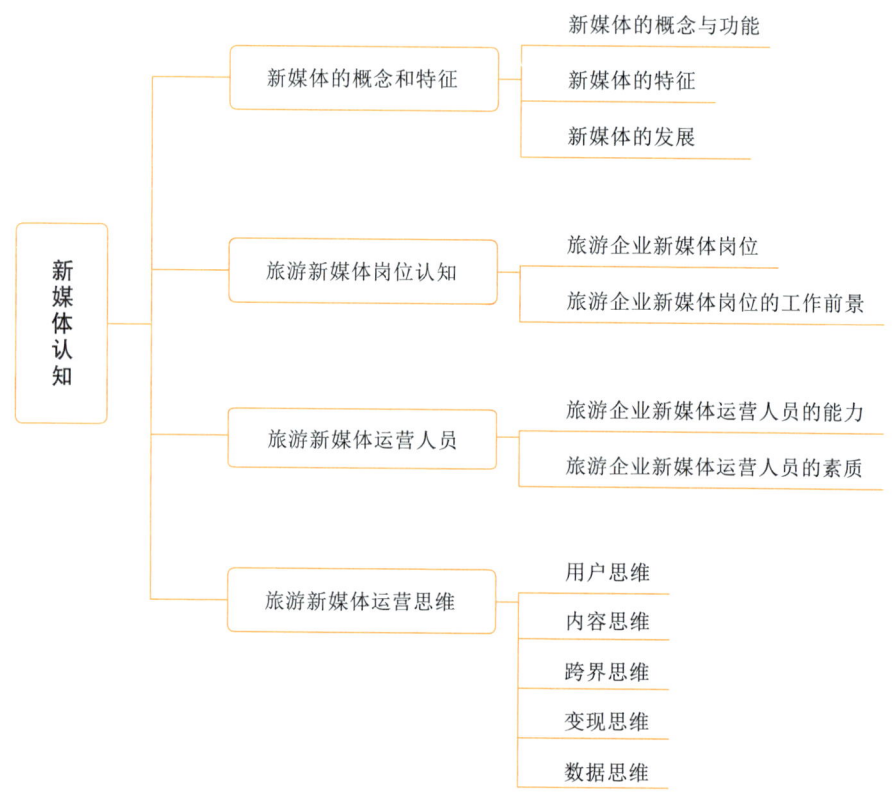

任务一 新媒体的概念和特征

【任务导入】

2023年抖音春节数据报告

打开抖音App，搜索2023年抖音年度观察报告，观看视频后完成下列讨论。
1. 对照报告中的内容，你觉得2023年中的哪些关键词你参与过？
2. 通过本任务，你觉得新媒体使你的生活发生了哪些方面的变化？

任务解析：从任务案例中不难看出，新媒体时代的到来影响着我们生活展现方式的方方面面，它已然成了我们生活的一部分。那么，到底什么是新媒体？它是如何起源的？这些问题都需要我们在开篇之初清晰解读，从而为随后进行的旅游新媒体运营内容学习打下坚实的基础。

一、新媒体的概念与功能

中国互联网络信息中心（CNNIC）发布的第54次《中国互联网络发展状况统计报告》（以下简称《报告》）显示，截至2024年6月，我国网民规模近11亿（10.9967亿人），较2023年12月增长742万，互联网普及率达78.0%。11亿用户接入互联网，形成了全球最为庞大、生机勃勃的数字社会。互联网和现代计算机技术的高速发展颠覆了人们对大众媒体传播的传统认知，报纸、杂志等传统媒体受到了极大的冲击，应运而生的新媒体已成为重要的传播方式而被广大网民接受，越来越多的企业通过微信、社群等方式向市场推广其产品信息，并取得了不可估量的收益。因此，在新媒体环境下，企业运营人员必须了解并掌握新媒体的相关知识，以便快速、有效地使用新技术做好企业运营。

（一）新媒体的概念

"新媒体"这一概念的提出可以追溯到50多年前。1967年，美国哥伦比亚广播公司（Columbia Broadcasting System，CBS）技术研究所所长P.戈尔德马克（P.Goldmark）发表了一份关于开发电子录像（EVR）商品的计划书。在这份计划书中，戈尔德马克首次提到了"新媒体"一词，用以说明电子媒体的创新性应用。此后，新媒体一词开始在美国流行，这便是被广泛认为的新媒体概念起源。

伴随着新媒体的迅猛发展，越来越多的媒体从业者、IT人士及专家学者们开始关注并深入研究新媒体。大家针对新媒体的概念界定众说纷纭，至今尚未形成统一的认识。美国《连线》杂志将新媒体描述为"所有人对所有人的传播"。清华大学新闻与传播学院熊澄宇教授认为，"新媒体是在计算机信息处理技术基础之上出现和影响的媒体形态。互联网用户既是信息的接收者，又是信息的提供者和发布者。"以上这两个定义体现了新媒体的传播基础和传播范围。上海戏剧学院陈永东教授认为，"新媒体是相对于传统媒体而言的媒体及各种应用形式，目前主要有互联网媒体、掌上媒体、数字互动媒体、车载移动媒体、户外媒体及新媒体艺术等。"这个定义体现了新旧媒体之间的区别。

由此可以看出，新媒体概念中"新"是相对的，不是绝对的，这个概念主要是与"旧的""传统的"相比较而言的。此前，大家公认的四大传统媒体分别为报纸、杂志、广播、电视。电视传播相对报纸、杂志就是一种新媒体，互联网传播相对电视、广播也是一种新媒体。因此，随着时间的更迭、技术的革新，新媒体会不断升级，"新"与"旧"之间的界限会逐渐模糊，直至消失。但通过上述内容可以肯定的是，首先，新媒体是在数字技术和网络技术发展的基础上衍生出来的各种媒体形式。其次，新媒体打破了传统认知中只有媒体从业者的固化界限，它更强调传播者和接受者汇聚成对等的交流者，人人皆可生产、传播、个性化交流。

综上所述，我们认为新媒体是在各种数字媒体技术和网络技术的支持下，通过互联网、宽带局域网、无线通信网等渠道，利用计算机、手机、电视等输出终端，向用户提供视频、音频、语音数据服务，网络游戏、娱乐服务等产品的所有新的传播手段或形式的总称。

【案例1-1】

以下哪些属于新媒体？

类型	是或否	类型	是或否
微信		喜马拉雅	
微博		电子报刊	
手机杀毒软件		门户网站	
爱奇艺		电子邮件	
抖音		广播电台	

思考： 通过所学内容，讨论并思考以下问题。

1. 以上哪些是新媒体？为什么？
2. 你使用过以上哪些新媒体平台？谈一谈你的使用感受。

（二）新媒体的功能

1. 大众传媒功能

新媒体具有强大的信息传播功能。例如，以提供新闻信息服务为核心内容的大型商业门户网站新浪、网易、搜狐等，以提供信息搜索、聚合业务为主的搜索引擎网站百度、谷歌、360等，以提供社会化人际沟通为核心内容的新浪博客、天涯博客、知乎、问答等，也有以提供专业化服务为核心内容的丁香医生、爱问医生等，大众传媒的普遍应用为网络文化增添了活力。

2. 沟通交往功能

新媒体因其虚拟、即时、平等、开放等特性打破了现实生活中的交往障碍。截至2024年6月，我国手机上网用户的数量达到10.96亿，5G网络用户突破5亿。手机终端的普及，使得圈子文化盛行，不同兴趣、不同话题形成各种各样的网友圈子，拓展了网民的社会交往。在网络平台的沟通过程中，网民还创造了许多简洁的形象、约定俗成的语言文字和表情符号，形成了便捷、生动的网络语言。

3. 知识传承功能

新媒体给知识的传播与传承带来了重要的影响。一方面，新媒体可通过数字化的方式将知识、信息等进行保存与传承。各种数据库、数字图书馆、数字艺术馆、文学相关网站、学术类网站等，存储了数量浩瀚的作品、数据、资料以及文物等。另一方面，新媒体通过大数据技术的不断改进和完善，使用户在使用查询、检索功能时，被推送各种相关信息，缩短了信息查询时间，增加了知识传承的实际效果。

4. 电子商务功能

新媒体的电子商务功能为经济活动开辟了一条全新的模式。通过新媒体的推广与应用，越来越多的商家或个人通过电子商务平台进行产品的营销活动。因为新媒体营销具有更强的用户自主选择性、营销成本低廉性、目标用户精准性、企业与用户的互动性及营销内容的创意性等优势，从而备受商家青睐。淘宝、京东等购物专业化服务平台受到消费者的普遍欢迎。2023年天猫"双十一"全球狂欢季实时成交额突破4674亿，实时成交额超过亿元的品牌402个。

二、新媒体的特征

相对于报纸、杂志、广播、电视等传统媒体，新媒体在传播主体、传播方式、内容运营等方面具有以下典型的几大特征。

（一）传播主体大众化

新媒体出现以前，人们获得信息主要是通过报纸、杂志、广播、电视等渠道，而提供信息的人员也必须是经过专业学习的专门人士。随着数字技术的发展，互联网已成为信息传播的重要平台，任何人都可以通过互联网技术去传播文字、图片、视频等信息，有时还能在社会上产生重要影响。正如有杂志对新媒体的描述那样，"新媒体是所有人对所有人的传播"。这种人人皆可成为新闻主体的方式使得传播主体更趋于大众化。为了更好地为大众提供服务平台，社会上也衍生出了多元化的传播平台，如博客、微博、微信、直播等，传播平台的多元化直接促进了传播主体的大众化。

（二）传播方式双向化

传统媒体时代，人们只能单向接收信息，即由信息发布者主动发布，用户通过几种平台被动接收信息。由于信息传递的单向性，一方面导致传播者和受众之间产生隔阂，很难产生互动，另一方也限制了受众对信息的选择余地，只能被动地接收信息。而随着新媒体时代的到来，用户不仅可以接收信息，同时也可以成为信息的传播者，还可以将接收到的信息再次反馈或者传播出去，从而将信息传播从原来的"一对一"和"点对面"的形式转变为媒体对个人、个人对媒体、个人对个人及个人对大众等双向互动的形式（图1-1）。

图1-1　新媒体信息传播方式不再是一对一

（三）接收方式移动化

移动互联网的快速发展加剧了手机终端的普及，这使得移动手机终端成了新媒体时代人们接收信息的主要方式，这种方式不受时间和空间的限制，这与传统媒体时代截然不同。比如，用户想通过新闻联播了解国内外大事，就必须在固定的时间和固定的场所接收信息。但在新媒体时代，新媒体利用无线移动技术，使我们能随时随地获取和接收信息。比如，我们可以在坐地铁的过程中使用智能手机观看直播球赛。

（四）传播速度实时化

新媒体采用的数字技术加速了信息传播的时效性。因省略了信息采集、汇总的过程，也不需要复杂的排版剪辑及后期繁杂的制作与发行，实现了信息的实时传播。同时，由于大数据技术的不断更新，很多新媒体平台还可通过大数据算法精准推送信息，这也加速了信息传播的速度。

（五）传播内容多样化

随着移动终端的普及应用，越来越多的人选择通过新媒体接收信息，也自愿到新媒体平台发布信息，新媒体已成为社会新闻信息交流的主要平台。新媒体快速的传播能力、宽阔的传播领域造成了新媒体所承载的信息量急剧增加，且内容多样、形式多样，除了文字、图片还有各种视频资源。这些内容既可以单独存在，又可以以组合的方式发布，故而使得新媒体运营的内容更趋多样化。

三、新媒体的发展

（一）新媒体技术越来越智能化

大数据、人工智能、云计算、物联网、5G等技术快速发展，使得新媒体依托的技术变得越来越智能化。比如，新媒体的工具不断智能化，各种智能终端、语音识别系统、图像识别系统、自动翻译系统、自动成像与虚拟成像系统等智能化工具可以更好地进行信息的提取与整合，完成资源的高效利用。比如5G技术所带来的流畅体验，让用户在新媒体平台观看视频、开展社交等活动都能够深度使用。

（二）新媒体内容越来越可视化

在时间碎片化的今天，短视频、直播等视频内容已成为新媒体发展的主流趋势。不管是短视频还是直播，其内容最大的天然优势就是易读性。用户在阅读文字内容时，需要大脑把文字转换为相应的图像，这使得读者要消耗较多脑力去解读信息。但当用户观看可视化新媒体内容时，跳过了自己在脑海中想象画面的过程，一步到位地接收了内容。新媒体可视化的内容越容易被解读，其传播效率就越高。

（三）新媒体用户越来越全龄化

移动智能终端，特别是智能手机已然成了每个人日常获取信息的重要手段，银发群体和00后也不例外。在2018年以前，年轻人是新媒体用户中的主力军，但2018年以后，新媒体用户越来越显现出全龄化趋势。Quest Mobile发布的《中国移动互联网2023年度报告》数据显示，对比2023年1月和12月数据，00后、60后用户占比均提升0.1个百分点。

（四）新媒体互动越来越高频化

区别于传统媒体，新媒体最突出的特征便是创造了传播者和接受者之间随时随地的双向传播模式。这样的传播模式使得新媒体的互动越来越便捷，也有越来越多的媒体、企业更重视与用户之间的互动。在新媒体时代，媒体也好，企业也好，与用户之间的互动越多，其关注量越会节节攀升，也就越能产生较大的商业价值。比如，近些年，中央电视台春节联欢晚会上，节目组就积极与新媒体平台合作，采用新媒体的玩法与用户互动。

任务小结

通过本任务的学习和实践，学生应了解新媒体的起源和未来的发展，掌握新媒体的概念，以此可以清晰地界定新媒体与传统媒体的区别；理解新媒体的特征，以此明确新媒体的价值，激发自身对新媒体运营的学习兴趣。

任务实践

任务准备	全班分组成立新媒体项目小组（以下简称各组），每组人数3~7人
任务要求	1.各组讨论确定本小组的组名、口号和LOGO 2.各组确定新媒体领域定位（如运营某民宿、推介某村旅游项目、导游证考证辅导、网红打卡推介、探店达人、音乐＋景点混剪推荐等），该定位应具有一定的社会实际应用性 3.各组展示本组的组名、口号和LOGO，并解析其含义
任务成果	每组提交本组的组名、口号和LOGO
评价方式	学生自评、互评与教师评价相结合，条件允许应采用贯穿项目一至项目四连续任务，并实际进行新媒体运营实践，通过各种后台数据进行评价。分组安排时，注意小组成员分工到位，每位成员都有一定任务

项目一　新媒体认知

任务二　旅游新媒体岗位认知

【任务导入】

旅游企业新媒体岗位招聘信息

打开前程无忧招聘网，在网页搜索引擎中输入"新媒体"，在高级搜索中选择行业"酒店/旅游"，就可以搜到很多旅游企业新媒体岗位的招聘信息。

请浏览这些内容，并思考讨论以下问题。

1. 这些旅游企业都在招聘哪些新媒体岗位？这些岗位职责包括哪些？
2. 这些旅游企业新媒体的岗位要求有哪些？

任务解析： 在新媒体时代背景下，越来越多的企业特别是中小企业，越来越重视互联网市场。与此同时，企业对新媒体岗位的设置也越来越普遍，旅游企业也不例外。那么，到底旅游企业包括哪些新媒体岗位？这些岗位具体的职责是什么呢？工作前景又如何？

一、旅游企业新媒体岗位

（一）旅游企业新媒体岗位所属部门

由于旅游企业的组织结构不同，新媒体岗位所属部门差异较大。总的来说，新媒体岗位主要下设在旅游企业的市场部、品牌公关部、运营部3个部门。各个部门新媒体人员的工作重点也有所不同。

1. 市场部新媒体岗位

在市场部下设的新媒体岗位工作重点主要在于产品的宣传、用户的拉新。通过新媒体的运营来拉近旅游企业和用户之间的距离，最终实现用户的转化。

2. 品牌公关部新媒体岗位

在品牌公关部下设的新媒体岗位工作重点主要在于扩大品牌知名度。通过新媒体的运营来提升公司影响力，维护旅游企业对外的品牌建设，维护各个媒体渠道的关系以及实现一些资源的互换。

3. 运营部新媒体岗位

在运营部下设的新媒体岗位工作重点主要在于提高用户转化率。通过旅游企业开展的新媒体活动去追踪用户整个行动轨迹,优化用户的体验,从而提高用户的转化率。

(二)旅游企业新媒体岗位层级

旅游企业的新媒体岗位一般分为新媒体营销/运营专员、新媒体营销/运营主管、新媒体营销/运营经理、新媒体营销/运营总监4个层级。但由于旅游企业的规模不同,所以新媒体岗位层级也会有所不同。一般来说,1000人以上的旅游企业,新媒体岗位4个层级都有;在500人以上1000人以下的旅游企业,新媒体岗位一般就只有3个层级,即新媒体营销/运营专员、新媒体营销/运营主管或者新媒体营销/运营经理、新媒体营销/运营总监;在500人以下的旅游企业,一般新媒体岗位就只有两个层级,即新媒体营销/运营专员、新媒体营销/运营主管或者新媒体营销/运营经理。若是该旅游企业涉及的网络营销业务很少的话,就仅设新媒体营销/运营专员岗位。

结合网上招聘信息的相关内容,我们在此就4个层级的旅游企业新媒体岗位分别总结了其岗位职责和岗位要求。

1. 新媒体营销/运营专员

新媒体营销/运营专员的岗位说明如表1-1所示。

表1-1 新媒体营销/运营专员岗位说明

岗位名称	新媒体营销/运营专员
岗位职责	1. 负责本企业各新媒体平台的运营与推广工作,负责策划并执行日常活动以及后续的追踪、维护 2. 分析用户画像,及时掌握新闻热点,与用户进行互动 3. 提高本企业用户的数量和活跃度,并对营销/运营现状进行分析和总结
岗位要求	1. 新闻、营销、广告、设计、管理等相关专业 2. 至少具有一年及以上的工作经验 3. 熟悉互联网,在新媒体营销/运营工具运用方面经验丰富 4. 擅长新媒体推广工作,具备团队合作精神、创新精神和严谨的工作态度 5. 具备新媒体运营思维,文笔好,书面和口头沟通能力强,熟悉网络语言的写作特点 6. 具有较强的网感,学习能力强,兴趣广泛

很多规模较大的旅游企业,也会根据其对新媒体营销/运营专员的具体需要对招聘的新媒体岗位做进一步的细分,有的按照平台进行划分,分为微信营销/运营专员、微博营销/运营专员、抖音营销/运营专员、活动策划专员等;有的按照工作内容进行划分,分为文案编辑、策划、美工、短视频编辑、摄影、营销、推广等。

2. 新媒体营销/运营主管

新媒体营销/运营主管的岗位说明如表1-2所示。

表1-2 新媒体营销/运营主管岗位说明

岗位名称	新媒体营销/运营主管
岗位职责	1. 负责品牌和产品营销、媒体计划和宣传文案的编写，广告及市场活动的创意和策划 2. 根据市场调研报告进行策划定位及推广策略分析报告，设计市场内容方案 3. 参与日常的社交媒体运营，负责撰写活动策划案、媒体传播方案等，熟悉媒体信息 4. 制定公司品牌推广活动策略及相应工作的计划、实施、分析等
岗位要求	1. 大学本科以上学历，新闻、中文等相关专业3年以上工作经验，具有旅游行业从业经验者优先 2. 具备良好的文字驾驭能力和视角独到的文案创作能力，较强的编辑整合能力，能够独立思考并有所创新 3. 具备灵敏的市场反应及准确的市场把握能力，具备一定的全局把控能力和统筹分析能力，能够独立提案 4. 熟悉各种社交媒体运营流程，具有活动及组织策划经验 5. 具备高度的敬业和团队合作精神，有较强的责任心和使命感，工作细致负责

3. 新媒体营销经理/运营经理

新媒体营销经理/运营经理的岗位说明如表1-3所示。

表1-3 新媒体营销经理/运营经理岗位说明

岗位名称	新媒体营销经理/运营经理
岗位职责	1. 负责旅游企业新媒体整体营销/运营工作，对本部门绩效目标的达成负责 2. 负责对新媒体营销/运营的内容撰写并进行指导和相关方案的监督执行 3. 负责新媒体推广策略的制定、执行指导和监督管理工作 4. 负责新媒体运营数据的分析，提升成效 5. 负责本部门的筹划建立，员工招聘、考核、管理，部门规划和总结
岗位要求	1. 具有5年以上的相关工作经验 2. 具有营销/运营策划、品牌策划推广、网络营销等系统的理论知识和丰富的实践经验 3. 具有较强的数据分析能力和商业变现管控能力 4. 具有优秀的文案写作能力，能撰写各类文案 5. 具备丰富的业务管理经验和团队管理能力

4. 新媒体营销总监/运营总监

新媒体营销总监/运营总监的岗位说明如表1-4所示。

表 1-4　新媒体营销总监/运营总监岗位说明

岗位名称	新媒体营销总监/运营总监
岗位职责	1. 负责制定各新媒体平台的年度经营目标、预算及年度、季度、月度计划 2. 负责制定各新媒体平台的整体规划和运营管理目标，并组织落实 3. 组建并管理运营团队 4. 根据运营推广数据分析结果，优化传播方案，提升新媒体账号影响力、粉丝数量及活跃度，提高公司品牌曝光度、知名度与美誉度 5. 与合作伙伴、供应商、相关媒体、政府机构、社会组织等保持良好的关系 6. 负责工作方案的落地执行质量 7. 加强团队绩效管理和团队建设及专业能力，提升部门工作效率
岗位要求	1. 本科以上学历 2. 5 年以上相关工作经验，具有旅游行业同等岗位 3 年以上工作经验者优先 3. 具备敏感的商业和市场意识，分析问题及解决问题能力强，具有优秀的资源整合能力和业务推进能力 4. 数据驱动，擅长挖掘机会点并进行策略优化和落地 5. 对用户有深刻洞察，能站在用户角度思考 6. 逻辑思维清晰，具有出色的沟通表达能力、商务谈判能力和团队管理能力，注重过程和结果

二、旅游企业新媒体岗位的工作前景

（一）市场需求

从求职网站上的岗位分布来看，旅游企业招聘市场对于新媒体岗位有较大的需求。我们分别在拉勾网、猎聘网上选取了"新媒体""新媒体运营"作为关键词，将行业选取为"旅游"进行检索，初步得到了一个现今市场上旅游企业对新媒体岗位的大致需求量。随着互联网和新媒体的发展，旅游企业新媒体岗位的需求还会持续增加和细分。

（二）地域分布

从地域分布来看，以猎聘网 2021 年 9 月显示数据为例，旅游企业新媒体的岗位需求还是主要集中在一二线城市（图 1-2）。尤其是一线城市的"北上广深"，4 个城市占了全国近四成的旅游新媒体岗位。主要原因在于不管是旅游企业，还是新媒体公司、新媒体平台都更多地分布在一二线城市。一二线城市的旅游企业也对新媒体的认知更加深刻，所以会有更多的旅游企业去招聘新媒体岗位。但是随着互联网和新媒体的进一步下沉，三四线城市旅游企业的新媒体岗位需求势必会呈现一种增长的趋势。

项目一　新媒体认知

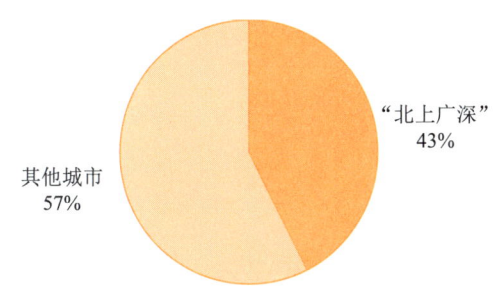

图1-2　"北上广深"与其他城市新媒体岗位需求比

（资料来源：猎聘网2021年9月搜索数据）

（三）薪资水平

既然新媒体岗位需求这么大，那么新媒体人员的薪资水平是怎样的呢？

《2020~2021年运营从业者薪资—职业现状调查报告》对2020~2021年运营人员的薪资情况进行了统计（图1-3）。报告的研究对象是全行业的运营人员，旅游企业新媒体人员也包含其中，所以这部分人员的薪资水平可以参考该数据。数据显示，2020~2021年运营岗位越来越"吃香"，入门的薪资水平越来越高，其中40.6%的运营小白工资超过了8000。另外，运营人员薪资水平在8000到12000元的人数占比达到39.83%，同比上升12.13%；12000元以上的占比也达到了26.87%，并且还有30000元以上的高薪存在。所以整体来看，旅游企业新媒体岗位的薪资水平是处于中等偏上的位置。具体到城市，像"北上广深"这样的一线城市薪资在12000元以上的比例会更高一些。但值得关注的是，一些二线城市高薪人员占比也相对较高。整体来看，旅游企业新媒体人才的就业环境还是比较友好的。

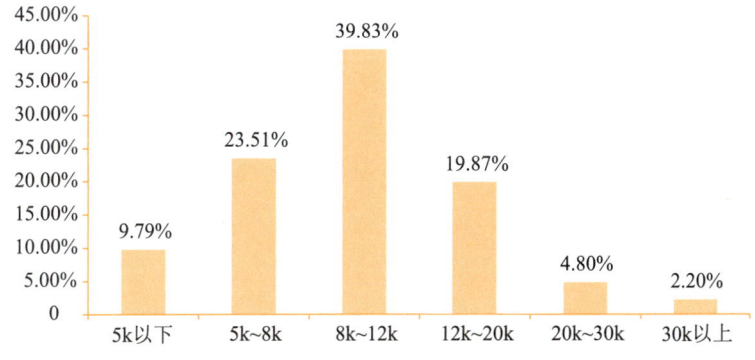

图1-3　2020~2021年运营人员薪资分布

（资料来源：《2020~2021年运营从业者薪资—职业现状调查报告》）

· 13 ·

任务小结

通过本任务的学习和实践，学生应了解旅游企业新媒体岗位所属的部门及未来的发展前景，掌握旅游企业新媒体岗位的分类、职责和要求，这样有利于学生培养自己在新媒体行业的从业热情，并学会主动规划自己的职业生涯。

任务实践

任务准备	全班按原有分组，完善项目一任务二中的任务成果
任务要求	1. 各组明确本组的新媒体岗位所属部门 2. 各组明确本组所设置的新媒体岗位及岗位职责和要求 3. 各组根据组员的特点分派新媒体岗位 4. 各组借助组织结构图展示本组的新媒体岗位设置情况
任务成果	各组制作本组的新媒体岗位组织结构图及岗位说明书
评价方式	学生自评、互评和教师评价相结合，条件允许应采用贯穿项目一至项目四连续任务，并实际进行新媒体运营实践，通过各种后台数据进行评价。分组安排时，注意小组成员分工到位，每位同学都有一定任务

 任务三　旅游新媒体运营人员

【任务导入】

旅游企业新媒体运营人员的能力和素质

【××文旅总部】新媒体运营专员 4k~6k

郑州—新密　　1年以下　　大专及以上

职责描述

1. 进行公众号、订阅号、抖音、今日头条、微博等软文原创内容的编辑发布等工作

2. 与运营、销售配合做好公司活动的软文及推广方案

3. 负责网络软性推广活动（事件营销、话题营销等）

4. 与设计对接好产品海报、视频等文案内容

任职要求

1. 具有旅游电商、社区生活等文案类工作经验

2. 能够准确捕捉产品亮点，具备恰如其分的文字表现能力

3. 思维敏捷，洞察能力强，文字功底扎实，语言表达能力强

4. 能独立完成项目广告等推广文案的撰写

请查看银基文旅总部的新媒体运营专员招聘启事，并讨论以下问题。

1. 从事这个岗位应具备哪些能力？

2. 从事这个岗位应具有哪些素质？

任务解析： 搜索众多招聘网站，不难发现在旅游企业招聘的新媒体岗位中，最多的岗位都是与新媒体运营相关的。虽然每家旅游企业对新媒体运营岗位的招聘内容有所差异，但通过拆解并提炼关键词，可以得出两家企业对新媒体运营人员需求的共同点。那么，旅游企业新媒体运营人员到底需要积累哪些方面的能力，需要具备哪些方面的素质呢？

一、旅游企业新媒体运营人员的能力

从事旅游企业新媒体运营的人员应符合一定的基本能力要求，主要包括以下几个方面。

（一）文案写作能力

新媒体运营，内容为王。内容可以说是新媒体运营的关键，没有优质的文案，何来引人入胜的内容，所以优秀的新媒体运营人员一定要具有扎实的文案写作能力，要有一套输出文章的精密逻辑，同时能够自由切换语言风格来适应不同的营销环境和素材，好的文案能让用户产生强烈的代入感，能吸引大流量，能在潜移默化中实现流量的变现。比如，短视频平台旅游领域的头部达人房琪，她的文案共情力强，张扬着房琪式鲜明的风格，用自己独特的温暖感动无数网友，也收获了千万粉丝。

（二）活动策划能力

旅游企业新媒体平台的每一次精心推送都可谓是一场活动策划。活动策划就是要解决活动推给谁看、推什么内容、该怎样组织、活动预算多少、活动如何执行、要达到什么效果等问题。虽然说新媒体的运营形式一直在变化，但一个好的创意加一份好的策划依然是旅游企业新媒体活动最稳定的基本框架。因此，作为新媒体运营人员来说，需要具备活动策划能力。

（三）社群管理能力

新媒体运营一直以来都有一个非常重要的部分就是社群管理。社群是旅游企业用户的群体，这个群体的对象是谁？群体的需求是什么？怎样培养用户的黏性？如何有针对性地和用户交流互动？……这些问题都是需要旅游企

业新媒体运营人员具备出色的社群管理能力才能迎刃而解，才能为旅游企业创造更多的、富有黏性的用户群体。

（四）热点跟进能力

新媒体的用户以年轻人居多，这与传统媒体的用户截然不同。热点对年轻人具有很强的吸引力，所以旅游企业新媒体运营人员也应该关注热点并及时跟进。这就需要新媒体运营人员对网络信息有一定的敏感度，也就是"网感"——在发生热点事件时，能快速抓住热点创造内容的能力。若是本企业与热点有关联度，就快速"蹭热点"，提升企业知名度；但若是本企业与热点没有关联度，也绝不一味追求生硬结合。

【案例1-2】

测测你的热点跟进能力

假若你是某景区的新媒体运营人员，请查看微博热搜榜。

思考：通过查看微博热搜榜，讨论思考以下问题。
1. 哪条热搜信息能和你所在景区的产品推广文案相结合？理由是什么？
2. 哪条热搜信息你绝不会选择结合？理由又是什么？

（五）人际沟通能力

旅游企业新媒体运营绝不是一项独立的工作，必须要进行多方面的沟通，有效的沟通能让接下来的运营事半功倍。这个多方面的沟通包括了新媒体运营人员内部的沟通、其他部门人员与新媒体运营人员的沟通、新媒体运营人员与合作企业的沟通及新媒体运营人员与用户的沟通等。

（六）工具应用能力

旅游企业新媒体运营人员的运营工作天天都需要和很多新媒体工具打交道。虽然无法与专业的设计师和程序员相媲美，但他们却精通运用新媒体工具来提高工作效率。比如，当新媒体运营人员需要制作一幅精美的海报时，会合理运用图怪兽、创客贴、MAKA等工具在线编辑生成海报；当新媒体运营人员需要给微信公众号的图文消息排版的时候，会借助135编辑器来快速排版……为了提高这种能力，新媒体运营人员不仅需要不断强化熟练程度，也需要不断学习和更新工具。

（七）数据分析能力

与传统运营相比，新媒体运营之所以可以精准定位，依靠的就是数据分析。对于初级的旅游企业新媒体运营人员来说，每天都要盯后台数据，如阅读量、访问量、跳出率、活跃用户量、转化率……不仅需要了解每个曲线出现峰谷的原因，预测未来的趋势，还能把这些看起来枯燥乏味的数据解读出一个个有趣的"故事"来；而对于中高级的旅游企业运营人员来说，除了要精通数据本身的分析，还要善于对新媒体团队的业绩、绩效等进行考核和较量。数据分析能力不是一朝一夕就可以练就的，不仅需要我们善于借助数据分析工具，也需要旅游企业新媒体运营人员长期的有意识培养。

（八）渠道整合能力

每个旅游企业通常会有两种渠道，即企业内部渠道和企业外部渠道。企业内部渠道包括了线下实体店、自己的线上网站、线下广告牌等；企业外部渠道包括了合作企业、微信公众号、企业微博号、抖音号等。在旅游企业新媒体运营中，需要运营者能够借助更多渠道推进企业新媒体工作，特别是敢于尝试与外部渠道的跨界合作。通过跨界合作，能让活动效果大大升级，也能实现品牌曝光度的双提升。

二、旅游企业新媒体运营人员的素质

从事旅游企业新媒体运营的人员应符合一定的基本职业素质要求，主要包括以下几个方面。

（一）思想政治素质

在新媒体时代，媒体格局和舆论生态日趋复杂，作为旅游新媒体运营人员必须不断强化自身的思想政治素质，始终保持政治上的清醒和坚定，对重大政治原则和大是大非问题，必须旗帜鲜明、态度坚定，决不触碰法律底线、纪律底线、政策底线、道德底线。否则，将会给企业的新媒体平台带来很大的风险，小则账号被限，大则被永久封号，甚至还要承担法律责任。比如，为了更好地加强自媒体管理，压实网站平台信息内容管理主体责任，健全常态化管理制度机制，推动形成良好网络舆论生态，2023年7月10日中国网信办发布《关于加强"自媒体"管理的通知》，即"13条新规"。旅游企业在招聘和员工培训环节中，都应该下功夫大力引导其提高思想政治素质，认真研读相关政策，树立科学的世界观、正确的人生观和价值观。

（二）文化素质

一方面，既然从事的是旅游新媒体运营工作，单单掌握新媒体运营方面的知识是远远不够的，而要成为懂旅游的"杂家"，这凸显了旅游新媒体运营人员需要具备广博的知识结构；另一方面，知识更新日益迅速，新媒体运营工具不断更新，作为旅游新媒体运营人员必须坚持终身学习的理念，让学习真正成为提高员工素质、提升业务水平的自觉行动。

（三）业务素质

业务素质，是旅游企业新媒体运营人员从事新媒体工作的业务能力，主要表现在扎实的新媒体理论知识、高尚的职业道德修养和与时俱进的创新能力。在新媒体的不断发展过程中，新媒体运营人员要想做出内容优质的作品，实现效果更好地传播，就必须顺应时代发展，不断提高自身的业务素质。

（四）身心素质

这里所说的身心素质包括了身体素质和心理素质。对旅游新媒体运营人员来说，这两项素质也很重要。

新媒体运营工作是一项脑力和体力高度结合的工作，一方面在工作中，写文案、PS图片、剪辑视频、策划活动等都需要消耗大量的脑力；另一方面在工作中，需要经常熬夜、久坐与电脑为伴，加上不固定的一日三餐等，没有很好的身体素质很难担当新媒体运营工作。

同时，新媒体运营工作人员还需具备良好的心理素质。80%的新媒体运营岗位招聘中，任职要求都会写明这样一句话：能够承受较大的工作压力。这里以短视频为例，看一个短视频可能只需要几十秒，但想要做出一个高完播率的短视频，运营人员需要在脚本、拍摄、剪辑等方面付出更多的心血和时间，这本身就是一种压力。除此之外，后台那些让人失落的数据对每一位新媒体运营人员而言也是一种压力，如没有良好的心理素质，很难从事新媒体运营工作。

任务小结

通过本任务的学习和实践，学生要想在旅游企业的新媒体岗位就业，就需要充分熟悉旅游新媒体运营人员应具备的能力和素质。旅游新媒体运营人员的能力包括文案写作能力、活动策划能力、社群管理能力、热点跟进能力、人际沟通能力、工具应用能力、数据分析能力和渠道整合能力；旅游新媒体运营人员的素质包括思想政治素质、文化素质、业务素质和身心素质。只有不断提高自身的能力和素质，学生将来才能在旅游企业新媒体岗位中获得自己心仪的岗位。

任务实践

任务准备	全班按原有分组，完善项目一中任务一、任务二中的任务成果
任务要求	1. 各组结合本人学习内容，讨论素质能力自我测评项目 2. 各组利用问卷星制作素质能力自我测评问卷 3. 各组开展素质能力自我测评 4. 各组根据回收的有效问卷撰写本组人员素质能力测评分析报告
任务成果	每组的素质能力自我测评问卷和分析报告
评价方式	学生自评、互评和教师评价相结合，条件允许应采用贯穿项目一至项目四连续任务，并实际进行新媒体运营实践，通过各种后台数据进行评价。分组安排时，注意小组成员分工到位，每位同学都有一定任务

任务四　旅游新媒体运营思维

【任务导入】

《唐宫夜宴》出圈

"2021河南省春晚的《唐宫夜宴》是我心中的最佳节目""甩出王炸""支棱起来了""青铜变王者"……这是在各大新媒体平台上网友对河南春晚的赞誉。

2021年的春晚盛宴中，一向低调的河南春晚凭借硬核的节目内容《唐宫夜宴》"C位出圈"。没有浮夸的宣传，整台晚会制作不足千万成本，但却赢得了百万网民在线"打call"和转发。节目视频播放量超20亿，微博主话题阅读量4.9亿次，多次登上各平台热搜榜单……一时间，河南春晚刷屏了不少人的朋友圈。

（资料来源：《当代生活报》2021-02-20）

通过阅读本案例，讨论以下问题。

1. 2021年春节期间，你都在哪些新媒体平台上看到了有关《唐宫夜宴》的信息？

2. 为什么《唐宫夜宴》能出圈？

任务解析：大家会不会来看？为什么要看？看点在哪里？从节目编排到后期宣发，河南春晚团队始终带着这些问题去实践和思考。正确运用新媒体运营思维，成为河南春晚取得成功的关键。

在移动互联网高速发展的时代，新媒体发展的关键就是新媒体运营思维的运用。作为旅游企业的新媒体人员，要想实现新媒体运营价值的最大化，就必须首先培养新媒体运营的思维。那在旅游新媒体领域，运营人员常用的思维又包括哪些呢？这是接下来我们需要解决的问题。

新媒体的火爆吸引了越来越多个人和企业的关注，新媒体运营的市场竞争也越来越激烈，要想突出重围获得竞争优势，新媒体运营人员必须在已有的运营方法和经验基础上不断创新思路。只有拥有能够适应不断变化的运营环境的思维，才能更好地打开新的运营通道和市场。在目前的新媒体环境下，新媒体运营常见的思维模式有以下几种。

一、用户思维

用户思维是新媒体运营的核心思维，用户需求永远是运营工作的向导。企业在开发、研制、运营任何一款产品或提供服务时，都应该以用户为核心。

（一）用户需求的挖掘

用户思维要求企业在运营过程的各个环节都要以用户为中心。在深度理解用户的基础上挖掘用户需求，解决用户的问题。而在挖掘用户需求的过程中，有三个比较核心的问题，即市场定位、品牌和产品规划、用户体验，研究这三个问题实际上就是研究目标用户是谁，目标用户的需求是什么，产品和品牌怎样满足用户的这些需求。

挖掘用户需求的方法有很多，较为常用的是用户分析。通过对用户心理、用户特征、用户信息等内容的搜集与分析，发现用户未被满足的需求以及急需解决的问题等。同时，企业还可以通过为用户提供个性化的精准服务来满足用户需求，提升用户的参与感，将用户进一步变成粉丝。粉丝比用户的忠诚度更高，是企业最优质的目标消费用户，且会为品牌投注感情因素，品牌更需要粉丝。

（二）用户思维的运营

用户思维的运营更加人性化，它能够帮助企业找到用户心理的共同点、卖点和痛点，更容易提升运营效果。

运营用户心理的共同点是指找到用户群体的共同特征，然后针对他们的共同心理将产品推广出去，吸引用户主动汇聚；运营用户卖点相当于运营用户口碑，在产品的不同阶段可以打造不同的口碑重点，如小米前期面对专业级用户的口碑是"为发烧而生"，运营后期面对大部分普通用户的口碑则是10项"黑科技"；运营用户痛点是指强调现有设计的落差，满足用户的期望，让用户感觉他们需要这个产品。

二、内容思维

（一）内容思维的挖掘

"内容为王"是传统媒体发展的基石，在媒体发展很长的一段时间内，对提升新闻质量和有效信息传播起到了决定性作用。然而，在新媒体时代背景下，"内容为王"的认知误区在于以传播者决定一切，过于强调宣传、推荐内容的自我化、内容覆盖和量化。新媒体的内容思维是要倡导传播者与接收者之间的连接、互动、服务等，然而这并不是说内容质量无所谓。内容思维提倡用内容吸引用户，通过用户的反馈对产品进行修正，体现为用户服务的宗旨；不是不做引导的工作，而是注重引导的效率，只有做好服务工作，才能让用户真正记住推广的内容。

（二）内容思维的运营

在互联网经济下，大多数产品都处于供大于求的状态，因此产品质量固然重要，但如何准确抓住用户需求也很关键，通过新媒体平台加强内容运营，结合图片、视频、直播等方式，加强与用户互动。在互联网普及的背景下，要想实现内容的升级就需要更加先进的科技。要积极发展新型互联网技术，打造移动直播、无人机、机器新闻、虚拟技术、人工智能等新型互联网内容产品。利用互联网软件技术创建好的内容，构建用户沟通模式、生产模式，引入大量的网络操作、社区媒体产品。

三、跨界思维

（一）跨界思维的挖掘

跨界，本意是指从某一属性的事物进入另一属性的运作。主体本身没有发生变化，其事物属性归类却拥有了新的能力和新的变化。在新媒体环境下，从业人员必须要具备跨界思维，这里的"界"一般是指"行业"。例如，美食博主不仅仅需要有传统的烹饪技能，还应该跨界掌握图片影像处理能力，才能够体现产品色、香、味、形、器的相互融合，若能有讲故事的能力就更易于吸引目标客户的关注。因此，相对于传统的市场运营模式来说，跨界是一种创新，即在两个或者两个以上不同领域的非竞争品牌中，基于一致的市场发展目标和发展利益，联合使用这些品牌的要素，用与以往不同的方式来引起消费者的注意和兴趣，从而实现跨界品牌联合的市场最大化和企业利润最大化。

(二)跨界思维的运营

跨界思维要求新媒体从业人员要打破传统的营销思维模式，寻求非业内的合作伙伴，即跨界与合作，使得这种合作中的各个方面实现资源共享、协同开发、互助双赢，并且通过二者品牌的独特创意、优势相辅相补，不断满足不同消费者的多样化、多方位消费需求。企业在开展跨界营销活动过程中，并不是将两类毫无直接关联的品牌进行联系，而是以传统营销模式为依托，实现多个品牌从不同角度诠释同一个用户特征。这二者的最大区别之处就在于营销理念和思维的差异。传统的营销主要是指一种纵向模式的思维，而跨界营销则是一种水平模式的思维。综上所述，跨界营销的形态和本质依旧是营销，其最终目标是多方面地进行价值的挖掘和创造，是营销形态的一种创新。

【案例1-2】

河南博物院与鸿星尔克推出联名T恤

2021年，9月2日18时的河南博物院淘宝店铺"豫来遇潮"直播间，一件网友期待已久的新品——河南博物院携手鸿星尔克联合推出的"星河璀璨"系列联名款T恤终于面世了。

风"豫"同舟，与"尔"同行。"7·20郑州大暴雨"让河南遭受了巨大的灾难，鸿星尔克向河南博物院捐赠100万元现金用于灾后修复和重建。鸿星尔克的赈灾义举温暖了无数人的心，网友纷纷呼吁河南博物院与其联合开发文创产品。为了铭记这份情义，支持中国品牌，"星河璀璨"系列联名款T恤承载着网友的期待出现了。

据河南博物院文创办介绍，此次联名以河南博物院镇院之宝为设计灵感，挑选了杜岭方鼎、武则天金简和汝窑天蓝釉鹅颈瓶三件国宝级文物，在充分尊重文物元素的基础上与鸿星尔克的设计元素进行了融合。

点评：从本案例中我们不难看出，一个是著名的博物馆IP，在新媒体时代不断寻求新的发展；一个是危难显身手、有社会担当的国民品牌，两者通过跨界思维组成CP联合出品文创产品，以此达到双方共赢局面。

四、变现思维

(一)变现思维的挖掘

当企业在长时间的新媒体运营过程中拥有了一定数量的粉丝后，就可以通过广告、平台分成、知识付费和电商等营利模式将积累的资源转化为资金，即变现。变现可以激励员工创作的积极性，为企业和个人其带来直观的利益。

（二）变现思维的运营

对于新媒体平台来说，它运营的价值取决于该平台的用户量和用户价值。用户量是依靠"拉新增粉"来提升的，运营拉来的新粉需要不断地进行促活和留存，其最终目的是让活跃的留存用户付费，真正做到把粉丝的流量转化为收益，也就是变现的过程。所以对新媒体人员来说，变现思维极其重要。同时，变现的模式也是多种多样，在随后的项目内容中会展开呈现。

五、数据思维

（一）数据思维的挖掘

大数据时代，任何新媒体运营都需要数据的支撑才能更好地挖掘用户需求、制订运营计划，以及发现运营过程中出现的问题并改正错误，以更好地实现运营的最终目的。运营人员也可以在数据分析过程中发现隐藏的商机，先发制人，占据市场优势。数据分析贯穿新媒体运营的整个过程中，是一个不断循环的过程，可以达到及时调整运营方向、控制运营成本和提高运营效果的目的。

（二）数据思维的运营

要想提升新媒体平台运营效果，数据分析不可或缺。从新媒体平台后台，新媒体运营人员可以收集到大量数据，然后利用数据分析工具进行统计和分析，使运营人员可以全面、准确地掌握企业和产品运营状态及发展变化情况，能更好地预测运营方向并控制运营成本，为企业和产品的运营提供决策性意见。所以，拥有数据思维的新媒体运营人员无疑是新媒体运营的制胜法宝。

任务小结

通过本任务的学习和实践，学生应掌握旅游新媒体运营最应常具备的思维，具体包括用户思维、内容思维、跨界思维、变现思维和数据思维，并能够合理运用到将来的旅游新媒体运营工作中去。

任务实践

任务准备	全班按原有分组，完善项目一任务三与任务四中的任务成果
任务要求	1.各组寻找一个新媒体运营思维的案例，并讨论分析 2.各组展示本组的案例分析内容
任务成果	每组提交一份新媒体运营思维案例及分析
评价方式	学生自评、互评和教师评价相结合，条件允许应采用贯穿项目一至项目四连续任务，并实际进行新媒体运营实践，通过各种后台数据进行评价。分组安排时，注意小组成员分工到位，每位同学都有一定任务

项目二　平台认知和搭建

 项目导读

在新媒体火热发展的当下，越来越多的营销活动逐步向移动端倾斜。众多的新媒体平台不仅是社交工具，更成了重要的营销平台。本项目旨在引导学生在进行新媒体运营前，了解目前主流的新媒体平台，掌握"两微一抖"平台的搭建和内部的架构，同时学会和选择平台矩阵，以达到更好的营销效果。

学习目标

1. 了解新媒体平台的概念及我国新媒体平台的发展历程。
2. 熟悉新媒体内容模式；了解主流新媒体平台的属性。
3. 掌握微信公众号、企业微博、抖音账号的申请流程及内部架构的设置技巧。
4. 掌握新媒体矩阵的概念及作用，熟悉常见平台的横向、纵向矩阵搭建模式和具体步骤。
5. 掌握运营新媒体矩阵应具备的核心能力。

 思维导图

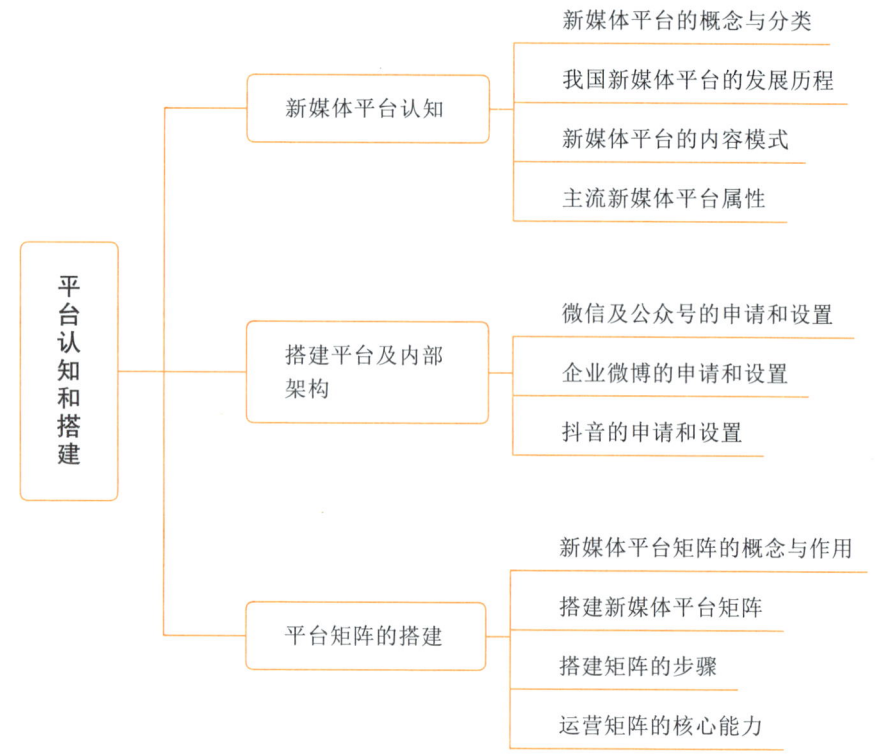

任务一　新媒体平台认知

【任务导入】

对比旅游达人在不同平台的账号现状

新媒体视频类几大主流平台上，一些旅游类达人粉丝已达 500 万以上，具有非常高的知名度。请大家以某位旅游达人为例，分别打开抖音、小红书、微信公众号 3 款 App，查找该达人账号在 3 个平台的粉丝量、创作内容、排名等情况。

请大家查找后，讨论以下问题。

1. 同一个达人账号在 3 个平台上的粉丝量、创作内容及排名是否有差异？
2. 试着分析引起差异的原因都有哪些？

任务解析：今日头条、微博、微信、抖音、知乎、腾讯视频、喜马拉雅、KEEP 等作为快节奏、碎片化时代下集内容生产、信息传播、生活社交、获取服务、商务经营等多功能于一身的综合性新媒体平台，不仅推动了内容创作产业的发展，也对当前我国产业经济结构产生了重要影响。各大新媒体平台基于自身属性与特点，吸引用户参与创作，增强用户黏性，扩大影响力，实现商业价值。不管是新媒体运营者还是个人用户，都要对新媒体各平台有基础认知，以选择合适的平台最终实现自我目标，具体内容包括。

1. 新媒体各平台按照不同分类标准可进行多样化分类。
2. 新媒体平台流量分发模式、内容生产模式有所不同。
3. 新媒体平台基于自身特点呈现的用户体验结果各不相同。

一、新媒体平台的概念与分类

（一）新媒体平台的概念

新媒体平台是随着新媒体媒介环境下出现的集内容生产、信息传播、生活社交、获取服务、商业经营等多功能于一体的综合性空间平台。

新媒体平台是基于新媒体基础上的综合载体，作为平台新媒体已经不局限于媒体的自身属性，而是朝综合性的平台属性发展。新媒体既是信息的传播平台，也是发布者的经营平台，还是人们工作、生活、社交的平台，它模糊了人们现实空间与虚拟空间的界限。平台的形成要靠核心业务吸引足够规模的用户基数，形成强有力的用户黏性，并在此基础上形成多元化拓展业务，从而最终形成强大的平台效应。

宋建武等学者认为，基于物联网和移动互联网的社交媒体、搜索引擎和个性化资讯服务应用等已经成为当下信息传播的主要新媒体平台。这些平台在运营中以不同方式集聚了大量的用户，这些用户可以充分利用开放、共享的平台，成为独立传播信息的主体。

(二) 新媒体平台的分类

随着物联网、互联网、智慧大数据的发展，新媒体平台层出不穷，种类繁多。对新媒体平台按照不同标准分类，有助于更清晰地认识平台的内涵与特点，如可按照内容形态、内容生产者、内容分发方式、内容传播方式等多标准进行分类。这里依据平台的性质和特点，将主流新媒体平台分为以下八大类（表2-1）。

表 2-1 新媒体平台的分类

类别	代表性新媒体平台
社交平台	微博、微信、QQ、天涯博客、博客中国、新浪博客、前期、QQ空间、人人网、豆瓣
资讯平台	今日头条、快点看报、百度新闻、腾讯新闻、人民网、虎嗅网、搜狗、360
视频平台	抖音、快手、小红书、秒拍、梨视频、优酷、爱奇艺、bilibili、西瓜视频、爱优腾
音频平台	喜马拉雅、荔枝FM、倾听FM
直播平台	虎牙、斗鱼、花椒、映客
问答平台	知乎、问答、在行
垂直行业平台	KEEP、马蜂窝、咕咚、丁香医生、汽车之家
电商平台	淘宝、微淘、京东、天猫、唯品会、海淘

1. 社交平台

为用户提供信息交流和传播、发表个人观点的平台，如微博、微信，目前已经成为最主要的新媒体阵地。

2. 资讯平台

为用户提供新闻资讯、财经动态、娱乐等多样化的内容，如今日头条、快点看报等。

3. 视频平台

以为用户提供各类视频资源为主，短视频平台以抖音、快手等为代表，长视频平台则以 bilibili、爱奇艺、优酷、腾讯、西瓜视频等为代表。

4. 音频平台

为用户提供以声音为载体的互联网内容，如喜马拉雅、倾听 FM 等。

5. 直播平台

以直播类内容为核心产品的互联网平台，如斗鱼、虎牙、花椒等。

6. 问答平台

通过互联网问答形式实现知识共享与互助，如知乎、在行等。

7. 垂直行业平台

针对各细分行业，为用户提供线上服务的平台，如健身类平台 KEEP、旅游行业的马蜂窝网、汽车行业的汽车之家等。

8. 电商平台

主要以线上购物为核心的互联网平台，具有较强的商业化属性，如淘宝、唯品会、海淘等。

【案例 2-1】

旅游类垂直平台服务质量有别

2024 年 3 月网经社电子商务研究中心发布了《2023 年度中国电子商务用户体验与投诉监测报告》，其中涉及旅游类垂直平台的 OTA（在线旅游企业）全国在线旅游消费评级结果显示：去哪儿、携程、同程旅游综合指数较高，获"建议下单"评级；飞猪、联联周边游获"谨慎下单"评级；走着瞧旅行反馈满意度方面相对较差，获"不建议下单"评级。

（数据来源：《2023 年度中国电子商务用户体验与投诉监测报告》）

思考：请从报告中提到的"建议下单""谨慎下单""不建议下单"三类评价中各选一个新媒体平台，查找游客评价，并讨论思考以下问题。

1. 三类评价的差别主要体现在哪些共同因素上？
2. 旅游类垂直平台的业务范围都包括哪些？

二、我国新媒体平台的发展历程

（一）起步期：20 世纪 90 年代至 2001 年

1994 年 4 月，我国全功能接入国际互联网，新媒体伴随着互联网发展而逐步产生。我国新媒体起步期主要表现在初级的门户网站、网络论坛等，主要提供内容信息的发布与传播、社交互动等基础功能。这一时期的新媒体仍以传播内容为核心,展现出一定的社会化特征。

1. 门户网站

起步阶段的门户网站基于万维网技术,利用互联网传送文字、图像、声音、视频等多种信息,突破了传统纸媒时代内容形式及传播方式的局限。1997年元旦,人民日报主办的人民网正式上线,这是我国开通的第一家中央重点新闻宣传网站。此后各种新闻网站和网页网站如破土春笋般涌现,包括新浪、搜狐、网易、腾讯等,通过整合传统纸媒新闻内容,成为最初活跃在新媒体平台上的一批新生力量。作为最初的互联网媒体,尽管以向大众传播新闻信息为主要功能,但利用互联网技术,用户已经通过新闻下方的"跟帖"功能,实现了对新闻信息的评论,达到了初级的沟通交互目的。

2. 网站论坛

同一时期,网站论坛伴随着门户网站的兴起,也作为起步阶段的新媒体典型形式进入网友视野,如天涯论坛、猫扑网等已经声名鹊起。这种网络论坛,网友可根据个人兴趣爱好聚集成不同的讨论圈子,围绕某一话题或事件发表个人看法、相互评论、交流意见等;一些政府机构与企业也可以利用论坛网站与大众进行互动、提供公共服务。这一时期的网络论坛已经成为媒体、服务、社交的综合性平台。

(二)发展期:2002~2005年

伴随着互联网技术的发展,公众个人诉求意愿的增长,最初以发布内容为主要功能的门户网站和网络论坛已经不能满足更多的双向传播需求。更多重视公众表达个人观点、实现信息交互的新媒体形式开始出现,以博客、播客和社交网络服务为代表的新型新媒体受到大众欢迎。

1. 博客

"博客"这个名称最早在美国出现,Blog的全名应该是Weblog,中文意思是"网络日志",后来缩写为Blog,而博客(Blogger)就是写Blog的人,用户可以通过文字、图片、音频、视频、超链接等多种立体化资源分享自己的见闻,表达个人的思想与观点。2002年7月由方兴东、王俊秀正式命名,同时起草了《博客宣言》,创建了"博客中国"网站,这是我国第一个专门的博客网站,中国博客正式起步;2005年新浪、搜狐网站也纷纷加入博客阵营,开始博客的规模化发展阶段。

随着应用范围的不断扩大,21世纪的第一个十年,博客成为新媒体的主流平台,摆脱了人们前期只能通过门户网站获取信息的局限,扩展了人们获取信息的渠道,网民不仅能以个人身份广泛参与信息的生产与传播,还成为普通民众自我表达、参与社交的新兴平台,突出了新媒体时代作为独立个体存在的地位与意义，提高了个人在信息传播及意见表达的主动权，也使得个体在记录时代、影响社会方面发挥了更大作用。

2. 播客

播客，即 iPod+broadcasting，是数字广播技术的一种。出现初期，通过借助一个叫"iPodder"的软件与一些便携播放器相结合而实现。该技术允许个人录制网络广播或类似的网络声讯、视频节目发布，订阅者可以通过多个来源订阅自己感兴趣的节目，下载到自己的 iPod、MP3 播放器或其他便携式数码声讯播放器中随身收听，享受随时随地的自由。播客用户可以通过不同渠道获取各类节目，实现音频或视频聚合，是新媒体形式的扩展。

3. 社交网络服务

社交网络服务简称 SNS（Social Network Service），它涵盖人类社交为核心的所有网络服务形式，实现个人在互联网平台上与其他人相互交流、沟通、参与、分享信息的功能。这一时期以开心网、人人网、豆瓣为典型代表。社交网络在 2008 年后的发展引人注目，成为覆盖用户最大、传播影响最大、商业价值最高的 Web2.0 业务。随着社交网络的普及，服务内容形态更加丰富，媒体与大众之间的传播关系进一步深化变革，个人力量与价值得到充分展现。平台内容的核心从最开始门户网站上的内容输出转变为人的主体动能被放大，社会化媒体属性逐步增强。

（三）成熟期：2006~2011 年

微博和微信成为新媒体市场的两大主流平台，深刻改变了我国新媒体平台形态，推动着新媒体发展进入成熟期。

1. 微博

微博（MicroBlog）是指一种基于用户关系信息分享、传播及获取的，通过关注机制分享简短实时信息的广播式社交媒体、网络平台。微博允许用户以文字、图片、视频等多媒体形式，实现信息的即时分享、传播互动。由于发布内容受到较少的字数（一般 140 字以内）限制，微博由此得名。最早也是最著名的微博是美国推特（Twitter），2007 年 5 月中国第一家带有微博色彩的社交网络饭否网建立，2009 年 8 月新浪推出"新浪微博"内测版，成为门户网站中第一家提供微博服务的网站，微博正式进入大众视野；此外微博还包括腾讯微博、网易微博等。2009 年"微博"这个全新的名词，以"摧枯拉朽的姿态扫荡世界"，为全世界最流行的词汇。伴随而来的是一场微博世界人气的争夺战，大批量的名人被各大网站招揽，各路名人也以微博为平台，在网络世界里聚集人气。

微博信息获取具有很强的自主性、选择性，用户可以根据自己的兴趣偏好，依据对方发布内容的类别与质量，来选择是否关注某用户，并可以对所有关注的用户群进行分类；微博宣传的影响力具有很大弹性，与内容质量高度相关，其影响力基于用户现有的被关注的数量。用户发布信息的吸引力、新闻性越强，对该用户感兴趣、关注该用户的人数也越多，影响力也越大。微博的信息发布快速，瞬间传播量大，吸引了大量用户通过手机、网络等方式随时随地更新自己的个人信息，其现场感及快捷性超过绝大部分媒体。微博基于开放、裂变式的传播特性，迅速成为公共信息的重要传播渠道，成为社交化的大众传播平台，也成为官方政务平台提供公众服务、企业产品宣传、拉动地方经济、推动社会文化发展的窗口。

2. 微信

随着智能手机、移动互联网的快速发展，微信（WeChat）的出现进一步推动了新媒体平台的发展。微信是腾讯公司于2011年1月推出的一个为智能终端提供即时通信服务的免费应用程序。它支持跨通信运营商、跨操作系统平台通过网络快速发送免费（需消耗少量网络流量）语音短信、视频、图片和文字实现即时社交，通过发朋友圈构建强关系、弱开放的社交空间，也可以通过微信公众平台，搭建订阅号或服务号，为自身注入媒体属性，搭建无门槛的自媒体平台。同时也可以使用通过共享流媒体内容的资料和基于位置的社交插件"摇一摇""朋友圈""公众平台""语音记事本"等服务插件，可以享受多项政务、民生服务。

微信在社交功能上比之前的SNS更强大，立体化的沟通方式补救了其他社交媒介所没有的实用功能，代表了媒介发展越来越尊重个性化需求的趋势。它满足了人们扩大社会交往、维持社会关系、培育社会资本、表达情感及实现自我价值和娱乐游戏的需要。它依靠自身的精准性、即时性、交互性、便捷化、人性化、多样化、低成本、强黏性等优势，普及速度惊人、吸引用户数量庞大、发展潜力无穷，受到企业、政府、新闻媒介乃至个人的青睐，大家纷纷进驻微信，利用其优势传播信息、开展宣传、加强交流、服务公众、谋求发展。

（四）繁荣期：2012年至今

2012年"今日头条"客户端的上线，开启了新媒体平台的繁荣期。

今日头条是2012年8月北京字节跳动科技有限公司开发的一款基于数据挖掘的推荐引擎产品，为用户推荐信息、提供链接人与信息的服务的产品。它基于个性化推荐引擎技术，根据每个用户的社交行为、阅读行为、地理位置、职业、年龄等挖掘出兴趣、位置等多个维度进行个性化推荐，推荐内容不仅包括狭义上的新闻，还包括音乐、电影、游戏、购物等资讯。

为了弥补今日头条客户端中只集合整理新闻却无自有内容的短板，2013年今日头条旗下的自媒体平台"头条号"应运而生。它是对媒体、国家机构、企业及自媒体推出的可以自由创作和发布的多种形式的专业信息平台，致力于帮助内容生产者在移动互联网上高效率地获得更多的曝光和关注。2016年，今日头条相继孵化出西瓜视频、火山小视频、抖音3个短视频平台，并上线了内嵌直播功能，成功进军短视频与直播领域，拓展了自身新媒体平台内容的表现和传播形式。2017年，今日头条的"问答"功能正式上线，借助庞大的用户群体以及智能推荐优势，问答可以自动匹配用户问题和答案，让每个用户都能参与生产。同年，今日头条旗下的社交媒体产品微头条上线，为创造者提供与用户高频互动交流的平台，为已有的内容分发机制补充社交分发机制。自2018年起，今日头条陆续上线知识付费、直播变现、内容电商、圈子等功能，不断拓展经营模式和服务范围，深化平台的社交属性。

2012年11月，快手从纯粹的工具应用转型为短视频社区，成为用户记录和分享生产、生活的平台。后随着智能手机、平板电脑的普及和移动流量成本的下降，和抖音成为短视频市场用户量最大的两大平台。今日头条的成功转型，让各大门户网站充分意识到搭建自媒体平台、拓展新媒体业务的重要性。自2016年起，大批自媒体平台呈爆炸式增长：搜狐推出"搜狐号"、新浪推出"新浪看点"、凤凰推出"大风号"、网易推出"网易号"、腾讯推出"企鹅号"、百度推出"百家号"、阿里推出"大鱼号"、一点资讯推出"一点号"……除此之外，各类短视频平台、音频平台、直播平台、垂直平台等层出不穷，不仅推动了内容创作产业的发展，也扩展了新媒体平台的边界和专业范畴，推动新媒体平台进入繁荣期。

【案例2-2】

大学生应谨慎选择新媒体平台

当下大学生的学习和生活已经离不开网络，通过微信、QQ、微博、抖音、小红书等海量新媒体平台传递信息，结交朋友，完成工作，并进行学习、购物、游戏等。多样化的新媒体平台在丰富学习、生活内容的同时，也对其价值观产生着潜移默化的影响。"躺平主义"、过度消费、网络贷款、单边主义、西方假民主自由、网络谣言与暴力等负面思想往往也会对大学生造成感官冲击，从而影响其意识形态。一些大学生在不同程度上出现了理想信念模糊、艰苦奋斗精神弱化、民族信仰动摇、道德素养退化、身心健康受到影响等问题，已树立的价值观都有可能被各种负面思想重塑。

点评：除了高校自身做好大学生思想教育外，大学生自己更要树立正确的"三观"，对新媒体平台中海量的信息要有正确的辨别方法和筛选能力。不仅要认真学习公共思政课，更要结合专业课堂恰当运用新媒体进行学习；同时恰当利用新媒体进行正能量的传播，影响周边同学，塑造积极向上的价值观、世界观和人生观，自觉抵御各种落后、腐朽的文化侵袭，以自身力量为实现中华民族伟大复兴而努力。

三、新媒体平台的内容模式

（一）内容生产模式

随着以论坛、博客为代表的 Web2.0 和以微信、微博、抖音为代表的 Web3.0 相继流行，用户生产内容、专业生产内容和职业生产内容成为新媒体平台的 3 种主要内容生产模式。

1. 用户生产内容

新媒体平台中体量最大的还是用户生产内容，也就是 UGC，即英文 User Generated Content 的简称，是指各种平台的普通用户自主创作并上传内容。这类普通用户是非专业个人生产者，例如，知乎的用户在回答问题时的产出内容、小红书平台上用户发布的笔记等，都属于 UGC 的范畴。UGC 最大的优势在于广泛的内容来源，但由于内容发布较为自由，往往质量参差不齐。以 UGC 为代表的平台如微博、博客、短视频等，内容均由用户自行创作，管理人员只是协调和维护秩序，保证平台的正常运营。

2. 专业生产内容

专业生产内容被称为 PGC，是英文 Professionally Generated Content 的简称。它指的是在领域内具有专业知识、技术资质和话语权的用户所创作的内容，既包括新闻客户端、门户网站中的新闻报告与公共信息，也包括社会化媒体平台中政务、媒体、机构、专家等发布的新闻、知识、服务类内容及专业化平台中的垂直服务内容，如暴走漫画、逻辑思维、同道大叔、何仙姑夫等。这类内容质量有保证，但生产成本也较高，尤其是在新媒体处于繁荣期的当下，高质量的生产内容只能用高成本来维持，所以 PGC 资源相对稀缺。

3. 职业生产内容

职业生产内容被称为 OGC，是英文 Occupationally Generated Content 的简称。它主要是指具有一定知识和专业背景的行业人士以此为职业并领取相应报酬而创作的内容。由于 OGC 的生产主体是从事相关领域工作的专业人员，具有相关领域的职业身份，所以 OGC 内容的典型特征是质量高。这些内容掌握在专业的职业人员手中，自然能给用户带来高质量的深度内容。以OGC为代表的平台如各大新闻客户端、视频网站，内容均由内部自行创造和从外部花钱购入版权，以保证平台内容的高质量，增强用户黏性。

事实上，以上3种内容生产模式在同一平台或网站经常出现交集，当UGC与PGC同步出现时，表明部分专业内容生产者，既是该平台的用户，也以专业身份贡献具有一定水平和质量的内容，如微博平台的意见领袖、科普作者与政务微博；当PGC和OGC同步出现时，表明一部分专业内容生产者既有专业身份或资质，也可以提供相应内容为职业并领取报酬，如媒体平台的记者、编辑等，既有新闻专业背景，也以写稿为职业。但UGC和OGC基本没有交集，在一个平台或网站上，用户和提供商总是相对的，两者既是该平台的用户也是该平台的提供商的角色属于极少的群体。

（二）流量分发模式

互联网流量的分发模式主要有中心化和去中心化两种。

1. 中心化

中心化的新媒体平台会提供一个流量分发的入口，并且掌控流量分发的规则，并根据规则把流量下发到各个节点，像淘宝、京东、美团等互联网产品都是一个中心化的流量分发模式。

中心化的好处是平台对流量进行细粒度的规划，流量分配的规则是掌控在平台手中，并且可以根据自己的战略目标，调整流量分配的规则。比如，百度为了推广自家的产品，在搜索结果的权重上偏向自己的百家号、贴吧、百科等；抖音可以控制商户视频的展现次数，让商户购买更多的流量（展示次数）；淘宝的直通车产品，则根据搜索关键词竞价，对搜索结果中的商品展示进行控制。但同时站在用户角度看，这是用户的选择丧失。比如，抖音的大V即使拥有再多粉丝量，也是抖音来控制的，很容受到抖音算法权重的影响。虽然抖音也支持用户获取粉丝，但是在产品设计上，通过抖音推荐浏览视频是用户使用抖音的默认行为，这一产品细节的设计，决定了抖音的流量分发方式更偏向算法式。

2. 去中心化

去中心化的新媒体平台不提供流量分发的入口，相对于中心化而言，去中心化模式并不负责流量的分配，节点的流量需要自己获取，节点本身拥有流量的控制权，其中典型的产品是微信公众号。每个公众号都是个体的，必须自己去主动寻找流量，平台不负责外部流量的导入，这就导致每个个体都会从外部平台（社区、社群、线下）把流量导入到微信中。去中心化的好处是用户的粉丝就是你自己的，不属于平台，它们是你的个人资产，故个体的积极性会更高。由于没有平台流量的倾斜，个体之间更公平，个体也会更加用心地经营自己的账号，会努力从外部世界导入流量。

由于去中心化的平台不负责流量的分配，故无法平衡整个平台生态，可能会导致头部个体垄断生态，对平台进化不利。此外，平台的变现相对比较困难，由于对头部个体掌控力弱，可以变现空间小，可能会出现平台用户本身的收益比平台更多的结果。

（三）内容分发模式

互联网信息异常活跃的 Web3.0 时代，如何让用户接收到有价值的信息成为各大新媒体平台内容分发时的关键点。目前，主要的内容分发方式有搜索分发、算法分发、社交分发、人工分发、付费分发 5 种。

1. 搜索分发

搜索分发是基于用户在搜索引擎处输入关键词后，系统匹配出相应的信息，是一种精准化的分发模式。市场上，搜索分发模式典型代表有百度系列，包括百度知道、百度经验、百度文库、百度贴吧、百家号，还有垂直化的内容社区平台，如知乎、喜马拉雅。要想保证用户找信息在内容上最精准、最有价值，算法和权重是很关键的技术支撑，例如，如知乎的搜索权重和关键词有一定的关系，但更多的是问题和答案本身的点赞率，这种算法就包括一定的权重因素。

2. 算法分发

算法分发是根据用户画像特征，分析用户偏好，利用个性化推荐技术为用户推送可能感兴趣的短视频。当前大部分的移动端资讯类、短视频类平台已经把内容的推荐权赋予了推荐系统，如今日头条、抖音、快手等。在具体推荐方式上，包括基于用户个人兴趣的内容推荐、基于用户相似度及内容共现度的协同推荐、基于用户兴趣点及内容类别的扩展推荐、基于全局内容的时效性热点推荐、基于地域及时间或场景的环境特征推荐等。智能分发适用于内容生产量大、制作简单、消费短平快的高周转产品，短时间内用户更容易获得有价值的信息。

3. 社交分发

社交分发也称为社交传播，主要依托关系链机制完成，指的是通过各种类型的社交软件，建立起或强或弱的人与人之间的关系链接，从而构成以人对人为模式的圈层式传播方式。例如，对于微博、微信、博客、SNS 等社交软件，用户需要通过关注后才能使用诸如加好友、订阅、私聊、转发、评论、点赞、分享等典型的社交功能。社交分发的优点是通过朋友认识到世界的多样性，而不是永远陷在自己单一的喜好中；缺点是社交压力大，尤其对于熟

项目二 平台认知和搭建

人社交产品更是如此。在社交关系范围内受从众心理影响，以讹传讹，扩散谣言也更容易，对于自媒体产品尤为明显。

4. 人工分发

人工分发即利用人力来审核分发短视频。尽管越来越多的平台都开启了智能推荐系统，但在新闻客户端、门户网站等非娱乐性平台上，还是需要依靠人工进行信息的推荐、筛选和分类展示。这类平台的人工分发质量有保障，具备媒体属性，遵守媒体规范，有利于树立品牌形象。此外，人工分发在新媒体内容运营尤其是内容营销方面，发挥着重要的作用，例如，抖音大量招聘视频内容审核员，对短视频进行人工干预审核及分发。在某些社区或者 Blog 论坛上，一些有质量的内容会有小编进行推荐，还有一些网红会专门推荐一些商品，以及现在比较流行的微信公众号的软文，还有当下比较火爆的直播卖货，都是属于对内容进行分发方式。由于人工分发的编辑人员处于信息的控制端，很难精准对接目标用户群，故流量的转化率很不稳定。

5. 付费分发

付费就是花钱买流量，常见的如淘宝首页推荐、阿里妈妈、58 同程中的置顶服务等。用户通过付费模式可以获得 Banner 广告位、PR 软文、信息流推广、搜索竞价等。这种方式要付出金钱成本，但针对性强，容易见到效果。

四、主流新媒体平台属性

（一）抖音产品属性分析

1. 产品背景

短视频自 2011 年起陆续上线，迎合了智能手机与移动物联网快速发展下用户碎片化、快节奏的需求，发展势头迅猛，短短几年便处于新媒体平台的风口。人才、资金等大规模的涌入，使得平台实力大增，给用户的生活方式带来了深刻变革。

抖音作为社交平台型短视频的典型代表，起步较晚，但发展势头十分迅猛。与其他视频类平台如火山小视频、bilibili、腾讯视频等相比，其强大的社交属性增强了用户吸引力，为用户带来沉浸式体验，极大地增强了用户黏性。尤其是 2020 年和 2021 年上半年线下娱乐转移到线上，拉动了泛娱乐行业用户规模迅速增长，以抖音为代表的短视频行业又一次站在新媒体平台的头部位置。

2. 产品简介

抖音是由今日头条孵化的一款音乐创意短视频社交软件。该软件于 2016

年9月上线,是一个面向全年龄段的短视频社区平台。它上线之初就借助优秀的数据表现,让头条将各种流量明星优势推广资源全力导向这个可以提升公司品相的新项目,很快成为头条战略级产品;同时又利用头条最核心的算法优势,在产品层面加入算法推荐模型保证内容分发效率;后期又联络直播平台家族公会从美拍批量导入KOL(意见领袖)和承接头条的明星资源,做以KOL为核心的粉丝传播吧。短短五年多时间,抖音就借助精准的算法分发模式吸引了大量用户,成为新媒体短视频平台矩阵中的头部平台。

3. 产品描述

Slogan:记录美好生活。

官方介绍:一个帮助用户表达自我,记录美好生活的短视频平台。

产品功能:通过视频发布、直播展示,实现自我表达、社交互动、泛娱乐化、商业变现等于一体,实现多元化价值。

产品结构:抖音短视频App功能结构分为首页、朋友、发布、消息、我五大模块,具体内容见图2-1。

图2-1 抖音产品主要结构图

4.用户特点

截至 2020 年 8 月，包含抖音火山版在内，抖音的日活跃用户数已经超过 6 亿。根据巨量算数数据公司 2020 年 2 月提供的《抖音用户画像》报告，抖音用户男女比例较均衡，其中男性集中在 19~24 岁、41~45 岁，女性集中在 19~30 岁，用户偏好度高；新一线、三线及以下城市用户偏多，其中广东、河南、山东用户在省份中占比高，郑州、西安、昆明用户在省会中占比高；用户活跃时间差异较大，周末在 9~17 点更活跃，工作日 19~23 点更活跃；用户兴趣偏好不同，年龄段差异大，总体上偏好演艺、生活、美食类视频，播放量高，观看情感、文化、影视类视频增长较快。

（二）微信产品属性分析

1.产品背景

以微信、微博为标志的新媒体发展成熟期内，个人作为用户的主权被放大，在社交功能和需求上更加多元化，自有属性的平台聚合了人与人、人与信息、人与服务的关系，打通了人际传播、群体传播、大众传播多层级的传播，同时体现着社交、媒体、营销、服务等多方面价值，受到用户的青睐。

自 2011 年微信 App 上线以来，以迅猛之势崛起，其最初拥有的语音、视频功能已具备与众不同的吸引力。近十年来，微信作为个人社交媒介，其功能不断完善、地位不断稳固，与同样是腾讯旗下的 QQ 连续称霸社交赛道 20 年，成为社交软件中的头部平台。但随着 00 后群体的崛起，其对社交网络的需求有所差别，这群主力军不一定热衷于微信，而微信的地位也并非永远牢不可破，更多基于算法的社交软件如抖音、Soul 等更受年轻群体偏爱，对以线下社交关系为基础建立的微信平台不断形成冲击。

2.产品简介

微信由腾讯公司于 2011 年 1 月正式上线，由张小龙所带领的腾讯广州研发中心产品团队打造。作为一款功能强大的社交软件，它不仅可以实现聊天、发朋友圈等基本功能，还具备支付、提现、构建公众平台、打游戏等其他功能，同时微信通过小程序进一步融入日常生活服务，尤其是在日用品购买及民生服务方面。强大的多功能使得微信具有极强的用户黏性。据腾讯发布的 2024 年第三季度财报显示，微信及 WeChat 的合并月活跃账户数增至 13.82 亿。

3.产品描述

Slogan：微信，是一个生活方式。

官方介绍：一款跨平台的通信工具。支持单人、多人参与。通过手机网络发送语音、图片、视频和文字。

产品功能：一是聊天、添加好友、实时对讲、使用微信小程序等社交功能；二是立足于微信衍生出的微信支付、创建微信公众平台、买电影票、理财、购物等商业功能；三是游戏、摇一摇、看一看、直播等泛娱乐功能。

产品结构：微信 App 功能结构分为聊天记录界面、通讯录、发现、我四大模块，具体内容见图 2-2。

图 2-2　微信产品主要结构图

4. 用户特点

友望数据 2021 年 7 月出品的《2021 年微信视频号半年度生态趋势调查报告》显示，2021 年 1~5 月微信视频号具有以下特点：一是内容的丰富及优化、沉浸式的全屏观看、私密等较人性化的功能更新，吸引了越来越多用户观看并参与视频号传播；二是博主热衷创作生活题材内容，视频号或成舆论传播新阵地，创作内容主要集中在生活、情感、咨询、影视娱乐、媒体、教育、人文艺术、健康、音乐、财经等领域；三是泛娱乐内容互动性强，用户通过视频号接收信息的依赖度加深，互动性也更强；四是不同地区用户表现差异明显，北京视频号数量增长一倍，山东、河南省份视频号数量比浙江、上海少，但作品数比浙江、上海多，山东、河南博主的创作热情比较高；五是大部分视频号创作者更愿意在下午14~18点、18~22点这两个时段发布作品，其中后面时段发布的作品内容更容易获得用户点赞，产出10万+赞作品最多；六是用户发布10~20秒作品获赞最多，10~20秒的短视频以短小精悍、信息集中的特点，与用户快节奏、碎片化的观看需求更契合。

（三）微博产品属性分析

1. 产品背景

微博时代的迅速发展反映了平民化社交需求的旺盛，用户不但可以在平台上以文字、图片、视频等形式发布、传播、分享信息，还能通过关注实现社交互动。个人表达、兴趣分享的主观意愿在微博上被充分彰显，促成了微博时代庞大的用户群体。随着2009年8月新浪微博内测版上线，国内微博时代正式开启。伴随着新浪微博、腾讯微博、网易微博等在网民中的日益火热，在微博中诞生的各种网络热词也迅速走红网络，微博效应逐渐形成。2014年3月在中国微博领域一枝独秀的新浪微博宣布改名为"微博"，并推出了新的LOGO标识，新浪色彩逐步淡化。今天的微博如无特别说明，其代指就是新浪微博。

2. 产品简介

新浪微博由新浪网2009年1月推出，是提供微型博客服务的类Twitter网站，它的推出是对社交通讯类平台的一次巨大变革。平台的便捷性、传播性、原创性，使得大量用户愿意通过网页、移动端等发布文字、图片和链接视频，实现即时分享；碎片式的文本内容、核聚变式的传播方式以及零时差的信息发布极大满足了用户的需求，造就了用户数量呈爆炸式增长。近年随着微信、抖音对其市场造成的冲击，微博通过社交媒体平台下沉到垂直细分领域，用户结构下沉到三四线城市，名人大V下沉到中小V和自媒体，但因不断完善内容生态、推出兴趣信息流多措并举，微博依然在各大在线社交网站中处于领先地位。

3. 产品描述

Slogan：随时随地发现新鲜事。

官方介绍：微博带你欣赏世界上每一个精彩瞬间，了解每一个幕后故事。分享你想表达的，让全世界都能听到你的心声！

产品功能：通过发布140字符以内的内容实现信息发布，通过转发实现信息传播，通过关注、评论、搜索获取信息，通过私信、@微博功能实现信息交流。

产品结构：微博App功能结构分为首页、视频、发现、消息、我五大模块，具体内容见图2-3。

图 2-3 微博产品主要结构图

4. 用户特点

2021年3月新浪微博发布《2020微博用户发展报告》，该报告在做用户画像时采用如下方法：一是"吸引年轻"产生未来价值，微博用户群体以90后和00后为主，两者占比接近80%，呈现年轻化趋势；二是"性别转换"改变代际结构，从性别看，90后和00后年轻女性用户占比较高，尤其00后更为显著；三是微博用户主要以经济较为发达的地区为主，包括京津冀、长三角、闽三角、珠三角和川渝地区；四是每座城市标签独特，形成了地域＋文化的Talking show模式；五是用户发文时间比较集中，中午12点和晚上10点是不容错过的最佳黄金冲浪时段，90后和00后在微博上互动量最高；六是70后80后"泛社会"与90后00后"泛娱乐"同时并存；七是热梗破圈成社交潮流，对于热梗词语如"凡尔赛文学""秋天第一杯奶茶""哇哦""康巴汉子丁真""996"等词的使用频率上，不同年代人群差异化明显。

(四)今日头条产品属性分析

1. 产品背景

随着移动互联网技术的进步和智能移动终端的普及,资讯 3.0 时代来临,这一阶段资讯内容的生产和分发出现以用户需求为中心、以搜索技术为辅助的趋势,用户获取资讯的效率和对资讯的满意度得到显著提升。用户碎片化、个性化、差异化的阅读要求,使之逐渐演变为一种新的阅读习惯。iiMedia Research(艾媒咨询)数据显示,2019 年中国手机新闻客户端用户规模达 6.93 亿,庞大的用户规模为新闻客户端的市场发展奠定了牢固的流量基础。伴随着用户注意力向移动端迁移,新闻客户端的市场价值和营销价值更加凸显。一方面,人工智能、AR 等新兴技术的快速发展,促进新闻客户端场景服务不断拓展和丰富,资讯平台呈现富媒体化趋势,头部企业如今日头条、腾讯新闻基本完成产业生态布局;另一方面,用户的个性需求更趋向精准化,对新闻客户端的服务要求不断提升,由此我国新闻客户端市场机遇和发展潜力巨大。

2. 产品简介

今日头条是一款基于数据挖掘的推荐引擎产品,它基于个性化推荐引擎技术,根据用户的社交行为、阅读行为、地理位置、职业、年龄等挖掘出兴趣,为用户推荐有价值的、精准化的信息,包括新闻、音乐、电影、游戏、购物等通用信息平台,是国内移动互联网领域成长最快的服务产品之一。2020 年 10 月专注于新经济领域研究的 36Kr(36 氪研究院)发布《2020 年中国泛资讯行业研究报告》,截至 2020 年 6 月今日头条 MAU(月活跃用户数量)达 4.1 亿,DAU(日活跃用户数量)达 1.3 亿,不仅凭借其聚合分发、智能推荐和多元内容生态建设等先发优势,积极探索多元化的内容呈现方式,成为泛资讯时代的引领者与创变者,更作为满足用户需求"全+准+兴趣+相关"的典型代表,位列 DAU 超过 1 亿的泛资讯产品超级头部第一梯队。

3. 产品描述

Slogan:看见更大的世界。

官方介绍:今日头条是一款会自动学习的资讯软件,它会聪明地分析你的兴趣爱好,自动为你推荐喜欢的内容,并且越用越懂你。你关心的,才是头条!

产品功能:今日头条目前拥有推荐引擎、搜索引擎、关注订阅和内容运营等多种分发方式,囊括多种内容体裁,并涵盖 100 个以上的内容领域。

产品结构:今日头条 App 功能结构分为首页、西瓜视频、放映厅、我的四大模块,具体内容见图 2-4。

图 2-4　今日头条产品主要结构图

4. 用户特点

2021 年 3 月,巨量引擎营销中心、巨量算数联合发布《今日头条人群洞察报告》,涉及的用户特点如下。一是平台用户集中六大人群——有一定社会地位的资深中产、大中城市财富奋斗者、新线城市享受生活的中青年、追随时代进步的年长者、低线城市中低消费的稳定生活者、年轻潮文化追随者。二是 24~30 岁群体高线城市、高消费特征明显,18~23 岁年轻群体更显著的特征集中在高线城市与低线城市的较低消费;而 24~30 岁中青年与 31~49 岁中年群体则是高线城市与低线城市的高消费属性更强。三是用户对六大类别内容喜好因年龄和消费能力差异明显。高线和低线的年轻用户群体偏好趋同,对泛娱乐和休闲日常关注显著;不同消费层级的人群,关注内容有差异,高消费人群更关注泛娱乐和文化艺术,中低消费人群更关注休闲日常和家庭生活。四是用户活跃度与时间富余度有关。年轻群体与中青年群体互动意愿相对较低,而时间相对富余的用户群体则表现得更加活跃。五是用户主动获取信息内容偏向泛娱乐化。在人均搜索次数上,年轻潮文化追随者、追随时代进步长者、有一定社会地位的资深中产三类人群最高，总体上除了中青年外其他用户群体均有较高的搜索使用习惯。对于搜索内容来说，更多集中在影视综艺与明星网红相关的热点信息内容上，而知识长者则更多关注社会热点新闻。

（五）知乎产品属性分析

1. 产品背景

自搜索引擎诞生至今的 20 多年里，搜索引擎技术也从最原始的分类目录搜索阶段，发展到后来的文本搜索阶段、链接分析阶段，再到如今以用户为中心的阶段，其实质反映的是用户需求的个性化和多样化。移动搜索互联网通过用户在使用过程中表现出的时间习惯、操作习惯、内容归类等信息对用户进行特征描述与提取，从而为用户产生精准的个人需求内容。但用户在使用搜索引擎过程中凸显的个人信息量有限，并不如淘宝、亚马逊等综合平台上提取的个人信息量大，所以其自身存在着一定劣势。未来搜索引擎的发展会更加智能化、主动化，构建除了资讯外的生活生态圈搜索空间，如通过搜索引擎主动帮用户在旅途中找厕所、窗口等。

2. 产品简介

知乎于 2011 年 1 月正式上线，是一款中文互联网高质量的问答社区和创作者聚集的原创内容平台。它以"让人们更好地分享知识、经验和见解，找到自己的解答"为品牌使命。10 年来，知乎凭借认真、专业、友善的社区氛围、独特的产品机制及结构化和易获得的优质内容，聚集了中文互联网科技、商业、影视、时尚、文化领域最具创造力的人群，已成为综合性、全品类、在诸多领域具有关键影响力的知识分享社区和创作者聚集的原创内容平台，建立起了以社区驱动内容变现的商业模式。

3. 产品描述

Slogan：有问题，就会有答案。

官方介绍：是一款中文互联网高质量的问答社区和创作者聚集的原创内容平台，以"让人们更好地分享知识、经验和见解，找到自己的解答"为品牌使命。

产品功能：知乎社区属性从最初单一的问答社区逐渐演变为搜索引擎、大众点评、新闻社区、导购网站、情感论坛、第一人称文学网、在线教育平台的综合体。

产品结构：知乎 App 功能结构分为首页、视频、会员、消息、我的五大模块，具体内容见图 2-5。

图 2-5 知乎产品主要结构图

4. 用户特点

知乎 2020 年年底发布的《我的十年历》显示，2017 年 9 月，知乎用户已超过 1 亿。同一时间，知乎联合艾瑞共同出台了《知乎用户刻画及媒体价值研究报告》。该报告对知乎用户表述有以下几大特征。一是用户群体多元化，新兴中产和影响力人群占主流。性别上知乎男性用户略大于女性用户，比例正接近均衡；25~35 岁人群占用户总比重六成以上；用户地域分布较为均衡，但主要集中在一线、新一线和二线城市；高学历、高收入、高购买力让用户群体呈现出高价值特征。二是超七成用户使用知乎进行自我提升，专业有趣的内容最受欢迎。用户主要通过提问和查找专业领域知识、浏览和搜索话题作为主要学习目的，还有近半数用户发布文章分享自己的知识和经验，实现社交功能；用户讨论时兴趣点成为话题首选。三是用户黏性和满意度较高，用户对知乎专业、原创的质量满意度较高。用户的单日使用时长和平均总使用时长都高于全网其他社区交友类平台和新闻资讯类平台。大众对知识内容的高品位，客观真实、原创等内容的认可，也使得用户的满意度较高。

任务小结

通过本任务的学习和实践，学生应认识新媒体概念的内涵、常见分类及代表平台，了解我国新媒体平台发展的4个时期及每个时期的代表性平台，熟悉内容生产模式中UGC、PGC与OGC的区别，中心化、去中心化的流量分发模式的区别，搜索分发、算法分发、社交分发与人工分发的内容分发模式的区别，掌握抖音、微信、今日头条等主流平台的产品属性及特征，并学会就主流平台的使用感受撰写体验报告。

任务实践

任务准备	全班按原有分组，进行某一主流旅游在线企业（OTA）的平台体验报告
任务要求	1. 对平台的属性进行基础分析 2. 对平台内容模式进行判别 3. 对该平台的用户特征进行认真分析 4. 对使用平台后的个人感受进行总结，内容包括： （1）平台的产生背景、简介、产品描述、发展历程、经历的重要阶段和事件 （2）平台类别，产品内容、产品分类等 （3）平台内容模式：包括类型、内容生产模式、流量分发模式、内容分发模式 （4）平台的用户特征，包括用户年龄、文化、产品喜好、消费特征等 （5）个人使用后的体验、建议等
任务成果	每组提交一册有针对性的《××景区产品自媒体主流平台运营状况报告》
评价方式	学生自评、互评和教师评价相结合，条件允许应采用贯穿项目一至项目四连续任务，并实际进行新媒体运营实践，通过各种后台数据进行评价。分组安排时，注意小组成员分工到位，每位同学都有一定任务

任务二 搭建平台及内部架构

【任务导入】

清明上河园景区公众号

清明上河园是按照北宋著名画家张择端的传世之作《清明上河图》为蓝

本建造的大型宋代历史文化主题公园，坐落在八朝古都开封，是国家AAAAA级旅游景区。园内根据原图设计了8个功能区，再现了宋代的繁荣昌盛，是我国著名的旅游品牌（图2-6）。

图2-6　开封清明上河园景区

2015年3月，政府工作报告中首次提出"互联网+"行动计划。2015年7月，国务院发布《关于积极推进"互联网+"行动的指导意见》。在这一政策的落实和推动下，一大批行业迅速与微信融合发展。在此背景下，开封清明上河园股份有限公司于2014年4月20日创办清明上河园微信公众号。

随着微信公众平台的不断升级和改版，现在的清明上河园景区微信公众号已经是旅游类微信公众号运营中的典范。该公众号在不断维护企业品牌形象，提升品牌价值的同时，也在为企业创造着无限的价值。

请关注清明上河园景区微信公众号，并思考讨论以下问题。

1. 清明上河园景区微信公众号都有哪些吸引你的功能或板块？

2. 清明上河园景区微信公众号属于哪种类型的账号？为什么选用这种类型的账号？

任务解析：现如今，新媒体和旅游行业的融合越来越紧密，新媒体平台带来的无限商机也吸引了越来越多旅游企业的关注。对于旅游企业来说，新媒体平台已经成了一种营销推广不可忽视的手段。所有企业运营的平台都是从无到有的过程，在此过程中，可以说平台的搭建是运营之初，也是重中之重。那么到底如何根据企业需要申请平台并开展内部架构呢？这是我们这一任务要解决的问题，通过任务操作内容的学习，你将更清楚清明上河园微信公众号的架构。

一、微信及公众号的申请和设置

（一）微信个人号与微信公众号

1. 微信

微信（WeChat）是腾讯公司于 2011 年 1 月 21 日推出的一个为智能终端提供即时通信服务的免费应用程序。短短几年时间，就迅速占领了市场，成为最时尚的移动社交产品之一。2021 年 1 月 21 日，微信迎来上线十周年，其日活跃用户已达 10.9 亿，有 7.8 亿人每天都会翻看朋友圈，其中 1.2 亿人还发朋友圈；3.6 亿人每天都通过浏览公众号来获取新鲜资讯。

在碎片化的移动互联网时代，微信已经不仅仅是一款老少通吃的移动社交产品，正如微信的标语所说"微信，是一个生活方式"，它已经逐渐改变、渗透进了人们生活的方方面面。

2. 微信个人号与微信公众号

微信对个人和企业的用途截然不同。个人开通的微信叫微信个人号，它可以通过绑定手机通讯录或是扫一扫等方式来加好友，进行联系和朋友圈互动。微信公众号，即微信公众平台，是腾讯公司在 2012 年 8 月 23 日正式上线的功能模块。通过这一平台，个人和企业都可以打造自己的微信公众号，并在上面发布多元化的信息，实现和特定群体全方位的沟通和互动。相比而言，企业的微信公众号用途更为广泛，所以本教材以下提及的微信公众号主要指的是企业微信公众号。

接下来，我们从新媒体运营的角度来分析微信个人号和微信公众号之间的区别（表 2-2）。

表 2-2 微信个人号与微信公众号的区别

区别项目 \ 名称	微信个人号	微信公众号
发布方式	手机端为主	PC 端为主
功能	主要服务私人生活	商业用途
社交圈	熟人圈	粉丝圈
用户导入方式	一般使用通讯录、QQ 号等方式添加好友	必须使用推广吸引粉丝关注
关注机制	双向关注	单向关注
推广方式	面对面	线上、线下

（1）发布方式不同。微信个人号通常使用手机端进行内容的编辑和分享，

而微信公众号通常使用PC端进行图文消息的编辑和推送。

（2）功能不同。微信个人号的功能主要包括添加好友、发消息、朋友圈分享等与个人生活密切相关的个人服务，所以更偏向于私人生活；而微信公众号的功能主要包括向粉丝推送图文消息、提供智能回复等，以此来宣传、推广企业品牌，所以更偏向于商业用途。

（3）社交圈不同。微信个人号主要是基于点对点的私密社交关系，你愿意添加的好友基本上是你认识的人，也就是说熟人圈；而微信公众号则是基于一对多的社交关系，它呈现的是一个更大的社交圈——粉丝圈，关注你的粉丝你不一定认识。

（4）用户导入方式不同。微信个人号注册成功后，可以通过微信系统的提示，自动导入手机通讯录中开通微信的好友，由此建立最初的微信通讯录和朋友圈。另外，还能通过搜索QQ号、微信号，以及扫码、二维码名片等方式添加好友。而微信公众号则不同，必须通过推广才能获得一定数量粉丝的关注。

（5）关注机制不同。微信个人号之间的关注是双向的，也就是说可以互关；而微信公众号需要让粉丝关注，不能主动加入，所以是单向关注。

（6）推广方式不同。微信个人号的推广大部分都是通过朋友的推荐或者面对面关注；而微信公众号必须利用线上、线下的资源进行推广才能获得更多粉丝的关注。

（二）微信个人号的申请和设置

一部手机只可注册一个微信个人号，微信的操作极其简单，使用门槛很低，所以微信个人号现在几乎成了全民覆盖的标配，所以对于它的申请我们在此不再赘述。

在网络这个虚拟的世界中，微信个人号就像是每个人的网络名片一样，对方以此来判断你可能是一个什么样的人，进而决定接下来是否愿意接触你。所以，运营微信个人号的第一步就是要设置好它的内部构架。接下来，我们将从头像、昵称、微信号、微信状态、更多信息和朋友圈6个方面来介绍一些设置微信个人号的技巧。

1. 头像

头像是网络社交中留给他人的第一印象，所以用心设置的头像可以极大地降低社交成本。那么，接下来，我们就来分享设置头像的技巧。

（1）图片清晰，特点突出。我们可以来看看图2-7的对比，一般清晰的图片识别度高，更易于展示自我，并不会让人产生隔阂。另外，具有个人特色的头像会让人眼前一亮，更易于别人记住你。

图 2-7 模糊的头像和清晰的头像

（2）真实可信，风格匹配。现实中，有很多人会用一些美女和帅哥的图片当作自己的头像，这种做法只要不涉及犯罪没什么问题。但假若这个微信个人号是用于运营的话，建议使用背景干净的真人头像。一方面和你的职业风格匹配更具专业性，另一方面能给人带来安全感。

2. 昵称

好的昵称可以让别人更容易记住你。好的昵称有以下几个特点。

（1）一致性。若是打算运营微信个人号，就要从一开始就建立品牌意识。不管是微信个人号，还是 QQ、微博、抖音等平台，最好使用完全一样的昵称，通过重复性的刺激，让别人更容易记住你。

（2）简洁性。简洁性不光表现在字数上，也表现在用字上。对于人来说，越是熟悉的东西越容易记住。所以，怪异的用词、字数太多、生僻字等最好不要出现在昵称里。

（3）标签性。主要用于工作的微信个人号，建议采用"昵称＋工作标签""实名＋工作标签""实名＋擅长领域"等方式来起昵称。这样的昵称不仅能凸显你的核心信息，也能成为你的金字招牌。

（4）长期性。在微信个人号的昵称选择好后，就应该像你的名字一样长期使用，不建议频繁更换。因为别人一旦熟悉了你的某个昵称，如果更换后会导致别人找不到你或忘记你。

3. 微信号

微信号是微信唯一的 ID，其设置规则必须以字母或下划线开头，可以使用 6~20 位数字、字母、下划线、减号或它们的组合。一旦设置后一年只能修改一次。从运营的角度出发，很多人会在微信号中添加上 QQ 号或手机号码，以便于向其他平台的转化。

4. 微信状态

微信更新 8.0 之后，系统给微信个人号解锁了一个新的功能——专属的微信状态。我们可以用简短的文字描述自己当前的状态，比如，此时的心情，正在做的事，并可以配上图片或视频。24 小时内，我们的朋友可以在主页上看到这些消息，假若他的状态是疲惫，你的也是，就容易产生情感共鸣，更易增加相互的交流与互动。24 小时后，这些状态信息就只有自己可以看到了。

5. 更多信息

在更多信息中，我们可以设置自己的性别、地区以及个性签名。在现实中，有些人的地区一栏中，会写着马尔代夫、巴黎、冰岛等自己向往的地方，但这会令人感觉不踏实，难以亲近。个性签名就是自己的网络标签，系统规定最多可以设置 20 个字。有着共同标签的人容易产生共鸣，而空、硬、甚多的标签也会让人敬而远之。

6. 朋友圈

朋友圈是每个人的展示舞台，朋友圈中发布的内容就是一个人各种各样的信息碎片，把这些碎片拼合后就能得出本人大致的形象。所以，对于打算运营微信个人号的人来说，借助朋友圈打造自己的形象尤为重要，可注意以下技巧。

（1）掌握发布的内容、频率和时间。发布的内容不仅能反映出你的兴趣、爱好、性格、工作和状态等，还能反映出你的审美、修养和素质等；发布的频率会影响到你和微信好友或用户的关系，粗暴刷屏、肆意营销会影响用户体验和朋友圈氛围；发布时间需要根据你朋友圈用户的作息习惯。

（2）善于运用转发、评论和点赞。转发、评论和点赞行为可以代表你想和对方深入互动的需求，也能体现你的世界观和价值观。

【案例2-3】

评价微信个人号

请打开你某位好友的微信个人号，查看其设置的头像、昵称、微信号、微信状态、更多信息和朋友圈内容。

思考： 根据所学内容，讨论以下问题。

1. 好友微信个人号内部架构是否合格？
2. 对于不合格的内容如何改进？

（三）微信公众号的申请

1. 微信公众号的分类

在微信公众平台上，我们可以申请的公众号有订阅号、服务号、企业微信和小程序4种类型，它们在使用方式、功能及运营规范等方面有诸多的不同。个人、企业、政府等主体可以根据自己的需求和权限选择申请不同的公众号，只有选对了，才能达到预期的效果。

（1）4种公众号的功能介绍。订阅号、服务号、企业微信和小程序的功能介绍如表2-3所示。

表2-3　订阅号、服务号、企业微信和小程序的功能介绍

账号类型	订阅号	服务号	企业微信	小程序
功能介绍	主要偏于为用户传达资讯	主要偏于服务交互	面向企业级市场的产品	可以在微信中便捷地获取和传播，具有出色的使用体验

（2）订阅号、服务号、企业微信的功能对比。订阅号、服务号、企业微信的功能对比如表2-4所示。

表2-4　订阅号、服务号、企业微信的功能对比

账号类型	订阅号		服务号		企业微信	
功能权限	普通订阅号	微信认证订阅号	普通服务号	微信认证服务号	普通企业微信	微信认证企业微信
消息直接显示在好友列表中			✓	✓	✓	✓
消息显示在服务号消息中	✓	✓				
群发消息	1条/天	1条/天	4条/月	4条/月	无限制	无限制
保密消息禁止转发					✓	✓
关注时验证身份					✓	✓
自定义菜单	✓	✓	✓	✓		
高级接口能力		部分支持		✓		部分支持
定制应用					✓	✓
支付功能		部分支持		✓		✓

（资料来源：腾讯客服）

（3）选择合适的公众号类型。从表2-4的对比来看，订阅号主要用于传播，通过传播展示自己的特色、文化、理念，由此树立品牌形象，所以大部分的旅游企业都会选择开通订阅号来打造品牌形象。服务号主要用于服务交互，比如汉庭酒店的公众号，将汉庭酒店的会员与该服务号绑定后，服务效率更高了。所以，用户需求高的旅游企业也会考虑在订阅号之外再开通服务号。企业微信主要用于企业的内部管理，所以对于管理运营并不复杂的中小型旅游企业来说开通企业微信的价值不大。小程序主要用于连接用户与服务。对于有服务内容的旅游企业来说，可以在开通其他公众号的基础上再开发或关联小程序。比如清明上河园景区就针对智慧停车、票务和地图导览服务开通了3个小程序。这对没有订阅清明上河园服务号的用户来说，提供了极大的服务便利和出色的用户体验。

2. 微信公众号的申请

视频2-1：微信公众号的申请流程

在此，我们以订阅号为例，来说说微信公众号的申请流程。

（1）登录注册。首先，申请人在浏览器中输入https：//mp.weixin.qq.com，进入微信公众平台主页，然后点击主页右上角的"立即注册"，进入注册页面并选择注册的账号类型——订阅号。

（2）填写基本信息。在这个页面需要申请人输入邮箱、邮箱验证码、密码及确认密码，并勾选"我同意并遵守《微信公众平台服务协议》"。在填写过程中，有以下几个注意事项。

①邮箱是随后的登录账号，所以需要填写未被微信公众平台注册、未被微信开放平台注册、未被个人微信号绑定的邮箱，且每个邮箱仅能申请一种类型的微信公众号。

②邮箱验证码需要在激活邮箱后将收到邮件的6位验证码填在这里。

③为了提高安全性，平台要求密码的设置必须包括字母、数字或者英文符号，最短8位，区分大小写。

（3）选择运营主体类型，完成相应信息登记。填写基本信息后，选择账号类型。申请者需要再次选择订阅号。此时系统会提示一旦成功建立，将不能修改账号类型。随后，需要选择运营主体的类型——政府、媒体、企业、其他组织或个人。不同的运营主体所需提供的材料不同。

在此，我们以个人类型为例。选择个人类型，所要提供的材料最为简单，主要在页面中提供申请人的身份证姓名、身份证号码、手机号码及短信验证码。申请人接下来也将成为该公众号的管理员。在此过程中，需要注意以下几点。

①管理员身份证姓名：一旦审核通过，身份证姓名不可修改，假若名字中包含分隔号"·"，不可省略。

②管理员身份验证：在输入身份证姓名和身份证号码后，系统要求用绑定本人银行卡的微信扫描二维码，并进行人脸验证。

③管理员手机号：每个手机号只能注册5个公众账号。

（4）填写公众号信息。这是申请流程的最后一个环节。在此过程中，需要注意以下两点。

①公众号名称不能和已经注册成功的公众号名称重复。

②个人类型的公众号一年内只可修改两次名称，其他类型的公众号在微信认证过程中有一次重新提交命名的机会。

（四）微信公众号的设置

成功申请微信公众号后，就可以进一步来对它的内部架构进行设置，这里我们依然以订阅号为例。

1. 公众号设置

在公众号设置模块中，需要管理员设置账号详情、功能设置和授权管理。

（1）账号详情设置。在账号详情中需要设置头像、名称、二维码、功能介绍，其中部分设置原则与微信个人号类似。

①头像。头像是用户识别公众号的重要标识之一。通过公众号，不仅方便用户对公众号的认知和识别，也体现了公众号的个性和风格。对于旅游企业来说，公众号的头像可以使用LOGO、文字、卡通形象来单个或组合展示。比如携程定制旅游的公众号头像就组合使用了LOGO和文字，这样的头像做到了品牌一致，也显得较为专业；而清明上河园景区的公众号头像就单一使用了卡通形象清明娃，这样的头像显得更加亲切，与清明上河园的宋代主题公园风格也极其相符。

与微信个人号相比，微信公众号头像的显示方式有两种：方形头像和圆形头像。在选择头像的过程中，要综合考虑两种头像显示内容是否完整。

②名称。名称是用户识别公众号的重要标识之一，也是搜索流量的关键部分。企业的公众号名称就是企业的品牌标签，名称起得好就能起到好的营销效果。其设置的方法与微信个人号的昵称类似。

③二维码。与微信个人号一样，每个微信公众号都有一个专属的二维码，通过扫描二维码，可以分享和推广旅游企业的公众号。为了方便在不同场景使用，微信公众平台为运营者提供了多种尺寸大小的二维码。不过，黑白两色的二维码美观度还是有所欠缺的，所以运营在获取公众号二维码后，可以根据旅游企业的需要使用二维码工具对其进行重新设计以及加工美化。

④功能介绍。功能介绍的内容长度为 4~120 字，功能介绍的修改规则为一个月内只能申请修改 5 次。功能介绍在撰写的时候应该把握简单好记、易于理解的设置方法，通过简短的内容准确地传达给用户公众号的服务、价值等信息。比如，云台山风景名胜区的官方公众号和淘宝故宫的公众号就诠释了不一样的描述方向的功能介绍。如图 2-8 所示，云台山官方公众号主要描述的是公众号的内容说明，而淘宝故宫公众号则描述的是淘宝故宫的标语。

图 2-8　云台山风景名胜区和淘宝故宫的公众号功能介绍

（资料来源：微信公众号截图）

⑤微信认证。为了确保公众号信息的真实性、安全性，微信公众平台增加了微信认证服务。通过微信认证的公众号在搜索列表中的排名会靠前，这样用户关注的可能性就会增大。另外认证后的公众号还享有了更丰富的高级接口、更有价值的个性化服务。

（2）功能设置。在功能设置中我们主要进行隐私设置和图片水印设置。

①隐私设置。通过隐私设置，运营者可以选择是否允许用户通过公众号名称搜索到自己。

②图片水印设置。在微信公众号里上传的图片，运营者可以选择是否显示微信水印。显然，有了微信水印更有利于公众号的宣传和推广，所以通常会选择默认，即显示水印。

（3）授权管理。通常可以借助新媒体工具，比如编辑器、西瓜集、创客贴等，来优化、便捷化新媒体平台的管理和运营。在授权管理页面中，运营者可以在此将公众号授权或取消授权给第三方平台。

2. 人员设置

人员设置包括管理员微信号和运营者微信号两部分。

（1）管理员微信号。管理员微信号即申请并扫码登录平台，绑定公众号安全助手的微信个人号。管理员可以更换修改，但 1 个微信公众号只能绑定 1 个管理员微信号，而 1 个管理员微信号可以绑定与管理 5 个微信公众号。

（2）运营者微信号。管理员可以为每个公众号最多设置 5 个长期（永久有效）运营者微信号、20个短期（1个月内有效）运营者微信号。

运营者微信号绑定规则如下。

①需要绑定的运营者微信号要先关注该公众号。

②需要绑定的运营者微信号已开通账号保护并绑定银行卡。

3. 自动回复和自定义菜单设置

（1）自动回复设置。自动回复包括了被关注回复、收到信息回复和关键词回复。其中收到信息回复设置最为简单，使用场景也较少，所以这里不再过多赘述。

①被关注回复。被关注回复是用户关注公众号后的第一次互动。通过它的设置可以帮助用户认知公众号，也可以帮助公众号与用户互动。所以在设置的过程中，可以更多地体现该公众号的服务内容、发文习惯、引导提示等内容。还需要注意的是被关注回复的内容可以通过文字、图片、音频或视频等形式展现，输入的文字应控制在600字以内。

②关键词回复。关键词回复就像是一个24小时的智能客服一样，只要提前编辑过用户回复的关键词，相关的回复就能在用户询问时第一时间送达，这样可大大提升用户的满意度。

（2）自定义菜单。在公众号会话界面的底部可以设置自定义菜单。目前，自定义菜单最多可以设置3个子菜单，每个子菜单又可以最多设置5个上拉展示菜单。用户可以通过点击菜单，收到公众号提前设置的相关内容，如发送消息、跳转网页、跳转小程序等。

在公众号运营之初，自定义菜单的设置不需要太完善，可根据用户的需求不断调整。

【案例2-4】

评估清明上河园景区公众号的内部架构设置

思考： 关注清明上河园景区公众号，讨论以下问题。

1. 清明上河园景区微信公众号属于哪种类型的公众号？
2. 它的微信公众号内部架构的设置合理吗？并作评价。
3. 假若你是微信运营顾问，你准备对它的内部架构设置提供怎样的改进建议？

二、企业微博的申请和设置

（一）微博及微博的分类

1. 微博

微博，即微博客，是一种通过关注机制分享简短实时信息的广播式社交网络平台。2009 年，新浪成为中国第一个提供微博服务的门户网站。虽然之后搜狐、网易、腾讯纷纷加入竞争，但新浪依然表现最为出色。截至 2023 年年底，微博用户的月活用户达到 3 亿，这说明微博在中国的社交媒体中地位依然极其稳定，并有着持续发展的走向。

2. 微博的分类

根据微博使用的人群、目的及作用不同，可将微博主要分为以下 5 类。

（1）个人微博。这种类型在微博中的数量比例最大，像明星微博、名人微博、高管微博、网红微博、普通用户微博等都属于个人微博。个人微博是用户个人在微博平台的日常秀场，通过对个人微博的有效运营可以提升个人的知名度，扩大影响力。

（2）企业微博。企业微博就是企业的官方微博，很多企业都在微博平台创建了自己的官方微博。企业微博一般都是以营利为目的的，通过运营企业微博可以传播企业品牌，及时发布企业产品的最新信息；可以为企业和用户之间提供"面对面"的沟通渠道，达到宣传企业、提高企业知名度和影响力的目的。有些企业还在微博形成包括官方微博、产品微博、企业领导人微博、高管微博等相互呼应的企业微博矩阵。

（3）政务微博。政务微博是政府机构或官员为了便于解决公共事务而开设的微博账号。2009 年下半年，湖南省桃源县官方微博"桃源网"出炉，成为中国最早开通微博的政府部门。紧接着，"微博云南"（云南省委宣传部开设的官方微博）、"平安北京"（北京市公安局开设的官方微博）等众多政务微博如雨后春笋般开通。在此类型的微博里，政府机构或是政府官员可以收集意见、倾听民意、发布信息、服务大众，通过与民众的良性互动，搭建一个社会化参政、议政、问政的网络交流平台。

（4）组织机构微博。微博的显著优势，不仅吸引了普通用户、企业、政府入驻，也受到很多学校、机构、组织的青睐。这些组织机构也纷纷开设官方微博。这种类型的微博不以营利为目的，只是为了寻求一个可以传播信息、增进沟通、舆情监测、危机公关的新媒体平台。

（5）其他微博。除了以上分类较为明显的微博之外，其他的微博非常庞杂，难于具体分类。比如有的电影上映前为了宣传预热会专门开设微博；有的企业为了某一个重要活动宣传推广会而开设微博。这种类型的微博不会长久运营，具有很强的时效性。

（二）企业微博的申请

旅游企业既然要选择微博平台开展新媒体运营，首先就需要申请企业微博账号，开辟企业的微博阵地。其申请流程如下。

1. 进入注册页面

打开新浪微博网址，然后点击页面右上角的"注册"按钮，系统会自动跳转到注册页面。

2. 选择注册类型

微博平台把注册类型分为了个人注册和官方注册。作为企业来说，显然需要选择官方注册。在企业微博注册环节，需要填入邮箱或手机号、设置密码、官方注册微博名、所在地和验证码。

其中有以下几点注意事项要提醒。

（1）邮箱注册。①若是企业已有新浪账号，如新浪微博、新浪邮箱，那直接可以使用新浪账号登录微博，无须单独开通；②邮箱注册，应输入常用邮箱地址，且不要使用私人邮件作为企业微博的注册邮箱。

（2）设置密码。密码设置规则为：由 6~16 字符组成，区分大小写。

（3）填写官方注册微博名。微博名的设置规则是可输入 4~30 字符，包含英文、数字和中文。在填写官方注册微博名时需要填写企业的全称或无歧义的简称。

（三）企业微博的设置

在完成申请之后，为了让企业微博给用户留下清晰、深刻、良好的第一印象，需要对其内部架构进行设置，具体内容包括头像、简介、个性域名、标签、背景图和封面图等。

1. 头像

头像是用户对企业微博最直观的印象。需要添加头像，可以在"账号设置"页面上单击"修改头像"来完成操作，其设置的方法与微信公众号类似。对于大多数企业来说，都会选择代表企业形象的 LOGO、企业名字和企业卡通形象作为微博头像，因为这些都是企业重要的识别系统。

2. 简介

简介是别人了解特色的重要信息。对于企业来说，简洁明了的简介不仅能清晰地告诉用户企业的类型，也能让别人瞬间记住企业的特色。需要添加简介，具体操作同样是在"账号设置"页面上单击"简介"一栏即可，系统会自动提示，简介的设置规则为 1~140 个字符。

3. 个性域名

个性域名不仅是用户进入企业微博的一个快速入口，同时也是企业识别系统的重要组成部分，所以在设置的时候应考虑与企业微博名称或企业官网相关联、相匹配。需要添加个性域名，具体操作是在"账号设置页面"单击"基本信息"下面的"个性域名"，然后进行设置。要特别注意的是，目前个性域名只能使用数字和字母的组合，而且一旦设置成功后就无法注销，所以在设置前一定要深思熟虑。

4. 标签

在填写基本信息的同时，还可以输入标签信息。作为企业微博的标签，应充分显示企业所属的行业或领域、产品或服务的名称或类型等重要信息，从而能使更多的用户更容易找到。需要添加标签，具体操作仍是在"账号设置"页面单击"基本信息"，就能添加多个企业特色标签了。

5. 背景图和封面图

背景图和封面图是用户进入企业微博的主视觉，两者都可以自定义设置，可将两者作为企业的活展示位充分利用起来。需要设置背景图和封面图，具体的操作是点击微博首页右上角的"模板设置"，在里面可以分别上传封面图和模板（即背景图）。

（四）微博认证

为了避免身份混淆，引起公众误会，微博实行了微博身份认证，即微博认证。目前微博认证分为个人认证、机构认证和企业认证。

1. 个人认证

个人认证也被称为"橙V认证"，这种认证完全免费。根据认证类型不同，还分为身份认证、兴趣认证、超话认证、金V认证、视频认证和文章/问答认证，每种认证申请的条件都不相同。

2. 机构认证

机构认证也叫"蓝V认证"，这种认证能够申请的机构包括政府、媒体、企业、校园、网站等微博官方账号，同时这种认证会收取审核费用，但政府、媒体、校园、公益类的"蓝V认证"审核费是由站方补贴的。企业或其他的"蓝V认证"审核费用每次300元（该费用不以认证成功为前提，且不支持退款）。

3. 企业认证

开通企业认证后，企业微博就可以享有广告、营销、运营、数据四大特权服务。所以，大多数企业在入驻微博后，都会进行企业认证。在此，我们来介绍一下具体的申请流程。

（1）准备认证材料

作为需要微博官方认证的企业，需要准备的材料包括：①营业执照（副本原件的拍照或扫描件）；②认证公函（加盖企业彩色公章）。

（2）填写认证材料

基本资料包括：①营业执照（已通过最新年检的营业执照，并将此营业执照拍摄成清晰彩色照片的形式）；②认证公函（下载打印《官方认证通用申请公函》，填写完整后加盖红色公章，上传清晰的公函扫描件或彩色拍照件）。补充材料包括：①自有品牌（商标注册证）；②应用认证（软件著作权证）；③企业网站（网站备案信息）；④其他材料。

（3）等待审核

以上信息填写完毕并上传相关材料后，即进入审核认证阶段，通常3个工作日内会完成审核。审核通过后，微博平台会发通知，然后企业微博上就会出现"蓝V认证"的标识。

【案例2-5】

评估企业微博

搜索一个你知道的企业官方微博。

思考： 请仔细查阅该企业官方微博，并讨论以下问题。

1. 这家企业的官方微博是否容易搜索到？
2. 这家企业的官方微博内部架构设置合理吗？
3. 假若你是微博运营顾问，你准备对这家企业微博的内部架构设置提供怎样的改进建议？

三、抖音的申请和设置

（一）抖音

抖音隶属于北京字节跳动科技有限公司，是一款音乐创意短视频社交软件。该软件于2016年9月20日上线，是一个面向全年龄的短视频社区平台。根据统计，2023年抖音日活跃用户突破8亿，正如抖音所倡导的那样，越来越多的用户在用抖音记录着美好生活。

（二）抖音的申请

1. 账号注册

用户想在抖音上占据一方阵地，首先需要有抖音账号。抖音账号的注册非常简单，用户可以用手机号进行验证登录，也可以直接使用头条号、QQ号、微信号和微博号等第三方平台账号进行登录。

2. 账号认证

在拥有了抖音账号后,为了保证账号安全双保险,建议大家可以申请实名认证。进行实名认证的具体步骤可通过二维码观看。

除了机器认证这种方法外,抖音平台还提供了人工认证。需要用户按照模板拍摄并上传本人手持身份证的照片。一旦认证成功,实名信息将不能修改,只有通过注销账号或在两个月内不登录等待抖音官方收回。

(三)抖音的设置

在拥有抖音账号之后,我们就需要对该账号的内容架构进行设置,设置的内容包括账号名、头像、标签、简介、标题、封面等,设置的优劣很大程度上会影响账号的形象和短视频的播放量。

其中,账号名、头像、标签、简介的设置与微信、微博的内容大致类似,具体的操作都是在抖音账号的首页点击"编辑资料"就可以完善,所以在此不做赘述。下面主要为大家介绍一下标题和封面的设置技巧。

1. 标题的拟定

在短视频的世界,好的标题就是流量之源。即便是同样的短视频,但因为标题不同,会带来截然不同的播放量。那么一个好标题的拟定技巧是什么呢?

(1)明确用户标签。用户的标签具有多维度,可以是职业、学校、年龄,也可以是亲子、旅游和动漫。在明确了账号的用户画像后,就需要给标题贴上与用户有共同点的标签。比如,该账号的用户主要是宝妈,那么该账号在内容输出时标题应该贴上亲子、遛娃等相关标签。

(2)明确用户痛点。一条好的短视频要能"急用户之所急,想用户之所想",紧紧抓住用户痛点。比如,抖音账号阿玛尼短视频教程专门教用户拿手机拍短视频的技巧,其中有一条短视频标题叫作"教你拍摄酒店民宿一镜到底"。假若我是一名酒店民宿的运营者或是一名酒店客人,这条短视频标题就足以吸引我点开播放。

(3)找到情绪共鸣。当你的短视频标题让用户感同身受,那就是情绪共鸣最好的诠释。

2. 封面的设置

封面就是短视频作品的头图,是短视频给用户的第一印象。好的封面可以让用户快速了解短视频的内容,能为接下来的点击率加分。那么一个好封面的设置技巧又是什么呢?

(1)与内容匹配。封面就像是短视频作品的外衣,只有相互匹配,穿出来才具有美感。比如做亲子的封面可以用孩子的照片;做旅游的封面必定是美景呈现。

（2）绝对原创。每个新媒体平台都大力支持原创，持续输出原创是高品质内容共有的特点。另外，原创的封面也不会引起侵权问题。

（3）图片清晰无水印。既然封面是用户了解短视频的第一印象，那么清晰高品质的封面对用户更具吸引力。另外，封面图不能有水印，否则容易导致短视频在平台审核环节无法通过。

任务小结

通过本任务的学习和实践，学生应掌握微信公众号、企业微博和抖音账号的申请流程，能够从运营的角度去合理选择平台类型并搭建平台的内部架构，从而激发自身将来在旅游新媒体行业从业的热情和培养自身自主创业的意识和能力。

任务实践

任务准备	全班按原有分组，完善项目一、项目二任务一中的任务成果
任务要求	1. 各组进行平台申请 （1）各组确定符合申请条件的本组平台申请人 （2）各组都要申请"两微一抖"账号 2. 各组根据自己领域定位完成微信公众号内部架构的设置 （1）各组设置的微信公众号账号详情内容包括头像、名称、微信号、功能介绍、二维码 （2）各组的人员配置要求：公众号管理员需要通过设置将所有组员绑定成为该公众号的运营者 （3）各组根据自己领域定位设置自定义菜单 （4）各组根据自己领域定位设置被关注回复及10个关键词回复 3. 各组根据自己领域定位完成微博账号内部架构的设置，设置内容包括头像、简介、个性域名、标签、背景图和封面图，其中组员有微博会员的可以自定义设置封面图 4. 各组根据自己领域定位完成抖音账号内部架构的设置 （1）各组设置的抖音账号内容包括账号名、头像、标签、简介 （2）各组根据自己领域定位制作一个15秒短视频，并为该短视频制作标题、封面 5. 各组制作本组的账号宣传海报。海报上须包括本组"两微一抖"账号的二维码 6. 各组策划账号宣传方案，并通过宣传让更多的粉丝关注小组的"两微一抖"账号
任务成果	每组提交"两微一抖"账号的宣传海报
评价方式	学生自评、互评和教师评价相结合，条件允许应采用贯穿项目一至项目四连续任务，并实际进行新媒体运营实践，通过各种后台数据进行评价。分组安排时，注意小组成员分工到位，每位同学都有一定任务

任务三 平台矩阵的搭建

【任务导入】

利用不同平台的特征进行平台矩阵的搭建

小张于 2021 年 8 月入职到当地一家知名的旅行社，接到的第一份任务就是将公司最新设计的暑期西北旅游线路通过新媒体平台进行发布和宣传。突然的任务，让小张措手不及，虽说自己也算是"网瘾少年"，但是对于面临微信、微博、抖音、小红书、B 站、快手、斗鱼等多种不同的新媒体平台，小张犯了难，一时不知该选择哪个平台。

结合任务导入内容，根据常见的新媒体平台，讨论以下问题。

1. 对上述的平台，进行简单的新媒体平台分类。
2. 请根据不同类别的新媒体平台，讨论不同平台的特征和优势。

任务解析： 在互联网高速发展的今天，绝大多数的互联网用户都有通过互联网平台网购的习惯。

与此同时，文化和旅游部数据中心发布的《全国"互联网＋旅游"发展报告（2021）》显示，在线旅游消费总额已达万亿级。利用互联网平台进行网络营销就显得尤为重要。掌握不同互联网新媒体平台的特征，运用平台的优势，构建企业新媒体平台矩阵，从而对用户进行全方位、精准化营销成为企业重要的工作内容。而只有企业充分认识到搭建新媒体平台矩阵的作用，掌握了新媒体平台矩阵搭建的步骤，具备了新媒体矩阵运用的核心能力，才能实现企业产品对用户的精准营销。其具体要求包括以下两点。

1. 了解新媒体平台矩阵的概念及其作用。
2. 搭建新媒体平台矩阵，了解不同平台的运营策略，从而实现多方位、精准化营销。

一、新媒体平台矩阵的概念与作用

（一）新媒体平台矩阵的概念

本项目第一个任务中，我们已经系统性地了解了多种平台的特征，接下来就需要利用不同平台的优势，搭建新媒体平台矩阵。那到底什么是新媒体平台矩阵呢？

在数学中，矩阵是一个按照长方阵列排列的复数或实数集合，最早来自方程组的系数及常数所构成的方阵。新媒体平台矩阵借用了"方阵"的概念，指的是在社交媒体环境下，运营者以不同名称在单个自媒体平台上开设多个账号，或在不同自媒体平台环境下分别开设账号运营，并与客户端相结合，从而形成一致对外的新媒体账号方阵，实现同类信息的多渠道传播，以及不同渠道的多层次吸粉效果。

（二）搭建旅游新媒体平台矩阵的作用

随着新媒体在旅游领域的应用与创新，新的信息传播方式已逐步成型，并推动受众在思维模式、选择偏好上做出改变，成为旅游景区扩大影响、塑造品牌的有效帮手。旅游业应紧随时代步伐，积极拥抱新媒体，借助网络平台优势，实现有效传播。新媒体时代的平台搭建，主要是借助平台集聚效应实现信息资源生成、呈现和发布的规模化、实时化。新媒体平台的开放性与旅游传播的分享性存在一定程度上的契合和互构。"旅游+"新媒体平台矩阵的搭建，将会极大地促进旅游传播的速度、范围和效率。

1. 有利于扩大营销受众，促进旅游形象的宣传与推广

新媒体平台具有网络传播速度快、范围广的优势，搭建新媒体平台矩阵，有利于旅游信息在不同新媒体平台的宣传与推广，使得受众规模不断扩大。不同的平台都有各自的用户客群基础。比如，微信是最大的社交平台，微博是事件发布的重要平台，抖音是竖版短视频休闲娱乐平台。每个平台都凭借各自的内容和平台优势培育了广泛的平台粉丝。多平台联结的矩阵式传播体系形成的集群效应及传播覆盖力，更有利于扩大营销受众，促进宣传与推广。

同时，新媒体的开放性与游客外出游玩的分享性在一定程度上不谋而合。游客可以通过新媒体平台发布的信息，在旅游决策前充分了解旅游目的地的信息，而及时便利的新媒体不仅丰富了旅游营销的传播渠道、聚合了精准受众、推动了交互体验转化，还打破了传统媒体信息传播的垄断特权，让游客可以在不同的新媒体平台上获取有效的旅游信息，不仅极大地促进了旅游的营销推广范围，而且也有利于旅游形象的宣传与推广。

2. 有利于增强营销效果，促进网络流量向游客流量的转化

建立矩阵后，不同平台的产品及调性可以形成互补，多个平台相互联动，增强对企业品牌、活动及产品推广等活动造势，扩大影响力，进行二次传播，实现"1+1＞2"的价值。通过多个新媒体平台的运营，用户就会产生"偶有印象—印象加强—消费认知—产生消费"的冲动。

通过微博、小红书、抖音等新媒体平台，众多博主打卡网红景点，以此

激发网友的共鸣，引导网友发布类似内容和形态的视频，聚热点、获流量，激发游客的打卡欲望，促进网络流量向游客流量的转化。

比如，重庆的"穿楼轻轨"和"洪崖洞"（图2-9）因为抖音视频迅速走红，成为重庆爆款旅游景点。而重庆在成为"网红城市"以后，关于重庆旅游和打卡重庆的推文在微信公众号和朋友圈也与日俱增，重庆的游客量和旅游收入显著增加。

图2-9　重庆洪崖洞

3. 有利于打破时空界限，促进旅游信息的全方位传播

新媒体平台通过网络传播信息的方式，打破了时间和空间的限制，使得信息可以即时地在全空间范围内传播。

搭建新媒体矩阵平台，通过网上论坛的推荐、打折团购及嵌入电影和小说的软广告等。创意旅游营销可以增加旅游消费需求，使得旅游消费者可以随时随地在自己偏好的新媒体平台上获取旅游信息，并通过直播、图片、推文、短视频等各种形式直观地展示旅游产品和服务，促进游客对旅游信息的全方位了解。

二、搭建新媒体平台矩阵

可针对用户的附加需要提供更多服务的多元化媒体渠道运营，以增加自身影响力，获取更多的粉丝，再将粉丝导流到某一新媒体，以实现变现这一最终目的运营方式，能够触达目标群体的多种新媒体渠道组合。矩阵有横向矩阵和纵向矩阵两种类型。

拓展案例2-2："只有河南"新媒体营销横向矩阵构建

（一）横向矩阵

横向矩阵也称为外矩阵，是指企业在全媒体平台的布局，包括自有App、网站和各种不同新媒体平台，如微信、微博、今日头条、搜狐网、企鹅号等（图2-10）。

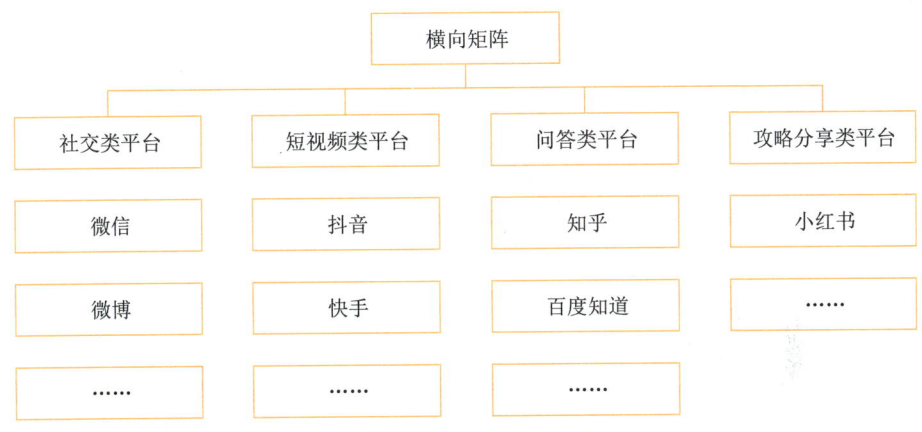

图2-10 新媒体平台横向矩阵

（二）纵向矩阵

纵向矩阵也称为内矩阵，主要是指某个媒体平台的生态布局，是其各个产品线的纵深布局。比如，微信平台在内部布局订阅号、服务号、社群、个人号及小程序等板块，再利用文字、图片、语音、视频等信息传播形式，从而实现微信平台的纵向矩阵搭建；今日头条平台在内部布局抖音、西瓜视频、火山小视频、头条号及悟空问答等板块，再利用语音、视频等信息传播形式，从而实现今日头条平台的纵向矩阵搭建；微博平台在内部布局微博、话题、热搜、一直播、秒拍视频等板块，再利用文字、图片、语音、视频等信息传播形式，从而实现微博平台的纵向矩阵搭建（表2-5）。

表2-5 微信、今日头条、微博平台的部分纵向矩阵内容

微信	今日头条	微博
订阅号	抖音	微博
服务号	西瓜视频	一直播
社群	火山小视频	秒拍视频
个人微信号	头条号	话题
小程序	悟空问答	热搜

1. 纵向矩阵之微信公众平台的运营策略

据统计，2024年上半年，微信的活跃用户规模达到13.7亿人，由此可以看出，微信平台拥有庞大的用户规模，而这也是个人及企业都要建立自身的微信平台并运营推广的原因。庞大用户规模的背后是平台优势，是流量、销量和商机。微信是一个开放的平台，运营人员需要思考的是如何利用微信平台自身的优势带来客户和转化率，从而实现精准营销。

微信公众平台即公众号平台，是为个人、企业和组织提供业务服务并提高用户管理能力的服务平台。要想利用公众号进行一对多的互动营销，首先就要搭建属于自己的公众平台。微信公众平台的规则是不断变化的，为了给后期的公众号运营提供良好的基础，运营人员要对公众号的搭建有清晰的认识并注意申请时的一些细节公众号。

（1）有价值的内容输出是基础。做公众号运营时，运营者首先要思考一个问题：为什么微信用户会关注自己的公众号？答案很简单，就是公众号对用户来说有价值。那么，在用户眼中，什么样的公众号才是有价值的公众号呢？其实就是能给粉丝带来阅读享受或者粉丝能从中获得想要的资讯的公众号。如果把公众号看作用户订阅的电子版期刊，那么能提供有价值的内容就是粉丝想看的理由。

（2）利用微信社交圈转发增加曝光。微信本身就是公众号推广的重要渠道，因此在微信群、朋友圈分享公众号文章也是公众涨粉的重要方法。

运营者可以加入不同类型的微信群，从群友而不是运营者和推广者的角度去分享公众号的文章，从而实现公众号的曝光和涨粉。

（3）利用公众号留言、评论及互动问题等功能建立与粉丝的联系。在发布公众号文章后，运营者要紧密观察微信公众平台的相关评论，一旦发现有比较优质的评论，就将其置顶或加精选。这样一来，其他用户看到后也会跟风参与评论，评论区自然就会活跃起来。

运营者不必回复每条评论，可以挑选一些有趣的、有内容的来回复。注意，回复时也不必一本正经，可以活泼调皮一些，就如同和朋友对话一样。要知道，运营者的回复不仅能让用户感受到公众号的用心，还能为评论区营造良好的互动氛围。

通过在文章底部设置互动问题，可以提高用户评论的欲望，从而增加评论区的评论量。在设置互动问题时要注意，所选问题要能引起用户共鸣且难度不能太高，以确保用户都能回答上来。

（4）策划活动吸引粉丝参与。在定期推送公众号文章的同时，运营者还可以策划一些活动以吸引用户参与，提高用户的活跃度。另外，策划活动也能使公众号涨粉，提高点击率。

①分享有礼活动。分享有礼的活动常常与公众号的运营目标相结合，因为有礼品加上操作简单，能吸引很多用户参与。分享有礼中比较常用的一种活动形式是分享并集赞，即将活动分享至朋友圈并集赞。这种活动形式一般要求粉丝将指定链接（常常是活动页）转发至朋友圈，并获得活动要求的点赞数才能领取对应的奖品。用户分享并获得要求的点赞数后，需要截图发至公众号后台，运营者在接收到粉丝发来的图片后根据活动要求发放奖品。

②有奖调研/问答活动。对公众号而言，有奖调研/问答活动具有采集信息的作用，能引发用户对平台的思考，进而让用户参与公众号的发展。在策划此类活动时，运营者要根据活动目标设置有针对性的问题。当然，为了提高用户的参与度，可设置一定的奖项。

③投票评比活动。投票评比活动在微信群屡见不鲜，一般是策划一项比赛并设立相应的奖项，让用户报名参与，最后通过微信拉票的方式确定获奖者。这是一种比较接地气的活动，虽然有时会让一些人感到烦恼，但就很多公众号的活动效果来看，仍是一种很不错的活动形式。

④玩游戏赢奖品。游戏的活动形式与前面几种相比显得更有趣味性，能增强用户的新鲜感，用户可通过玩小游戏的方式来获得相对应的奖项。

（5）与其他大V公众号合作互推。合作互推是指运营者通过与其他公众号取得联系，在彼此的公众号中推广对方的公众号，要想让公众号涨粉，互推是成本较低的一种方法。要想保证合作互推的效果就要选对公众号，而优质公众号是运营者的首选。优质公众号是指用户量较大，且粉丝互动比较频繁的公众号。如果企业的公众号粉丝量比较少，那么运营者就可以选择不那么知名的公众号，从而增加互推合作的概率。

选择好优质公众号后，运营者就可以在公众号会话窗口留言以明确自己的互推意向。留言时要注意不能简单地只留"互推合作"4个字，而应简短地说明互推的主题、时间、形式及范围等。这样不仅可以让对方感受到互推的诚意，同时也能提高互推效率。

【案例2-6】

如何玩转微信公众号

小张在接到领导要求在新媒体平台发布公众号的任务后，经过筛选，决定先在微信公众号通过发推文的形式进行旅游线路的宣传。小张在注册完微信订阅号后，就开始了公司旅游线路的推文发布。经过一天的推文编撰努力，小张把一篇名为《×××地三天两夜深度游》的推文发到了微信公众号上，并在推文底部设置了参与活动，将该推文分享到朋友圈获得 50 条赞可以换取该旅行社的 50 元代金券一张。在发完推文的第三天，公众号后台就收到了很多完成点赞活动用户的评论和消息。小张因为在忙着编写另一条旅游线路的推文就一直没有理会。

思考：
1. 微信订阅号有什么样的特点？
2. 小张该如何更好地运营公众号？

2. 纵向矩阵之抖音运营策略

在今日头条纵向矩阵中，抖音是今日头条竖版短视频的重要板块。与图文内容相比，视频能够更加生动、形象地展现内容，具有很强的吸引力，能增加用户对运营内容的信任感。

建立一个稳固的抖音矩阵运营，每个账号要有自己的定位，才能保证主账号的扩大化发展，子账号才能成为更有价值的账号。

（1）垂直定位：只专注一个领域。一个账号只专注一个领域。账号的垂直度一定要高。子账号与主账号的定位一样，不能今天发旅游、明天发美食、后天又发健身，这样毫无章法的内容发布，对提升账号权重和视频播放量没有丝毫好处。

抖音垂直类的账号，基数门槛相对低，运营起来更轻松，稍微花点心思就很容易吸粉。当然，是在保证持续优质原创输出并垂直的前提下。

另外，每个子账号都要有自己的细分领域垂直定位，但是其主要内容与主账号是有密切联系的，因此各个子账号之间也需要有相关性。不管是目标粉丝群还是内容，必须确保相互之间能够因为某个点有所关联，便于通过这个联结点相互导流。

（2）构建"1+N"内容矩阵输出模式。"1+N"矩阵主要是建立一个以产品线为主导的账号矩阵，一个主账号下再开设 N 个产品专项账号，以此构成完整的抖音宣传体系。这种抖音矩阵的营销作用主要在于产品结构与品牌构成比较简单的企业用这种模式可以弱化品牌定位，强化产品卖点。产品在粉丝心中形成比较鲜明的特色之后更能影响受众群体的购买欲。

西安在抖音上走红之后，国内很多城市都发现了抖音红利，也学习在抖音建立自己的抖音矩阵，重庆也是代表之一。重庆采用的抖音矩阵就是

"1+N"的矩阵模式。以重庆旅游为主账号,分别开设平安重庆、发现重庆、重庆航空、重庆美食等子账号,构成以宣传重庆美食、美景及各种资讯的抖音宣传体系。

(3)发展 AB 矩阵。AB 矩阵是以品牌形象塑造、维护为目的,以"形象抖音账号+品牌抖音账号"的形式组建的抖音矩阵。这种模式的营销作用则在于一正一辅两个账号同时发力,"一硬一软"(硬是指硬广告,直接在账号上给自己的品牌或者产品打广告;软是指通过情景演绎或模仿热点视频等方式插入软广告信息)植入广告信息。不过要注意一正一辅两个账号一定要有明确的定位,以避免信息混乱。

【案例2-7】

如何掌握抖音的流量密码

小张作为抖音的重度发烧友,不仅自己喜欢看别人发布的短视频,也喜欢时不时的自己发布短视频。但是小张在发布短视频的过程中却遭到了打击。最初,小张把自己和朋友一起探店美食的短视频发布在自己的抖音账号上,但是连续发了三四期美食攻略,几乎没有浏览量、点赞量和评论量,小张觉得自己发的美食攻略大家都不感兴趣。于是小张就又注册了一个账号,开始拍摄自己的日常穿搭技巧,在新的账号上发穿搭技巧,在之前的账号上改发旅游攻略,但发现两个账号的浏览量、点赞量和评论量依旧很少。不到半个月的时间,小张注册了两个抖音号,发布了 3 种不同类型的抖音视频,却依旧没有人浏览和点赞,于是小张跟朋友抱怨道:以后再也不发抖音了。

思考:
1. 请思考小张的抖音为什么没有浏览量、点赞量及评论?
2. 针对小张陷入的发抖音困境,你有什么建议?

三、搭建矩阵的步骤

(一)确定产品的新媒体运营阶段

新媒体运营一般要经历启动期、增长期、成熟期、衰退期 4 个阶段,如图 2-11 所示。

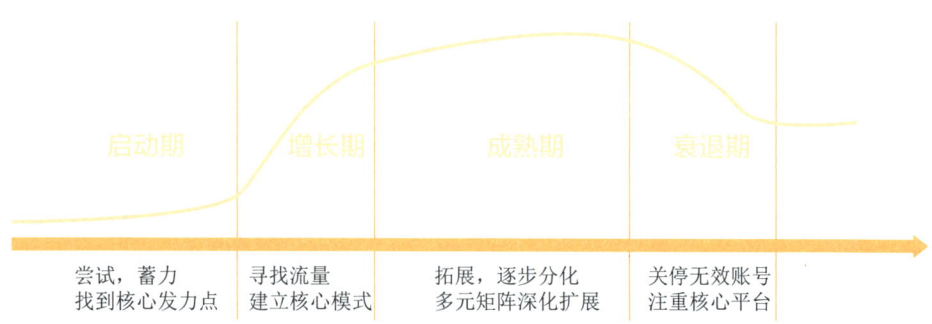

图 2-11　新媒体平台运营周期

运营主体的目标不同，在每个阶段的目标也不尽相同。可根据每个阶段的运营目标来确定搭建媒体矩阵的时机，或判断是否应该搭建媒体矩阵。

1. 产品启动的宣传初期

一般来说，自媒体的启动期是在某个或某些平台做尝试，逐步蓄力，以找到核心发力点为目标，此时更多的是试错和探索。通常情况下，除非预算和运营团队较为成熟，启动期一般不建议上来就做媒体矩阵。一方面，市场验证时间较短，前期积累还不够充分。另一方面，容易分散精力，不如集中优势资源先把主要平台做好、做精。

2. 产品宣传增长期

增长期则开始固定在某些表现较好的平台运营，逐步开始向稳定过渡。可以搭建某个平台的纵向矩阵寻找流量，以找到核心运营模式为主要目标。

3. 产品宣传成熟期

进入成熟期后，也开始进入营利期。根据具体需求进行进一步的探索，可以逐步分化，运用横向矩阵来深化扩展。

4. 产品宣传衰退期

媒体增长到一定体量之后，会出现某些平台平稳发展，某些平台进入衰退期的情况。那么就可以根据当前的现有资源和市场行情，适当关停一些无效或收效甚微的账号，把精力集中到核心平台上来。进一步深化现有矩阵，加强纵向深度，以扩大影响力为主要目标。争取在细分领域做精，或根据公司战略发展开辟新的领域。

（二）熟悉各平台的差异化价值

每个媒体平台的特点都不相同，视频和图文也不能按照一个套路去运营，社交类媒体平台也不能跟社区类混淆一体。只是，当碰到重大宣传节点的时候，也可以做到同时发力，这并不冲突。关键还是要根据平台的运行逻辑和特点，去对应建立自己的运营策略。至于内容协调和宣传节点可以随机应变。媒体是为宣发和品牌服务的，不要被局限住。

分析确定要去布局的媒体平台，以找到适合不同平台的运营策略。那如何去熟悉一个媒体平台呢？首先要理解平台的运行逻辑是怎样的，核心内容是什么，用户群体的特点是什么，有没有账号权重，流量的来源是什么……一句话，就是必须要熟悉平台特点（表2-6）。

表2-6 主要新媒体平台的差异化价值

平台名称	差异化价值
新浪微博	中国最大的事件搜索引擎，中国最大的K2C开放平台
微信公众号	微信的圈层性、社交化
抖音	垂直创意UGC竖屏短视频
小红书	全国最大的种草基地

（三）确定合适的媒体平台

可以结合自身的产品性质、营销目标或企业需求，来列出合适的媒体平台，再从中筛选。如果无从下手，可以先分析自己的产品受众群体都分布在哪些平台，然后从这些平台入手。也可以去分析竞品的媒体矩阵情况，以此作为参考去筛选合适的平台。

初步筛选出平台后，可结合媒体平台的特点及自身的资源优势和人力情况，再进一步做筛选，以确定最后可实现的运营媒体平台名单。

确定运营平台并启动后，就可以根据情况和市场机会开始布局媒体矩阵。具体情况可以参考前面所述内容。一般媒体矩阵的布局展开有以下两种形式。

1. 先做纵向矩阵再做横向矩阵

这样做的好处是，因为对所在平台的各种情况已经比较了解，熟悉运营环境，做起来会更加得心应手，也能避免出错。也可以直接借鉴当前所在平台的运营情况，以便于尽快展开。在做得比较好的平台上继续扩展，能优先扩大核心竞争力，加强核心用户的体验，对自身发展来说也是尤为重要的。也有只做内部矩阵的布局方式，当然具体情况还要根据自身运营需求来定。

2. 直接开启横向矩阵

在选择外部矩阵时，要充分分析平台特点、已经积累的用户群体特点，找到和自己产品目标或企业目标有契合点的平台，再根据目标需求去制定运营策略。运营外部矩阵时，应多注重跨平台的合作联动情况，争取将不同平台的资源优势都发挥出来。

（四）搭建平台矩阵团队

1. 按运营模块搭建团队

新媒体工作种类通常分为内容运营、活动运营、用户运营和投放运营4种。所以，运营团队的搭建可以根据这些业务模块来分别配置人员，具体可参考图2-12。

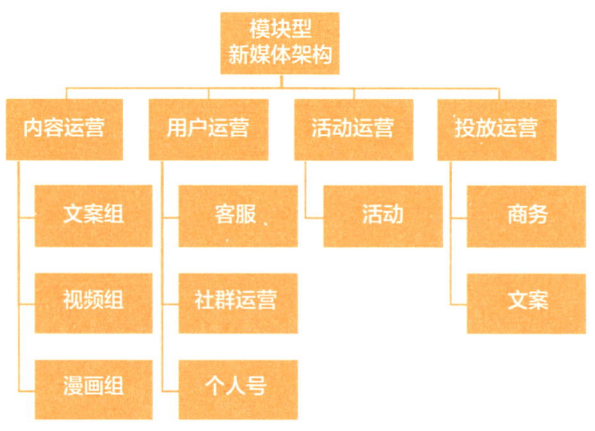

图2-12　模块型新媒体平台运营人员搭建

2. 按平台搭建团队

可按照不同平台进行人员分配、团队搭建。例如将企业负责新媒体的人员分为微信运营、微博运营以及抖音三大团队，具体团队搭建可参考图2-13。

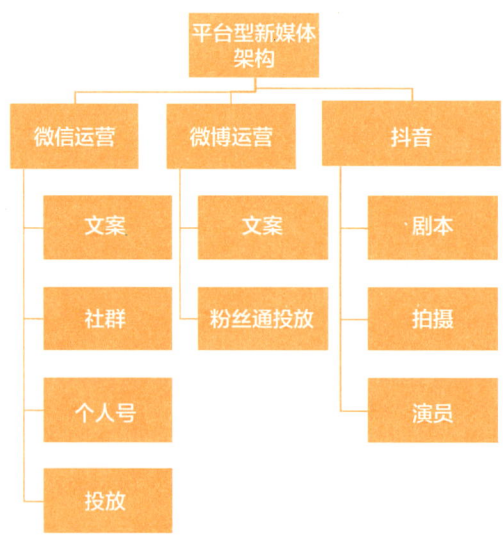

图2-13　平台型新媒体平台团队搭建

四、运营矩阵的核心能力

运营矩阵有 3 个核心能力，即对平台的理解力、跨平台整合力及平台数据化驱动力。这三大能力对想在新媒体领域脱颖而出的人来说非常重要！

（一）对平台的理解力

只有对运营的平台有深刻的理解，才能更好地利用其优势完成自己的商业活动。对平台的理解体现在以下 4 个方面。

1. 对平台运作机制的了解

比如，作为一个普通的个体，在 2014 年你会选择入驻今日头条还是博客？今日头条的模式基于算法分发，可以迎合更多用户的兴趣，主要面向移动端；而博客更多以订阅为主，主要基于 PC 端。从产品上看，今日头条的空间可能更大一些。

2. 对平台人群的研究

平台人群是否完全和目标人群相匹配？匹配程度有多高？这在前文已有阐述。这里强调的是要学会在运营过程中动态地研究，例如美篇是一个图片创作分享的 App，一开始并不火爆，后来在运营过程中发现，老年人更喜欢图文结合发布自己的摄影作品，所以进行了改版，吸引了更多该年龄段的细分人群。

3. 对平台实力的研究

平台实力主要研究融资、团队等。例如，悟空问答或者抖音平台的潜力非常大，因为根据统计平台 QuestMoblie 的数据分析，今日头条系的 App，是除了腾讯外独立总使用时长最长的。

4. 对平台发展趋势的理解

对平台发展趋势的理解主要看该平台有什么最新的扶持政策等。这需要持续跟进平台更新情况，最好能够进入内测组优先体验，比如，2017 年时微博的 MCN 计划对创作者的扶持力度非常大。

（二）跨平台整合力

矩阵能发挥协同效应，所以如果运营者具备跨平台整合力，就可以利用各个平台的特点发挥 "1+1＞2" 的效果。跨平台整合分为以下两方面。

1. 联动内部资源

比如，新品发布后，要在矩阵内所有的媒体平台同步发布消息，以最大化利用自有资源。这可能会出现一种情况，有些平台的账号并不在自己部门内，例如，企业文化的账号可能在行政部门，某些地区类账号在相应的地区运营。这时就需要发起联动，一起进行资源整合。

2. 联动外部资源

比如，召开发布会，让外界的 KOL 写稿推荐等。注意平时多积累人脉和资源，以便在关键的时候进行整合。

（三）平台数据化思维

多平台运营，除了简单地将某个平台的运营经验运用到另一个平台之外，也需要用数据驱动运营。通过数据分析，不仅能够呈现结果、帮助总结分析，还有助于优化前期经验、准确预判等，无论是对内容、用户还是活动运营，都大有裨益。

任务小结

通过本项目的学习和实践，学生应了解和掌握平台矩阵的概念、类型；能够掌握某一种或某几种不同平台矩阵的横向、纵向搭建方法；能够针对某一旅游产品的新媒体营销进行基本的平台矩阵选择，并根据平台矩阵构建平台运营人员团队，进而进行比较完整的旅游产品营销新平台矩阵的搭建。

任务实践

任务准备	全班按原有分组，撰写新媒体平台矩阵项目计划书
任务要求	1. 各组明确平台特点及产品推广宣传的阶段 2. 各组根据产品营销目标，制订相对应的平台矩阵项目计划书，项目计划书内容包括： （1）总体产品营销目标 （2）不同营销推广发展阶段，平台矩阵搭建计划的制订 （3）根据平台特点、产品特性及营销目标，选定平台矩阵 （4）选定平台矩阵后，撰写平台矩阵实施计划和步骤
任务成果	每组提交一册有针对性的《新媒体平台矩阵项目计划书》
评价方式	学生自评、互评和教师评价相结合，条件允许可实际进行新媒体运营实践，通过各种后台数据进行评价。分组安排时，注意小组成员分工到位，每位同学都有一定任务

项目三　用户运营

 项目导读

在旅游新媒体运营中，用户是核心。无论旅游企业是开发产品、设计活动，还是策划内容，都要紧紧围绕用户。只有重视用户运营，新媒体才能起到事半功倍的运营效果。本项目旨在引导学生认知用户运营及其价值和作用，熟悉用户运营流程的6个步骤，掌握用户运营的真谛。

学习目标

1. 掌握用户运营的概念以及核心目标,了解用户运营的价值。
2. 掌握用户画像的概念、流程。
3. 掌握吸引用户的方法、获客方式渠道的选择方法及私域流量的优势和载体。
4. 掌握用户留存的原因和影响用户留存的关键行为。
5. 掌握用户分层分级的重要性和分级标准。
6. 掌握用户成长体系的重要性和用户成长体系、激励体系建立的方法。
7. 掌握转化用户的重要性,以及常见用户变现路径。

 思维导图

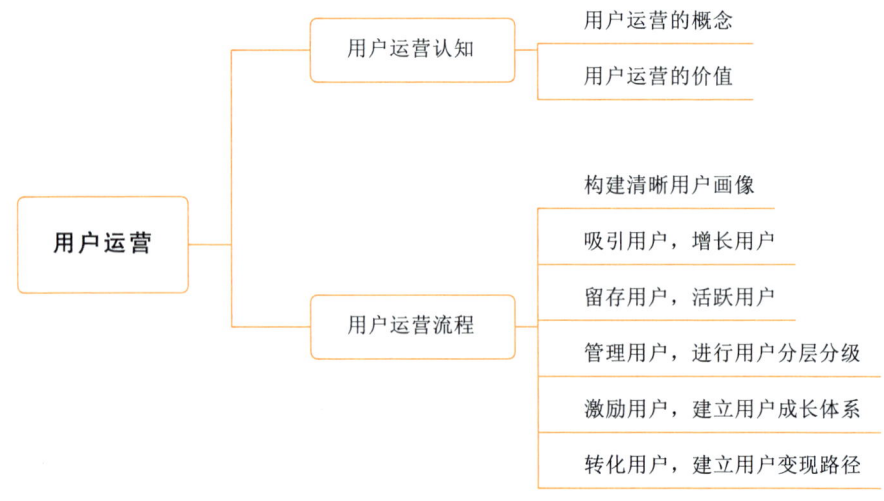

任务一　用户运营认知

【任务导入】

飞猪旅行"机票盲盒"活动

活动主旨:"机票盲盒"——探索未知目的地,享受惊喜旅行体验。

活动内容:飞猪旅行在2021年推出了"机票盲盒"活动,用户可以以99元的价格购买一张随机目的地的机票盲盒,打开盲盒后可以看到具体的目的地和航班信息。用户可以选择接受或放弃该机票,如果放弃,可以获得全额退款。

活动背景:2021年,随国内旅游市场逐渐复苏,为了吸引更多用户参与旅游活动,飞猪旅行推出了"机票盲盒"活动,以创新的方式满足用户的出行需求,同时增加平台的活跃度和用户黏性。

活动目的:通过"机票盲盒"活动,吸引用户参与,增加平台的用户活跃度和黏性;提供高性价比的机票选择,吸引更多用户购买,增加平台的销售额;通过随机目的地的形式,增加用户的旅行乐趣,提升用户体验和品牌忠诚度;利用社交媒体的传播效应,扩大活动的影响力和品牌曝光度。

活动规则:

活动时间:2021年4月1日至4月30日,每天上午10点和晚上8点限量发售机票盲盒。

参与方式:用户在飞猪App内参与抢购,先到先得。

价格:每个机票盲盒售价99元。

目的地:机票盲盒的目的地为国内随机城市,用户打开盲盒后可以看到具体的目的地和航班信息。

选择权:用户可以选择接受或放弃该机票,如果放弃可以获得全额退款。

使用条件:机票盲盒自购买之日起30天内有效,用户需在有效期内完成旅行。

任务解析:根据搜索结果显示,飞猪的"机票盲盒"活动吸引了大量用户参与,尤其是年轻用户群体。活动在社交媒体上引发了广泛的讨论,许多用户在抖音、微博等平台上分享了自己的盲盒结果,增加了活动的曝光度和参与度。

飞猪旅行的"机票盲盒"活动是一种创新的用户运营策略,通过提供随机目的地的机票盲盒,增加了用户的参与乐趣和旅行体验。这种模式不仅吸引了大量用户参与，还通过社交媒体的传播效应，扩大了活动的影响力和品牌曝光度。同时，通过这种方式，飞猪旅行能够有效地提升平台的用户活跃度和销售额，实现了双赢。通过这次活动，飞猪展示了其在新媒体运营中的创新能力和对市场动态的快速响应能力。

一、用户运营的概念

在旅游新媒体运营中，用户运营是指以用户为中心，遵循用户的需求，通过一系列策略、活动和技术手段，来拉新、促活、留存和转化旅游新媒体平台上的用户，延长用户生命周期时间，提高用户价值的过程。它不仅仅是与用户进行简单的互动或推送信息，而是深入理解用户需求，提供个性化服务，以及创造用户价值的过程。

（一）用户运营的核心目标

用户运营的核心目标就是围绕用户拉新（吸引新用户）、促活（提高用户活跃度）、留存（保持用户黏性）和转化（促进用户付费或产生其他商业价值）搭建起一个良性循环。

1. 拉新

在社交媒体平台方面，可以利用微博、微信、抖音、小红书等社交媒体平台，发布吸引人的旅游内容，进行品牌曝光和用户互动，吸引潜在客户关注。优化网站结构和内容，提高在搜索引擎中的排名，增加自然流量。在搜索引擎、社交媒体、行业垂直网站等平台上投放广告，精准触达目标用户。在内容营销方面，可以在去哪儿旅行、携程、飞猪旅行等旅游攻略和评价网站上发布高质量的旅游内容，帮助游客制订出行计划，同时提高景区的口碑评价，吸引更多游客。还可以与其他旅行品牌或平台进行合作，互相推荐，共享用户资源。共同举办促销活动、联名产品等，提高品牌曝光度和用户参与度。与旅行社、航空公司、酒店等旅游产业链上下游企业合作，拓展用户来源。

2. 促活

在内容创新方面，可以制作富有创意的高质量内容，如旅游攻略、景点介绍、短视频等，吸引用户关注和参与。还可以举办线上活动，如知识竞赛、话题讨论、摄影比赛等，激发用户的参与热情，提高用户活跃度。在互动营销方面，通过社交媒体平台与用户进行互动，如及时、真诚地回复用户的评论和留言、对用户发布的相关内容进行点赞和转发等，增强用户黏性。

3. 留存

在优质产品和服务方面，深入了解目标用户的旅游偏好、需求和痛点，提供符合其期望的旅游产品和服务。例如，针对喜欢探险的用户提供户外探险线路，针对家庭游用户推出亲子游套餐。还可以建立会员体系，提供会员特权、积分兑换等激励措施，鼓励用户持续使用平台或服务。设立积分系统，用户通过参与平台活动、分享内容等方式获得积分，积分可用于兑换旅游产品、优惠券等，激励用户持续使用平台。定期更新旅游攻略，包括热门景点、小众景点、美食推荐等，确保内容的时效性和实用性。鼓励用户分享自己的旅游攻略，增加平台的互动性和多样性。随着旅游市场的变化，不断更新景点的介绍和图片，展示景点的最新面貌和特色。同时，可以引入 VR/AR 技术，让用户身临其境地感受景点的魅力。发布旅游行业的最新动态、政策解读、安全提示等，让用户了解旅游市场的最新信息，提高其对平台的依赖度和信任感。

4. 转化

转化是用户运营的最终目标之一，它直接关系到平台或产品的商业价值和盈利能力。根据用户画像和需求分析，提供针对性的营销信息和服务，提高转化率。简化购物流程，提高用户购买效率和满意度，促进用户向付费用户转化。还可以利用 AI 技术分析用户行为和偏好，推送个性化的旅游产品或服务，提升用户参与度和转化率。

（二）用户运营的其他基本概念

要了解用户运营，就需要了解用户行为数据、转换率指标、用户渠道分析指标和用户激励与奖励等基本概念。

1. 用户行为数据

用户行为数据如同一座桥梁，连接着用户需求与平台服务，为运营人员提供了深入了解用户、精准定位市场、优化运营策略的强大工具。用户总数是旅游新媒体平台的基础，它直接反映了平台的用户基础规模。新用户增长率，即（本期新用户数 – 上期新用户数）/ 上期新用户数 ×100%，这一指标则更为直观地揭示了平台吸引新用户的能力，是评估市场推广和营销活动效果的关键。与此同时，用户访问量，包括独立访问量（Unique Visitors，UV）、页面浏览量（Page View，PV）等，反映了用户对平台的整体关注度和兴趣。用户活跃数，包括日活跃用户数（Daily Active User，DAU）和月活跃用户数（Monthly Active User，MAU），则是衡量用户对平台持续关注度和参与度的重要指标。用户留存率（User retention rate），反映了用户在特定时间段内继续使用平台的比例，是衡量平台能否有效留住用户、保持用户活跃度的关键。UGC 数量，如用户发布的旅游攻略、游记、图片等，是反映用户参与度和平台活跃度的重要指标。用户行为路径，即记录了用户在平台上的行为轨迹，如浏览、搜索、点击、购买等，有助于了解用户的兴趣偏好和购买决策过程。

2. 转化率指标

转化率指标直接反映了用户从浏览到行动的转换率，是评估旅游新媒体运营效果的重要标准。产品/活动页的启动次数，这一数据直接反映了用户对产品的兴趣程度和活动的关注度。注册转化率、购买转化率以及活动参与转化率是衡量用户从初步接触到深入参与的关键指标。页面停留时长（Time on Page，TP）也是评估用户参与度和页面内容吸引力的关键数据。用户在页面上的停留时间越长，说明他们对页面内容越感兴趣，也更有可能产生进一步的互动或购买行为。A/B 测试（A/B test）则为我们提供了一种有效的优化手段。通过对比不同版本的页面或功能，我们可以找出效果更好的版本，从而优化页面设计、提高用户体验和转化率。A/B 测试的转化率数据为我们提供了直观的对比结果，帮助我们作出更明智的决策。

3. 用户渠道分析指标

用户渠道分析指标是衡量不同渠道吸引用户效果、优化营销策略及提升用户转化率的核心工具。主要是针对不同渠道和平台的用户数量、金额和趋势变化进行数据分析，相关的主要数据指标包括渠道数量、渠道流量、各渠道转化率和各渠道投资回报率（Return On Investment，ROI）。一个多元化的渠道组合能够覆盖更广泛的潜在用户，提高品牌的曝光度和市场影响力。流量数据反映了用户对旅游内容的兴趣和关注度。通过分析不同渠道的流量数据，旅游企业可以了解哪些渠道更受欢迎，哪些渠道需要进一步优化或调整。转化率是衡量用户从渠道进入旅游新媒体平台后完成特定行为（如浏览、点击、分享、预订等）的比例。通过分析不同渠道的转化率，旅游企业可以识别出哪些渠道更擅长于引导用户完成特定行为，进而调整营销策略，提高整体转化率。ROI 是衡量企业在各个渠道上投资效益的综合性指标。通过分析 ROI 数据，旅游企业可以了解哪些渠道能够带来更高的收益，从而优化资源配置，将更多的预算投入到高 ROI 的渠道上。这有助于企业实现更高效的营销投入，提高整体盈利能力。

4. 用户激励与奖励

这是提升用户参与度和黏性的关键。通过设立内容创作奖励，如"最佳旅游故事奖"和"最美风景摄影奖"，鼓励用户发布高质量、有影响力的旅游相关内容。同时，为了激发用户的传播热情，还设立了转发互动奖励，如"转发量最高奖"和"分享达人奖"，对积极参与评论和互动的用户也给予相应奖励。此外，根据用户发布内容的访问量和影响力，设立"流量之星奖"等奖励机制，对具有较大影响力的用户则提供更多资源和支持。在合作与共创方面，鼓励用户与旅游机构、景区等合作共创内容，并设立共创内容奖励，同时对于积极参与旅游推广的用户也给予推广奖励。在实施这些奖励策略时，需确保奖励规则明确、透明，奖励发放及时、公正，并提供多样化的奖励方式，如旅游优惠券、免费旅游产品和参与旅游活动等，以满足不同用户的需求和偏好。

二、用户运营的价值

（一）增加用户黏性，提高用户活跃度

用户活跃度会根据产品或信息内容的不同而发生变化。通常情况下，将在指定时间内登录或者启动一次应用的用户，定义为用户活跃。对于新媒体移动端来说，每次启动平均时长和每个用户每日平均启动次数也是衡量用户活跃度的指标。

与用户运营相关的用户活跃度常见指标包括日活跃用户量DAU、周活跃用户量（Weekly Active User，WAU）和月活跃用户数量（Monthly Active User，MAU）。这3个指标通常分别统计日、周和月内登录或使用某个应用或产品的用户数（去除重复登录的用户）。通常将DAU和MAU这两个指标一起结合使用，来衡量服务的用户黏性以及服务的衰退周期。

（二）提高用户留存率

用户留存率是衡量应用健康发展的核心指标，它本质上揭示了转化率的高低，也就是将初期易流失的用户转变为活跃、稳定乃至忠实用户的比率。通常情况下，用户留存率是由登录用户数和新增用户数两个指标决定的，其计算公式如下。

用户留存率 = 登录用户数 ÷ 新增用户数 × 100%

其中各部分的含义如下。

登录用户数：在统计日的时间段至少登录过一次的用户数。

新增用户数：在统计日的时间段新注册并登录应用的用户数。

在新媒体用户运营实践中，有一个被广泛认可的"40–20–10"的留存率原则，该原则具体阐述了为达到产品的日活跃用户数（DAU）超过100万的目标，新用户的行为表现需满足一定的留存标准。具体而言，这要求新用户次日留存率（当天新增且在第二天还登录的用户数/当天新增的用户数）需超过40%。进一步，第七日留存率（当天新增且在之后的第七天还登录的用户数÷当天新增的用户数）和第三十日留存率（当天新增且在之后的第三十天还登录的用户数÷当天新增用户数）应分别大于20%和10%。

（三）获取经济收益，实现价值增值服务

获得经济收益也是用户运营的根本目标之一，经济收益主要是指让用户消费买单，或者让用户直接转化成付费用户。在新媒体用户运营过程中，如何提高经济收益才是用户运营的主要工作。常见的提高经济效益的主要策略和方法如下。

1. 根据产品不同的特性进行定价

这里的产品包含两种类型：一是实物产品，如旅游纪念品、特色商品；另一种是信息产品，如旅游团建、在线课程等。对产品进行定价是提高经济收益的核心环节，只有用户消费的产品定价高于成本价格时，才可能获得经济收益。新媒体运营人员可以采用心理定价、折扣定价和差别定价的策略，使用成本导向和竞争导向等定价方法。例如，利用消费者对价格的心理感知，如设置9.99元而非10元，以营造更实惠的错觉。提供限时折扣、早鸟优惠或批量购买折扣，以刺激消费者的购买欲望。为不同用户群体（如会员与非会员、新用户与老用户）提供不同的价格优惠。

2. 引导用户持续消费

引导用户持续消费或者形成习惯性消费的模式，也能在一定程度上提高经济收益。引导用户进行持续消费的行为包括广告商代替用户付费、先试用后付费、积分货币体系、关联营销、社会化推荐引擎销售和特殊通道等。在某些情况下，广告商可以代替用户支付部分或全部费用，以吸引用户试用或购买产品。例如，旅游新媒体可以与广告商合作，为用户提供免费的旅游体验或折扣优惠，同时向广告商收取广告费用。先试用后付费，允许用户在试用产品或服务后再决定是否付费。通过积分系统鼓励用户参与和消费，积分可以兑换产品或服务。关联营销指根据用户的购买历史和偏好，推荐相关的产品或服务。社会化推荐引擎销售指利用社交媒体和用户的社交网络进行产品推荐和销售。旅游新媒体可以与社交媒体平台合作，利用用户的社交网络进行产品推广。同时，也可以鼓励用户分享自己的旅游体验，以吸引更多潜在用户。特殊通道指为特定用户群体提供专属的购买通道或优惠。例如，为会员用户提供专属的购买通道和优惠活动，以鼓励会员用户的持续消费。

（四）及时消除负面评价，引导用户口碑传播

利用用户口碑传播可以获得更多的新用户，所以用户营运需要引导当前用户进行口碑传播，并及时消除负面评价。口碑传播不仅节省成本，而且影响力巨大。沃顿商学院营销学教授乔纳·伯杰曾说过，口碑传播的效果是传统广告传播的10倍。数据表明，92%的用户更信任认识的人的推荐，77%的用户则会愿意购买朋友或家人推荐的新产品。每一个企业都希望在产品营销

中制造口碑效应，实现更多口碑传播。"金杯、银杯不如游客的口碑"，这是我们旅游人常说的一句话。好的产品会说话，游客口口相传的体验分享就是景区最好的广告。在自媒体信息时代，如何提高游客的口碑是当下景区品牌营销的核心。

【案例3-1】

"酷酷的海南——乘风游琼州　万里何须归"联合推广活动

"酷酷的海南——乘风游琼州 万里何须归"联合推广活动是一项由海南省旅游和文化广电体育厅主办，海南航空控股股份有限公司承办的重要旅游推广活动。该活动于2023年9月8日在海口美兰国际机场T2航站楼正式启动。

活动的核心目标是通过一系列创新的推广手段，全方位展示海南的旅游新形象，吸引国内外游客。活动计划在9~10月，通过主题飞机喷绘、主题航班、线下推介、主题登机牌、旅游达人打卡活动等多元化的方式进行宣传。

在这次推广活动中，海南航空特别推出了"酷酷的海南"号彩绘飞机，该飞机成功完成了从北京到海口的首航。这架波音737-800飞机的机身以"酷酷的海南"字样为主要视觉形象，色调鲜明，色彩多样，象征着海南四季的风光。此外，海南航空还计划组织更多的"酷酷的海南"空中主题航班，为旅客提供更多的空中福利。

为了进一步提升活动的吸引力，海南航空还将邀请航旅达人前往海南，利用他们的影响力，跨圈层面向受众传播"酷酷的海南"形象。在9~10月，海南航空官方平台上线活动专区，推出超值的海南进出港机票及产品，以吸引游客体验海南的多样旅游方式。

10月，海南航空计划在衡阳、邵阳、荆州、九江、安庆、太原等6个具有增长潜力的客源地城市举办线下推介会，进一步展现"酷酷的海南"的新形象和新面貌。同时，为了增强活动效果，海南航空还会在北京首都机场印制主题活动登机牌，向岛外游客发出来自海南的邀请。

通过这些举措，活动预计将显著提升海南旅游的知名度和吸引力，促进旅游业的发展。海南航空作为本土航空企业，将继续利用其航空业务优势，通过打造多元化的海南旅游出行产品，整合独有的旅客触达渠道及特色航机媒体资源，让"酷酷的海南"新形象、新面貌更广为人知、更深入人心。

文旅徽章打卡以"游玩轨迹"的形式设置文化和旅游地标线索，引导游客前往指定城市/景区地标景点（图3-1），点亮徽章，最终集齐一套旅游纪念徽章。

图 3-1　海南万宁神州半岛灯塔（图片来源：杨春霞供图）

徽章打卡活动还附有游玩指导、优惠抵扣、奖励机制、社交互动、收藏纪念等多项功能。

集齐徽章还能获得相关打卡点的文化纪念品免费兑换，餐饮、住宿、购物、景点门票的现金抵扣券和免票优惠等。

思考：海南航空采取了怎样的手段进行用户运营？有怎样的效果？

任 务 小 结

通过学习本任务及相关案例，学生对新媒体用户运营相关基本概念及作用有初步的了解，为后续教学的开展打下坚实的基础。通过任务实践中有针对性的相关案例搜集，培养学生解决问题和应用技术的素养，提高其理性思维和探究精神。

任务实践

任务准备	全班按原有分组，搜集旅游行业关于用户运营的相关案例
任务要求	1. 各组根据自身条件选择一则用户运营的案例 2. 各组参照任务导入选中的案例，针对其搜集到的案例进行分析，其主要内容包括： （1）产品介绍（产品背景、产品定位） （2）拉新方式 （3）如何增加留存用户数及留存率 （4）为了促活将策划哪些活动（短期、长期） （5）如何提升用户活跃
任务成果	每组提交一册有针对性的《新媒体用户运营计划书》
评价方式	学生自评、互评和教师评价相结合，条件允许可实际进行新媒体运营实践，通过各种后台数据进行评价。分组安排时，注意小组成员分工到位，每位同学都有一定任务

任务二　用户运营流程

【任务导入】

根据用户画像推荐旅游产品

请查看以上两位女性的用户画像标签,并讨论以下问题。

1. 请根据以上不同用户画像,讨论两位用户会喜欢什么样的微信公众号。
2. 请根据以上不同用户画像,推荐适合的旅游产品。

任务解析：在互联网大数据时代,"得用户者得天下"。以庞大的用户数据为依托,构建出一整套完善的用户画像,借助其标签化、信息化、可视化的属性,是企业实现个性化推荐、精准营销强有力的前提基础。当企业能够准确地为用户画像时,就可以用其来进行精准服务,具体包括。

1. 寻找迫切需求信息的匹配人群,精准推送相应的信息。
2. 分析原有用户属性,对用户进行分级,并通过用户成长体系激励用户。
3. 剖析用户反馈行为数据,不断丰富与优化用户画像模型（图3-2）,从而最终达到个性化营销与服务推送。

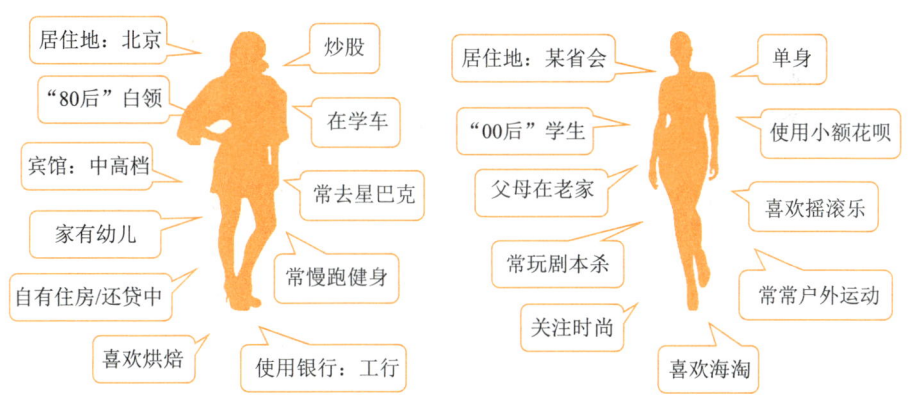

图3-2　用户画像模型

一、构建清晰用户画像

(一) 用户画像的概念

1. 用户画像的内涵

用户画像(Profile)的概念最早由交互设计之父 Alan Cooper 提出:"Personas are a concrete representation of target users",是指真实用户的虚拟代表,是建立在一系列属性数据之上的目标用户模型。随着互联网的发展,现在我们说的用户画像又包含了新的内涵——通常用户画像是基于用户在系统中产生的真实数据,根据用户人口学特征、网络浏览内容、网络社交活动和消费行为等信息,通过数据计算和数据统计的一个标签化系统或抽象出的一个标签化的用户模型。

本教材中的用户画像是指通过给用户各类特征进行标示,给用户贴上各类标签,通过标签将用户分为不同的群体,以便对不同群体分别进行产品/运营动作。

构建用户画像的核心工作,主要是利用存储在服务器上的海量日志和数据库里的大量数据进行分析和挖掘,给用户贴"标签",而"标签"是能表示用户某一维度特征的标识。简单来说就是根据用户社会属性、生活习惯和消费行为等信息而抽象出一个标签化的用户模型,也就是将用户信息标签化。

2. 用户画像的目的

从宏观上来讲,用户画像可以帮助制定战略,进行产品定位,进行竞争分析,明晰市场趋势;从中观上来讲,能帮助优化运营,包括功能优化、增长用户、个性化推荐、量化风控及精准营销;从微观上来讲,能帮助发现价值,例如进行用户需求分析,进行基础信息构建,进行用户特征识别等。

在旅游企业中,还可以利用用户画像对服务或产品进行私人定制,即个性化地服务某类群体甚至每位用户。例如,某旅行社想面向家有 5~10 岁儿童的父母推出一款亲子游产品,通过用户画像进行分析,发现目的地="主题公园"、价格区间="中等"的偏好比重最大,那么就给新产品提供了非常客观有效的决策依据。

总的来说,用户画像可以帮助形象地了解目标用户的行为特征,可以极大地提高运营效率,帮助精细化运营。所以用户画像广泛应用在推荐系统、广告系统、商业分析、数据分析、用户增长、数据运营、精准营销、量化风控等领域。简而言之,用户画像是为了让运营者在运营的过程中能够抛开个人喜好,将焦点关注在目标用户的动机和行为上进行活动策划和运营。

3. 用户画像标签分类

总的来说，可以将用户数据划分为静态信息数据、动态信息数据两大类。

（1）静态信息数据。静态信息数据是用户相对稳定的信息，主要包括人口属性、商业属性等方面数据。这类信息，自成标签，如果企业有真实信息则无需过多建模预测，更多的是数据清洗工作。静态信息标签是构成用户画像的基本框架。在运营工作中，可以参考成熟企业的静态信息模型，更快地帮助我们完善画像维度。

（2）动态信息数据。动态信息数据是用户不断变化的行为信息，亦是用户的网络行为，主要包括搜索、浏览、注册、登录、签到、发布信息、收藏、评论、点赞、分享、加入购物车、购买、使用优惠券、使用积分等一系列的行为。在运营工作中，动态信息往往能给我们更为有用的关键信息。除了用户行为外，还包括用户行为的频次、时长、时段、设备等动态信息。

以微信公众号为例，静态数据包括用户的性别、年龄、职业、工作城市、毕业学校等；动态数据包括关注公众号、在某个时间阅读了某篇文章、给一篇文章点赞、给一篇文章留言、分享一篇文章、使用的设备终端、取消关注等；更深层次的动态数据还有在一篇文章停留了多久、阅读完成率是多少等。

通过统计真实的用户行为，给用户打上不同的行为标签，然后建立模型标签，研究用户的心理现象，特别是需求、动机、价值观三大方面，从而可以窥探用户的深层动机，了解用户的需求是什么，认清目标用户带有怎样的价值观标签，是一类什么样的群体（表3-1）。通过模型标签，进一步建立预测标签，如人群属性、消费能力、流失概率、近期需求、潜在需求等。

表3-1 用户标签分类表

分类	标签类别	标签内容
静态	人口标签	性别、年龄、地域、教育水平、出生日期、职业、星座
	社会特征	婚姻状况、家庭情况、社交/信息渠道偏好
动态	兴趣特征	兴趣爱好、使用App/网站、浏览/收藏内容、互动内容、品牌偏好、产品偏好
	消费特征	收入状况、购买力水平、已购商品、购买渠道偏好、最后购买时间、购买频次

【案例3-2】

不同平台标签分类

不同平台会根据自身特色采取不同的标签分类方法（表3-2、表3-3）。

表 3-2 腾讯广告对标签的分类

标签类别	标签内容
人口学标签	性别、年龄、居住地、学历、婚恋、资产及工作状态等
兴趣类标签	商业兴趣、泛娱乐兴趣、语义兴趣等
设备类标签	设备品牌、运营商、联网方式、型号、操作系统等
行为类标签	人群上班地、出游频率、使用电商购物、O2O、游戏等应用特定行为、互动行为、支付行为等

表 3-3 阿里电商对标签的分类

标签类别	标签内容
用户属性类标签	性别、年龄、地域、注册日期、手机品牌、手机系统、联系方式、历史购买状态、用户活跃度、RFM 价值度
用户行为类标签	近 30 日访问次数、近 30 日客单价、近 30 日活跃天数、近 30 日访问时长、平均访问深度、充值用户等
消费类标签	收入状况、购买力水平、已购商品、购买渠道偏好、最后购买时间、购买频次
商品品类标签	高跟鞋、靴子、衬衫、法式连衣裙、肉脯、牛肉干、扫地机器人、智能音响等
社交类标签	经常活跃的时间段、活跃地点、单身、评价次数、好评度等

点评：不同平台根据自身特色，可以进行不同的分类。目前主流的标签体系都是层次化的，分为几个大类，每个大类下再进行逐层细分。在构建标签时，只需要构建最下层的标签，就能够映射到上级标签。上层标签都是抽象的标签集合，一般没有实用意义，只有统计意义。用于广告投放和精准营销的一般是底层标签，对于底层标签有两个要求：一个是每个标签只能表示一种含义，以避免标签之间的重复和冲突，便于计算机处理；另一个是标签必须有一定的语义，方便相关人员理解其含义。

4. 用户画像的原则

（1）有效性。能有效地刻画用户需求。

（2）真实性。用户画像是真实的用户数据，而不是想象的伪需求画像。

（3）独立性。标签的语义是相互独立的，有区分度。

（4）全面性。收集数据覆盖面广。

（5）统一性。用户标签与运营的新媒体平台标签要统一，双向匹配。

（二）用户画像的流程

从事新媒体的运营人员，不管偏向哪种岗位，都要求要懂用户，定期或者不定期进行用户画像分析，了解用户画像究竟是什么样子，理解用户需求，这样才能更好地去运营一个新媒体账号。用户画像的构建一般可以分为业务需求分析、搭建标签体系、构建用户画像、用户画像应用4步。

1. 业务需求分析

用户画像体系的建设不能凭空捏造，需要根据实际的业务需求，考虑画像系统能为业务带来的价值，所以第一步要做的是业务需求分析。

明确用户画像服务于企业的对象，如产品、用户运营、活动运营、市场、风控等部门，再根据业务方需求明确未来产品建设目标和用户画像分析之后的预期效果。

就公司整体而言，目标是提升新媒体平台整体的收益，过程中会驱动产品、运营、数据分析、市场、客服等同时协同工作，画像会更加关注如何进行精细化运营，提升公司营收；就新媒体内容运营人员而言，目标是提升转化率，过程中会采用内容的个性化推送策略、用户精准触达，画像会更加关注用户个人行为偏好；就某数据分析人员而言，目标是做用户的流失预警，做针对性的精准营销，过程中需要分析用户行为特征、用户的消费偏好。

在业务需求分析阶段，需要分析业务过程，各部门核心关注点、部门KPI、组织结构、用户行为路径、功能流程图等，此处不作展开。

2. 搭建标签体系

用户画像构建中用到的技术有数据统计、机器学习和自然语言处理技术（NLP）等，本教材未涉及具体算法，更多的是阐述一种分析思想，在计划构建用户画像时，能够提供一个系统性、框架性的思维指导。通过收集用户静态信息数据、动态信息数据，将标签分类，最终为每个用户打上标签，以及该标签的权重。标签，表征了内容，表明用户对该内容有兴趣、偏好、需求等；权重，则表征了指数，表明用户的兴趣、偏好指数，也可能表征用户的需求度，可以简单地理解为可信度、概率。

一个好的标签体系要满足两个条件——高概括性和强延展性。高概括性意味着结构体系能够很好地包含一个用户的基本属性和产品交互的相关行为，同时对于业务重点单独强调，没有遗漏，不必担心架构上对每一层分类没有考虑完整，造成维度遗漏留下扩展性隐患；强延展性意味着结构全面的同时也有一定的抽象概括能力，保证新增的标签可以很好地找到对应的分类，整个体系不会过于收敛、局限。按照以上原则，画像通常可从8个维度组织标签，即分别为基本属性、平台属性、行为属性、产品偏好、兴趣偏好、敏感度、消费属性、用户生命周期及用户价值。以上 8 个维度又分为统计类标签、规则类标签、预测类标签 3 类。

（1）统计类标签。这是用户画像最为基础常见的标签，是统计用户相关数值、客观描述用户状态的标签，这类数据通常可以从用户注册、用户访问、消费统计中得出。

（2）规则类标签。这类标签是基于用户行为及确定的规则产生，在实际开发画像过程中，根据业务的需要由运营人员和数据人员共同协商制订，包含活跃度标签、RFM 标签等。

（3）预测类标签。这类标签基于用户的属性、行为、位置和特征，运用决策树算法、回归算法等挖掘用户的相关特征，挖掘其潜在需求，针对这些潜在需求给用户打标签，以配合不同的营销策略进行推送。

一般统计类标签和规则类标签即可满足应用需求，在开发过程中占有较大比例。机器学习挖掘类标签多用于预测场景，如判断用户风险、用户购买商品偏好、用户流失意向等，其开发周期长、开发成本高。在标签制订过程中用户画像建模人员与业务人员需要密切沟通，以结合业务场景制订不同行为类型和权重。常用确定权重的方法有 TF-IDF 词空间向量、时间衰减系数。

3. 构建用户画像

用户画像在构建和评估之后，就可以在业务中应用。一般需要一个可视化平台，对标签进行查看和检索。画像的可视化一般使用饼图、柱状图等对标签的覆盖人数、覆盖比例等指标做形象的展示。

此外，对于构建的画像，还可以使用不同维度的标签进行高级的组合分析，产出高质量的分析报告。在智能营销、计算广告、个性化推荐等领域，用户画像都可以得到应用。

（1）首页画像数据，展示用户数据的整体情况，包含用户的基本特征，如性别、年龄、地域、职业分布等基础信息；用户价值特征，如用户活跃度、会员等级、流失预警、用户价值 RFM 分布等信息。RFM 模型是用户价值研究中的经典模型，基于近度（Recency）、频度（Frequency）和额度（Monetory）这 3 个指标对用户进行聚类，找出具有潜在价值的用户，从而辅助商业决策，提高营销效率。

（2）标签管理，供数据人员提供标签的增、删、改、查等操作，包含标签分类、新建标签、标签审核、标签下线、异常标签等。

（3）用户查询，主要包含通过输入用户 ID 来查看用户画像等详情数据，如用户的基本信息、用户属性信息、用户行为等数据。

（4）用户分群，应用场景主要为业务使用。制作标签时，往往不会只使用一个标签进行推送，更多的情况下需要组合多个标签来满足业务上对人群的定义。用户分群相当于制作一个人群模板，在不同场景下做人群的推送。添加分群时通常会配置人群名称、满足的条件、计算覆盖的人群数量，推送到消息通知、电子邮件、短信。

4. 用户画像应用

猜用户是男是女，哪里人，工资多少，有没有谈恋爱，喜欢什么，准备剁手购物吗？探讨这些是没有意义的。是男是女如何影响消费决策，工资多少影响消费能力，有没有谈恋爱能否带来新的营销场景，剁手购物怎么精准推荐，这些才是用户画像背后的逻辑。

（1）精准营销。根据历史用户特征，运营人员可以分析产品的潜在用户和用户的相关需求，针对特定群体提供个性化营销服务，如常用的有短信、邮件、站内信、Push 消息的精准推送，客服针对用户的不同话术、针对高价值用户的极速退款退货等 VIP 服务。

日常生活中会从多个渠道收到营销信息：一条关于红包到账的短信消息推送，可能会促使用户打开很久没访问的 App；一条关于心愿单内的降价消息，可能会刺激用户打开推送链接，直接购买。

借助画像系统进行营销需要注意以下事项。

①短信敏感度：有的用户对营销短信的敏感度较差，比如，从历史数据来看，推送其 10 次短信，只打开过 1 次或从未打开过。考虑到短信渠道需要营销成本，可以把这批用户排除掉，并减少对用户的干扰。

②无效手机号：对于平台上随意填写非自己的手机号、手机号已经作废/更换、接收到短信回复了"TD"的用户来说，短信无法接收，属于短信黑名单，这类用户也需要排除。

③对营销商品感兴趣的用户：近期曾有多次浏览、收藏或是加购、下单行为的用户，是某类商品的潜在意向用户，可以通过满减优惠券或是红包的方式进行营销。

（2）推荐系统。应用的运营者，可以通过个推用户画像中的性别、年龄段、兴趣爱好、浏览购买行为等标签，给用户推荐不同的内容，如今日头条上的个性化文章内容推荐、抖音上基于用户画像做的个性化视频内容推荐、淘宝上基于用户浏览行为等画像数据做的个性化商品推荐等。

（3）数据分析。用户画像的标签可应用于各类分析，包含用户分析、订单分析、漏斗分析、人群特征分析等。

【案例 3-3】

分析抖音用户画像

思考：请仔细查阅巨量算数公开发布的"2023抖音用户画像"，讨论以下问题。
1. 什么类型的旅游企业适合在抖音上进行推广？
2. 什么类型的旅游产品适合在抖音上进行推广？
3. 最好在什么时间段投放短视频？

二、吸引用户，增长用户

（一）找到匹配的用户

旅游行业相对其他零售电商，客单价较高消费频次较低，在精细化运营上一直没有得到足够的重视。如何高效地区分信息并触达对应需要的人群，可以体现出一家旅游企业精细化运营的效率水平，也是高流量成本下企业竞争力所在。在旅游行业，用户细分和精细化运营是无论OTA巨头还是中小公司都会关注的重点。

1. 分清用户需求

用户运营的前置条件需要实现对用户的细分以及对用户行为的标签化，即构建清晰用户画像，通过对应的数据埋点和用户行为的记录，给不同的用户分类、标签、建模，从而区分不同用户、不同阶段、不同场景、不同行为组合下体现的不同需求，尤其要明确痛点需求是什么。

从这个角度来看，用户不是我们理解的自然人而是需求的万千组合。用户的特点千差万别，有着不同的认知和消费场景，只有区分了N种需求，才能实现不同需求的差别满足和个性推荐，从而实现精准营销和企业运营效率的提高。

2. 明确自身人设或定位

定位无非就是要让用户更加明确地知道：你是谁？你能够带给我什么好处？有些旅游新媒体单纯是为了赚钱，主要是平台广告费，有些是为了塑造个人或企业品牌，建立粉丝圈，还有些是为了展示自己企业品牌和形象。可以定位用户技能上的增长，比如，可以开设微信公众号"旅游小技巧""亲子游宝典"，也可以是情感上的共鸣，将生活中大家想说的话、想表达的情绪传播出去。在定位时还需要注意定位的角色身份，例如，可以以地接身份开设"张家界山水管家"视频号介绍当地旅游资源，还可以以海外领队身份开设"嗨游世界"小红书账号等。当在进行旅游新媒体运营定位时，最忌讳的就是包山包海，什么都想做，那很可能什么都做不好。总的来说，要先从单点切入，在垂直细分领域找一个既符合自己旅游企业，或者是自己的兴趣、专业，同时又有市场需求的领域。而统一风格的调性可以提升大家对账号质量的认可度，如色调、字体、样式，需与定位风格相呼应。

另外，如果做某平台的入驻作者，需要做的不是输出自认为的高质量内容，而是输出与平台定位相符的内容。例如趣头条，这是一个文化水平不高、年龄普遍偏大、女性用户占多数的平台，在这个平台，输出深度专业文章是没有人看的，她们更喜欢的那是些不用思考的文章、简单明了的旅游小常识。而知乎，作为中文互联网高质量的问答社区和创作者聚集的原创内容平台，更喜欢有一些深度的干货。更多平台用户画像请参考项目二任务一新媒体平台概述，总之，新媒体平台用户的定位和阅读习惯决定了运营者的风格。

3. 数据分析和驱动

通过数据分析，我们可以更精准地划分用户，不仅仅是用户的年龄、地域分布、活跃度，更深入地可以区分用户的渠道场景、行为习惯、消费喜好等。我们无法强迫普通用户转换为付费用户，但是可以通过更加吸引人、对症下药的手段，刺激用户加大、加快转化。

数据的重要性无须多言，在用户运营的整个工作过程中，需要持续地通过数据去监测目标、发现问题、验证假设、辅助决策。除了掌握基础的数据分析技能，运营人员更重要的是要能理解数据、解读数据，但同时又要能抽脱于数据，不被数据欺骗。

常见的数据指标有用户独立访问量（UV）、每日活跃用户数（DAU）、新增注册用户数、消费转化用户数、用户平均收入（ARPU）、各个环节转化率、留存率、活跃率等。

（二）选择获客方式渠道

不论线下线上，获客方式有很多种，确认用户的流量来源及获得用户的方法非常重要。其中，获客方式大概有以下几种来源。

（1）利益诱导。常见的扫码领红包、下载 App 送现金、扫码送礼品、扫码送资料等都属于利益诱导。这种形式简单粗暴、见效快、效果明显，但是缺点非常显著，非常费钱而且用户的二次留存率极低。

（2）外部投放。当构建了目标用户群体的画像之后，锁定他们长期活跃的其他渠道，可通过投放软文或者硬广曝光的方式去获得用户。通过优质的内容本身打动用户从而形成转化，这也是新公众号常做的一种形式。但是旅游企业常常陷入的问题就是喜欢出自嗨式文案。

（3）合作换量。同样是拿着自己的目标用户画像，去找非竞争对手但拥有类似用户群体的产品，用自己的资源去置换对方的资源，让彼此之间的用户产生流动，例如高端酒店民宿可以和定制旅游企业合作换量。

（4）裂变推荐。裂变的驱动有两种：一种是利益，就是用户通过分享拉来更多的人使用产品，获得运营方对应的奖励作为回馈，现在各种周边游的分销都是这种逻辑；还有一种就是好口碑带来的自发推荐。

以上 4 种获客方式和渠道都需要做提前准备和测算，对比投放的不同渠道，哪个渠道曝光高，引流效果好，成本又低，就应该专注类似渠道的投放。例如，想要依靠社群朋友圈推广裂变，那么就必须要明确有多少基础用户，大概需要多少人发朋友圈，能做到什么效果，需要投入多少成本和人力才能达到推广和拉新目标。

（三）引流私域流量

公域流量一般是指在类似于百度、头条等流量聚合平台下，平台通过算法，以及通过购买，或是搜索引擎优化等运营手段而获得平台分配给的访问流量，也经常被称作平台流量。而私域流量一般是指品牌、企业或者个人所拥有，用户可以多次持续被使用的流量。

1. 私域流量的优势

（1）流量更可控。公域流量的多少跟自己没有任何关系，只有把里面的用户导入自己的私域流量，才算自己的用户，后续针对用户的服务或者换量才有可能发生。

（2）性价比高。在公域流量获得曝光需要付费，比如关键词竞价。而一旦把用户从流量池导入私域流量，如微信群，向这些用户展示，推荐信息，是不需要额外付费的。当然，如用户体验不好，也会从私域流量池离开。

（3）持续性强。只要用户不离开，可以持续地向用户推荐、展示信息。

（4）双向交流。这种流量可互动沟通，运营者与用户之间是平权关系。

（5）给了深入服务用户的可能。在互联网时代，用户注意力被高度分散，流量也分散，这意味着获取流量变得比较困难。如果没有流量，就意味着没有转化。如果能把公域流量里的匹配用户引流到私域流量，ROI（投入产出比）就会提高。

2. 私域流量的载体

（1）公众号。公众号是第一私域流量池。在公域流量上，每天有几十上百篇的文章被刷新，用户看过即忘，不会关注到作者是谁。有的推荐被掌握在平台的手中，文章被谁浏览到，自己一点把握也没有。而用户关注公众号后，发布的每一篇文章都能被收到。

（2）QQ 群和微信群。在公众号中，用户能看到的文章，运营者在后台也能看见用户。但是，双向沟通并不十分畅通，可以看到彼此，却不能连接。

通过公众号的关注可以引流到 QQ 群和微信群中，运营者可以和用户线上及时沟通，这比公众号的连接更加紧密。

（3）个人微信。一个有 5000 人好友的微信号和一个关注数有 5000 个粉丝的公众号，哪个私域流量池的价值更大？自然是微信号了，就算屏蔽了朋友圈，还可以私聊，点对点的私聊效果比群发短信、电话销售都要好。个人微信运营得好，就能成为 KOC，在垂直用户群体中拥有较大的决策影响力，能够带动其他潜在消费者的购买行为，KOC 与普通用户联系得会更加紧密。

（4）企业 App。与个人不同，旅游企业有更大的体量和资本，企业的私域流量比个人可以多做一个 App。一些做公众号有了百万用户的都会去开发 App。公众号是私域流量池，但是自己开发的 App，是超私域流量池，把用户导入到 App 中去，才真正地完成了用户的闭环。

3. 私域流量的运营

（1）把用户从流量池导入私域流量。最常见的是利益诱导，例如关注公众号领红包、下载 App 送现金等。在流量池获得曝光后，当用户看到进入私域流量有好处时，一般都会形成转化。虽然数据很漂亮，不过这种用户质量不高。更好的方法是做出优质的内容，靠内容本身打动用户从而形成转化。多产出有价值、有内容、有帮助的干货，当用户发现这些内容对自己有帮助时，会主动前来，这才是真正长久的办法。

（2）维护好私域流量。用户被拉进了私域流量池，并不意味着工作就结束了，相反这是一个新的开始。不能把重心都放在拉新上，要转变观念，提升维护用户的能力。私域流量运营的本质其实还是用户运营，而用户运营的本质是品牌与用户交朋友，就是用户认识你、记住你、认同你、信任你的过程。

三、留存用户，活跃用户

（一）新用户留存的原因

一般新用户是带着明确期望来的，有核心需求，而且这个需求很直接，比如用户订阅嬉游公众号，就是想看看推荐的旅游产品中有没有性价比特别合适的；下载 12306 就是为了订火车票。如果产品能很快、很直接地满足新用户的核心需求，达到用户的期望，那么用户会留下来，甚至变成活跃用户。至于活跃用户，需求可能就比较多而杂了，一般对于老用户，除了满足其基本需求和核心需求外，很有可能他们希望有更丰富、更让人惊喜的功能。

因此，提升新用户留存，主要是通过产品或者运营策略能更快、更直接地满足用户的核心需求。而提升活跃用户留存的策略，就是通过产品或者运营策略更贴心地满足用户核心需求与不断变化的新需求。

(二) 影响新用户留存的关键行为

1. 新用户留存公式

每个产品都有其核心价值，对于新用户来说，要体验到核心价值需要进行一些关键行为，而且是要快速、无障碍地完成这些关键行为，然后新用户才能认识到产品的价值进而留存，但不同类型产品需要完成的关键行为的次数有所不同，有的可能完成一次就能体验到，比如，旅行预订类产品用户完成一次下单即可；有的需要完成多次，比如，抖音可能要看几个视频才会发现推荐的都是你喜欢看的。基于此，可以总结为新用户的留存公式如图3-3所示。

图3-3　新用户留存公式

所以，提高新用户留存的关键在于如何找出这个关键行为，并且确定完成的最少次数，也就是常说的适当数字，次数当然越多越好，但过多也会对用户造成负担，所以这里需要找出可以让其留存的最少的关键行为次数。

2. 确定关键行为

一般可以通过对留存用户和流失用户的差异化行为进行数据分析，如留存用户使用的功能偏好和行为路径与流失用户有何区别，进而找到用户核心诉求。例如注册后活跃使用的用户为什么留下来，新用户时期做了哪些动作，有哪些关键的体验；注册后迅速离开的用户为什么迅速离开；长期活跃的用户为什么觉得产品有价值，产品解决了哪些痛点问题。

3. 计算次数数字

有的关键行为进行一次即可，如完成下单，有的需要做多次，比如抖音，理论上次数越多留存越好，但会给用户完成造成太大负担，所以需要找出可以让新用户留存的最佳次数，找出合适的次数数字可以使使用边际效应最大化，例如，某短视频App通过后台数据分析发现随着观看视频次数的增加，新用户留存在明显提升，但是观看次数大于5次时，用户留存提升得不是很明显，已达增长边际，由此确定5为适当数字。

(三) 提升新用户留存方法

1. 增大动力

通过朋友背书，或者提供个性化服务，或者将产品核心价值前置，让用户提前感受到，再通过提供优质内容和优质体验，建立用户激励体系。

2. 减小阻力

减少一切加长用户激活时间的冗余步骤，如避免不必要的信息录入，推迟注册甚至免注册，避免用户冷启动，给予适度的用户引导，突出关键路径和关键功能等。

3. 不定时的奖励助推

运营及时介入，新用户如果激活时间短，就需要在决策犹豫期快速介入，通过运营手段快速了解产品功能，让用户激活留存。比如通过短信、邮件和公众号等站外渠道及时触达用户，采用新用户红包的方式吸引新用户产生激活行为。

4. 持续的用户运营体系

用户在平台上付出时间、精力、金钱、感情都会促进用户在这个平台有更多的留存。区别于不定时奖励助推的短、平、快的策略，运营者更通过用户运营体系让新用户持续花费更多的时间和精力在产品上，进而增加新用户的沉没成本。

（四）提升用户活跃方法

1. 产品优化

产品优化是促进活跃提升成本最低的方式。产品优化是一个长期细致的过程，要依据日常数据统计进行分析，找出影响用户流失的因素，要注重核心功能的优化，突出产品的优势。

2. 功能开发

用户的生活习惯决定了用户的活跃性，可针对用户的使用习惯，不断开发新的功能让用户保持对产品的兴趣。

3. 活动刺激

提升用户的活跃性最有效的方式就是活动刺激，通过活动激励，在利益和兴趣的诱导下刺激用户使用。

4. 增加提示

用户不主动使用 App 时，可以通过增加活动提示有效地激活用户。

四、管理用户，进行用户分层分级

（一）用户分层分级的重要性和底层逻辑

1. 更合理地分配资源

"以客户为中心"并不代表以所有的客户为中心。企业的资

拓展案例3-1：用户分层分级运营

源是有限的，人也是有限的，钱、物质激励、荣誉激励都是有限的，在资源有限的条件下，企业投入要想获得较大的产出，就必须把有限的资源投入到能产生较大价值的客户身上，这就是用户分层分级和建立用户成长体系的原因。而分层分级最重要的目的就是让运营资源以最高效、最精准的方式迅速惠及那些对于产品最重要的用户群体。

2. 更精确地对接需求

产品在迭代过程中，用户行为会发生改变。使用同一功能的不同用户，甚至是同一用户在产品生命周期的不同节点，可能都会有不同的痛点和需求。

此时如果还是针对所有用户采用"一刀切"的产品策略，不去关注不同用户的不同需求，就有可能导致迭代的产品模块和功能达不到预期的效果。用户分层分级是根据不同用户的行为特征划分成不同的用户群，进而制定不同的产品策略来满足其差异化需求，从而充分发挥每个层级用户的价值，达成产品目标。

（二）用户分层分级标准

用户分层分级的本质是一种以用户特征、用户行为等为中心对用户进行细分的精细化运营手段。有的称为用户分层，有的称为用户分级，但不管怎样称呼，分级分层的标准主要有以下三大类。

1. RFM 模型

RFM 是 3 个指标的缩写，即 Recency（R，最近一次消费时间间隔）、Frequency（F，消费频率）、Monetary（M，消费金额）的英文首字母缩写。通过这 3 个指标可以对用户进行分类。

最近一次消费时间间隔与上一次消费离得越近，也就是 R 的值越小，用户价值越高。购买频率越高，也就是 F 的值越大，用户价值越高。消费金额越高，也就是 M 的值越大，用户价值越高。我们把这 3 个指标按价值从低到高排序，并作为 XYZ 坐标轴，就可以把空间分为 8 部分，这样就可以把用户分为图 3-4、表 3-4 中的 8 类。比如，第 1 类是重要价值用户，这类用户最近一次消费较近，消费频率高，消费金额也高，要提供 VIP 服务。我们日常生活中接触的会员服务就是这方面的经典案例，大数据显示，用户对信用卡、酒店、航空公司的会员体系最满意。

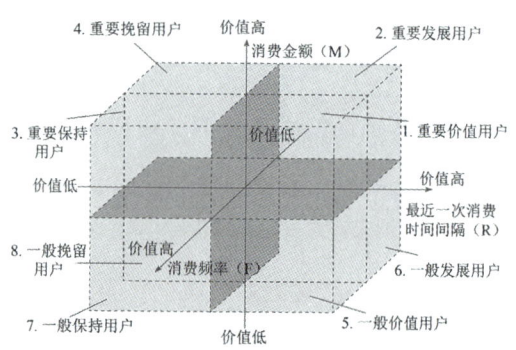

图 3-4 RFM 模型三维图

表 3-4　RFM 模型 8 类客户表

用户分层分级	最近一次消费时间间隔（R）	消费频率（F）	消费金额（M）
1. 重要价值用户	高	高	高
2. 重要发展用户	高	低	高
3. 重要保持用户	低	高	高
4. 重要挽留用户	低	低	高
5. 一般价值用户	高	高	低
6. 一般发展用户	高	低	低
7. 一般保持用户	低	高	低
8. 一般挽留用户	低	低	低

2. AARRR 漏斗模型

AARRR 用户增长模型是由该模型 5 个环节的英文首字母缩写组成，即 Acquisition（获取）、Activation（激活）、Retention（留存）、Revenue（变现）和 Referral（推荐）。

Acquisition 是获取用户，运营新媒体的第一步是获取新用户，这是第一要素，同时也是用户增长的首要条件。

Activation 是激活活跃，是把被动进入新媒体的用户转化成活跃用户的一个环节。有效数据表明，当新用户进入新媒体之后的次日活跃开始计算，有相当一部分新用户（80% 以上）都不会被再次激活。也就是第一环节所获取的用户，在次日只能产生 20% 的能量，剩余的全都浪费了。所以激活的目的就是为了提升能量，减少浪费。

Retention 是提高留存，解决这个问题最直观的数据指标就是日留存、周留存等。这些指标可以监控新媒体的用户留存和流失情况，进而采取相应的手段来激励这些留存和流失用户继续使用产品。

Revenue 是获取收益，这是 AARRR 模型最核心的一环，同时也是产品能够持续发展下去的根本动力。即用户为新媒体产生了效益，这个效益可以是金钱也可以是某种价值，具体要看运营者如何界定效益的含义。

Referral 是推荐传播，从推荐到再次获取新用户，新媒体的发展和用户增长形成了一个完美循环，这是确保新媒体能够持续发展的"头尾衔接"之环。

从实际数据来看，单程走完这 5 环，就像是漏斗一样，下一环的数量始终会低于上一环，而越是底层的环价值就越大（图 3-5）。

图 3-5　AARRR 漏斗模型

3. 生命周期模型

（1）导入期：用户注册后，刚刚上手，对产品还不熟悉，对产品能带来什么价值也还不熟悉。在数据上的定义是，刚刚注册，尚未体验核心功能流程。

（2）成长期：对产品有了一定的了解，对产品提供的用户价值比较认可，已经建立起了初步的使用习惯，会定期使用产品。在数据上的定义是，已经体验过核心功能流程，使用频率和使用时长大于或等于定义的最小阈值，如每周登录三次，每次使用时长达 10 分钟。

（3）成熟期：对产品已经形成高度的依赖和使用习惯，使用频率和使用时长显著提高，能够贡献较高的价值。数据上的定位为使用频率、使用时长大于或等于某个阈值（根据产品来定），或者付费频率和价值达到一定阈值。

（4）休眠期：曾经是成熟期用户，但现在已经不再访问或使用产品，或者访问频次越来越低。数据上的定义为，超过一定天数（如 10 天，或自定义）未使用产品。

（5）流失期：已经长时间不登录产品，甚至已经卸载产品的用户。数据上的定义为，超过一定天数（如 30 天，或自定义）未使用产品的用户。

五、激励用户，建立用户成长体系

（一）用户成长体系的重要性

用户激励成长体系是指在一定诱因下，通过设定一系列奖惩规则让用户自愿做产品期望他们做的事情，通过不断反馈使这些行为固化为习惯的机制。

拓展案例 3-2：用户成长体系与激励机制

激励成长体系 = 目标 + 规则 + 反馈系统 + 自愿参与

1. 提升用户价值

通过激励建立用户成长体系可以提高用户活跃度，延长用户生命周期。

2. 提升产品价值

通过区分用户等级，带来稳定流量；通过筛选忠实的用户，为其提供更好的服务；通过积累、获取用户行为数据，策划相应的营销活动。

（二）用户成长体系

在实际操作上，很多人会简单地把用户成长当成会员等级，如民宿的会员卡、旅行社的积分等级，简单地给用户定下会员的等级，做一些相应的权限配置就了事。相反，我们需要去深入了解用户在使用产品时的心路历程，应逐步去满足用户更深层次的需求。

首先，要根据用户画像去分析用户的基本需求是什么，期望需求和兴奋需求又是什么。其次，分析新媒体的业务是怎样满足用户需求的。需要用户去完成什么。最后，结合用户需求和业务需求，在满足用户需求基础上去规划实现业务诉求的路径。

（三）用户激励体系

怎样才能让用户根据规划好的成长路径走下去呢？这时候就需要用到激励体系，需要某些东西来激励用户按照规划好的路径走下去。激励因素可以分为内因和外因，内因是产品本身自带的，而外因是通过运营手段去给予用户的。要不要搭建激励体系，取决于产品的内因即够不够显著吸引用户。当然，利用运营手段来增加外因也是必不可少的。那么如何激励用户呢？

1. 明确激励行为

思考用户成长的路径是怎样的，在成长路径上有哪些行为是需要强化的。

2. 激励因素

即用什么来激励用户去完成特定的行为，大体上有 3 种主要因素，即荣誉激励、情感激励（如各种互动激励）、利益激励（如各种特权和福利）。选择什么样的激励因素与产品和激励的行为息息相关，不同的产品、不同的行为，选择的激励方式是不同的。

3. 激励方式

以上的激励因素应该怎样使用？以怎样的方式激励用户才能达到最好的效果？用户要完成哪些行为才能得到激励因素？这是确定激励方式要考虑的问题，并且设计激励方式要注意以下 3 个原则。

（1）即时性，即用户做了动作的要迅速反馈，不能让用户等待过长的时间，否则容易消磨掉用户的积极性。

（2）难易性，人都有畏难心理，设计过程中要合理地设置完成的难易程度，不妨让用户从易到难慢慢深入。

（3）不确定性，在设计回报时有两种方式，一是付出相同的努力，获得相同的回报；一种是付出相同的努力，但回报不是每个人都一样的，要善于使用不确定性回报。

4. 持续时间

激励因素要实施多长时间也需要去衡量，时间太长了用户的热情容易消退，时间太短了可能传播效果没那么快达到，需要经过不断试验得出最佳持续时间。

5. 展示形式

即激励体系应该怎样展示出来给用户看，可通过曝光激励体系的内容，以达到最大限度吸引用户参与。这里分为产品机制和运营手段，其中产品机制是指通过产品本身服务流程去展示，比如微博的粉丝数、QQ 的等级，在哪里展示、以什么样的形式去展示，都关系到激励因素能不能吸引到用户。运营手段是针对用户个性化需求进行展示，可通过使用短信、邮件、站内信、登录提示框等手段推送给用户产品的激励方式，例如有些平台会将优惠券的消息通过邮件推送给用户。

6. 消费方式

这里更多考虑的是利益激励，比如，用户获得了积分、虚拟货币，应该怎样去使用。如果没有一个很好的使用途径，用户就没有动力去持续获得积分等东西，如航空公司推送的累计飞行里程可以进行兑换。

六、转化用户，建立用户变现路径

（一）用户变现路径的重要性

获取、激活和留存客户的终极目标就是从其身上获取收益，并逐渐提高每位用户带来的收益，也就是提高用户的终身价值。互联网商业模式的本质，无外乎两步：先通过低成本规模化获客，然后高效率持续变现。随着互联网新媒体行业的发展，行业竞争越来越激烈，用户的各种刚性需求基本已经被满足，移动用户的人口红利慢慢消失，已经从低成本获客时代进入到了精细化运营和变现时代，变现效率的高低直接决定了企业的生存质量。

（二）用户变现路径

1. 广告变现

从费用的来源区分，可以分为广告主付费和用户付费，广告变现无疑是前者，也是所有变现模式中普适性最强的一种变现模式。头条号、大鱼号、百家号、今日头条等自媒体平台都会有平台收益，自媒体运营人员坚持日更，前期少则几十元多则上百元。企业新媒体平台中的广告常见形式有横幅广告、插屏广告、信息流广告、开屏广告、激励视频广告等。面对下沉用户，还可以直接鼓励用户看广告，通过占用他们的时间观看广告进行变现。

对于广告这种变现方式而言，运营人员关注的核心要放在创造更多广告位并且说服更多广告主出更高价钱来购买广告位，但要防止广告侵入性太强令用户反感，或者广告内容或设计不够醒目、不够有吸引力。随着信息的渗透，人们对各种广告手段逐渐有所了解，从而变得敏感，更容易产生反感情绪。

2. 增值服务变现

增值服务最早从运营商演变而来，如早年的手机报、彩铃等，现在增值服务中最常见的是会员、虚拟货币、付费版软件等。这类变现模式也被运用得较为普遍，如各种平台的 VIP 会员等。

提升这种变现方式，变现效率的核心在于让更多订购者续订、延长订购年限和升级到价格更贵的服务。引导用户升级到更贵的服务难免会损害用户体验，因此更需要注意方式、方法，让用户接受企业的运营需求，付费后也能切实满足用户的需求，让用户获得更好的体验。

3. 电商变现

目前绝大多数旅游企业新媒体变现方式主要为售卖自己的商品，但也有一些平台会收取其他供应商的平台使用费和营销推广费。现在并不是电商 App 才可以通过电商实现变现，比如，抖音、快手纷纷在 2018 年开通了电商功能，实现了直播和短视频+网购的变现闭环。越来越多的垂直领域 App 也纷纷引入电商元素来获取收入，有些平台甚至还会在平台内引入直播功能，带货的同时还提升了产品的活跃度。

旅游自媒体中，很多人不会单纯写文章赚钱，更多会插入一些电商商品放在自己的账号上变现，比如很多公众号会开店铺，通过内容输出引流、运营粉丝，再通过产品变现粉丝来实现变现。

在用电商商品变现时，要注意产品的选择，产品就代表着你的品牌，如果产品不合格，给用户造成困扰，既损失收益还损失品牌，得不偿失。

4. 直播变现

直播的形态虽出现较晚，但由于特别适合旅游行业，所以在旅游新媒体变现中占了不少份额。目前主要变现方式为平台对主播礼物打赏的抽成、知识付费直播抽成和带货直播的抽成。除了一些传统的直播产品，各类视频社区和社交类产品、工具类产品也逐渐发展直播的形式，知识付费直播则发展得较晚，但现在许多深度讲解的导游，在带团的同时通过直播增加收入。还可以通过比如讲课、咨询、做方案等方式变现。但关键还是运营者要有成熟的运营经验+讲解、讲课经验，如果内容干货不足，将会影响用户体验，其变现效果也不会太好。

另外还有难度较大的金融变现，比如网贷、理财、基金、股票、数字货币等，也有和旅游行业交集不多的游戏变现等。

任务小结

在互联网大数据时代，"得用户者得天下"。在学习本任务时，学生应先多了解成熟平台的用户运营模式，通过分析其用户运营策略，深度了解和掌握用户画像、吸引用户、留存用户、管理用户、激励用户、转化用户的方法和思维。然后有针对性地实践某新媒体项目，培养解决问题和应用技术的素养，提高理性思维和探究精神。

任务实践

任务准备	全班按原有分组，完善项目一、项目二中的任务成果
任务要求	1. 各组明确本组新媒体目标用户标签，构建目标用户画像 2. 各组根据用户画像，选择获客方式渠道，确定引流私域流量的途径，并据此调整本组选择的新媒体平台矩阵 3. 撰写本组新媒体用户运营策略分析报告，报告包括： （1）产品介绍（产品背景、产品定位） （2）产品体验（产品结构图、业务流程图） （3）目标用户（用户画像） （4）获客方式渠道及引流途径 （5）用户留存的关键行为及对应措施 （6）用户分层分级标准 （7）用户成长激励体系 （8）用户变现路径
任务成果	每组提交一册有针对性的《新媒体用户运营策略分析报告》
评价方式	学生自评、互评和教师评价相结合，条件允许应采用贯穿项目一至项目四连续任务，并实际进行新媒体运营实践，通过各种后台数据进行评价分组安排时，注意小组成员分工到位，每位同学都有一定任务

项目四 内容运营

 项目导读

在旅游新媒体运营中,内容为王。旅游产品本身不会说话,需要优质、精准的内容来表达。那么优质、精准的内容从何而来?这就需要旅游新媒体运营人员掌握创作内容的"十八般武艺"。本项目旨在引导学生认知旅游新媒体内容运营,掌握旅游文案、海报及H5、视频和直播创作等技艺,为内容运营培养应知应会的过硬技能。

学习目标

1. 了解内容运营,熟悉内容运营形式与渠道、价值与作用,掌握内容运营思路和流程。
2. 了解旅游新媒体文案,熟悉其创作思路、流程;熟悉写作技巧和排版技能。
3. 了解新媒体海报及 H5,熟悉两者的异同、制作平台、创作思路和创作技巧。
4. 了解新媒体视频,熟悉创作思路,掌握前期策划、中期拍摄、后期剪辑。
5. 熟悉旅游直播,掌握直播准备工作、直播流程、直播后的复盘及总结和提升。

 思维导图

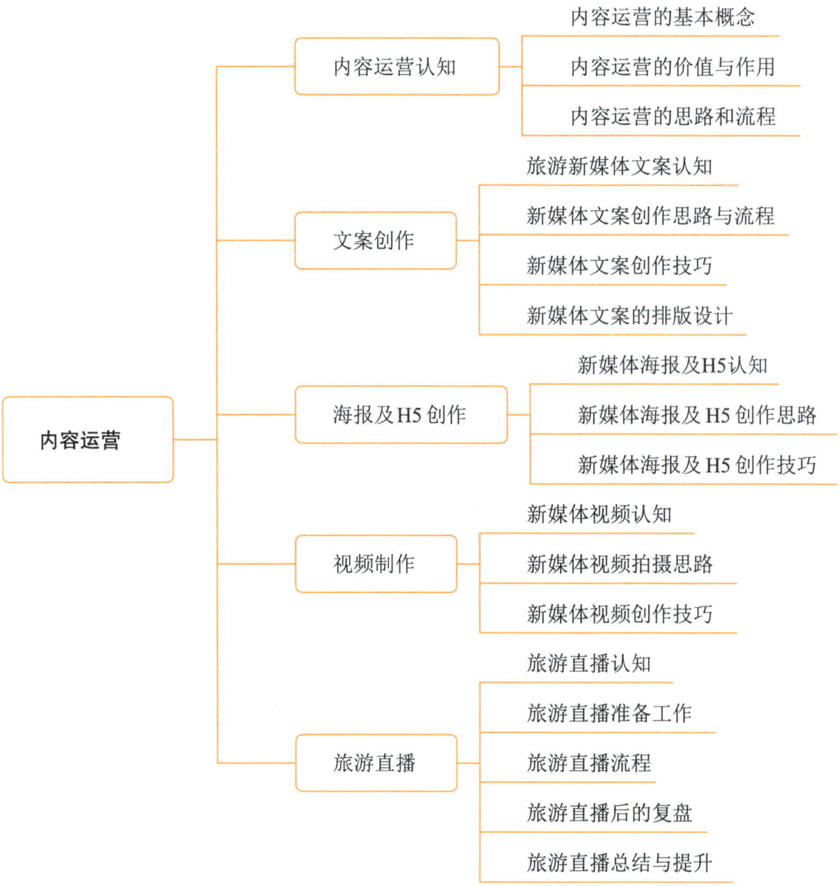

```
                                        ┌── 内容运营的基本概念
                       ┌── 内容运营认知 ──┼── 内容运营的价值与作用
                       │                 └── 内容运营的思路和流程
                       │
                       │                 ┌── 旅游新媒体文案认知
                       │                 ├── 新媒体文案创作思路与流程
                       ├── 文案创作 ─────┤
                       │                 ├── 新媒体文案创作技巧
                       │                 └── 新媒体文案的排版设计
                       │
                       │                 ┌── 新媒体海报及 H5 认知
            内容运营 ──┼── 海报及 H5 创作┼── 新媒体海报及 H5 创作思路
                       │                 └── 新媒体海报及 H5 创作技巧
                       │
                       │                 ┌── 新媒体视频认知
                       ├── 视频制作 ─────┼── 新媒体视频拍摄思路
                       │                 └── 新媒体视频创作技巧
                       │
                       │                 ┌── 旅游直播认知
                       │                 ├── 旅游直播准备工作
                       └── 旅游直播 ─────┼── 旅游直播流程
                                         ├── 旅游直播后的复盘
                                         └── 旅游直播总结与提升
```

任务一 内容运营认知

【任务导入】

你最感兴趣的内容运营

你看视频最喜欢的平台是什么？		主要关注的内容是什么？	
你读新闻最喜欢的平台是什么？		主要关注的内容是什么？	
你找图片最喜欢的平台是什么？		主要关注的内容是什么？	
你听音频最喜欢的平台是什么？		主要关注的内容是什么？	

任务解析：在新媒体时代，我们每天都从不同的渠道寻找着自己感兴趣的信息，看新闻、看视频、搜资料、听音频、购物等，但由于每个人的需求不同、喜好不同，关注的平台也不太相同。随着时间的推移，我们会发现自己养成了固定的阅读习惯，同时接收的内容也都非常精准，这是因为每个平台都有自己针对的用户群体，都有自身的特色。我们可以通过对自己阅读习惯的分析，来思考以下问题。

1. 平台的推送是否有用户的分类？
2. 不同渠道中的内容是不是你关注的重点？
3. 不同产品是不是有自身特有的标签？
4. 什么样的内容会引起你长期的关注？

一、内容运营的基本概念

（一）内容运营的含义

当我们在网络的世界里遨游时，不论是阅读感兴趣的文章还是浏览精美的图片，或是观看有意思的视频，又或是收听动听的音频，能够吸引我们关注的永远都是内容。这些内容从策划到输出，以不同形式出现在不同的平台，这其实就得益于内容运营。

内容运营是一种在新媒体运营中比较热门的运营方式，可以说内容运营无处不在。旅游新媒体的内容运营针对旅游产品内容进行定位、管理和维护，生产或辅助生产出文字、图片、音频、视频等形式的内容，如旅行攻略、景点美图、历史背景解析、宣传片等，借助新媒体或网络平台，将产品的相应价值与信息输送给相关旅游用户,并获得认知和关注。

(二)内容运营的内涵

内容运营是需要通过内容来展现价值的,也可以通过不同的内容类型、不同的内容渠道以及不同的运营手段来呈现给用户(图4-1)。

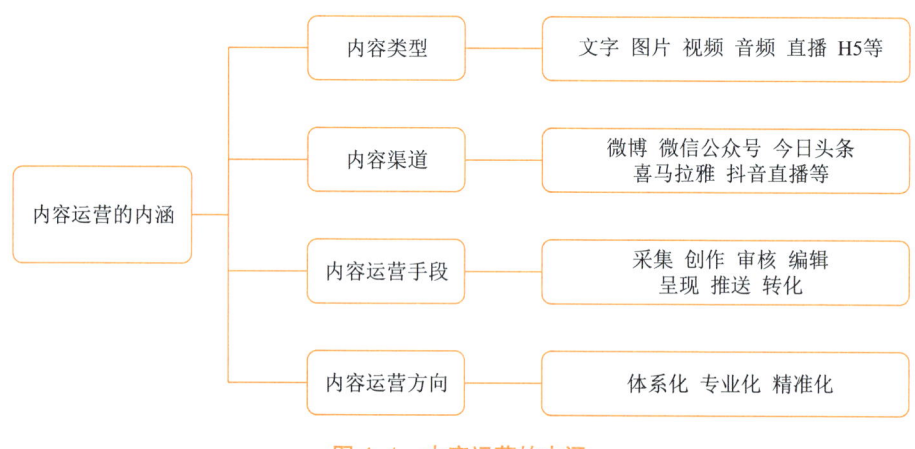

图4-1 内容运营的内涵

1. 内容类型

根据用户经常关注的网络内容形式,可分为文字、图片、视频和音频等,这些也成了主要的内容类型。从关注度比较高的内容运营成功案例来看,一般有用户热衷于有图有文有乐的软文、有话题有产品有内容的直播、有场景有故事有互动的H5……在新媒体时代,内容其实涵盖的范围非常广,但只要是互联网产品一定是由内容进行填充的。因此,"内容为王"将成为新媒体运营中始终不变的方向和目标。

2. 内容渠道

用户通过电脑或手机打开腾讯新闻、新浪门户、今日头条等,去浏览他们感兴趣的新闻;打开百度搜索,通过关键词去找到想要了解的旅游内容;打开微信公众号,会收到关注话题的推送;打开喜马拉雅,旅途心情、美食指南、旅行攻略、目的地城市推介等项目可任意选择;打开抖音,可以看到有创意有故事的旅行视频、新奇的或大众化的旅途直播,等等。这些都是通过内容为用户提供服务的,与类型相比,他们只是渠道不同、表现形式不同,但带给用户的感知不同、用户参与互动的方法也不同。在新媒体时代,所有渠道都需要内容的运营,只有这样才能够适应用户的不同需求。

3. 内容运营手段

内容运营绝不只是写几条软文、拍几段视频就可以的,内容运营的工作人员要在考虑供需双方特征的前提下，围绕内容的生产和消费搭建一个良性循环的平台。第一步，需要熟悉产品，挖掘产品的最强卖点，找到产品本身的定位；第二步，根据用户的关注点，搜集相关资料进行策划；第三步，将产品特色与用户需求融入内容的编辑中；第四步，将有特色、有价值的内容以不同形式通过不同渠道呈现给用户；第五步，对平台所反馈的数据进行分析，进而不断完善内容，完成吸引流量、培养用户、实现转化的全过程。内容运营需要使用多手段来打动用户，从而实现自身的品牌价值和效果价值。

4. 内容运营方向

内容运营工作需要有体系化的框架和完整的运营流程，并在内容的生产体系、呈现体系和扩散的渠道矩阵中注重专业性、创新性和时尚性，与互联网深度融合，打造用户黏性和忠诚度，提升运营质量，为运营赢利提供支持。

二、内容运营的价值与作用

（一）内容运营的价值

内容运营是以产品为核心出发点，它之所以可以成为新媒体运营中重要的一环，是因为在运营中用户对于内容的追求，经过一系列完整的内容运营流程，才可以达成广泛吸引流量、精准培养潜在用户和高效促成转化的目的，从而最终实现产品价值（图4-2）。

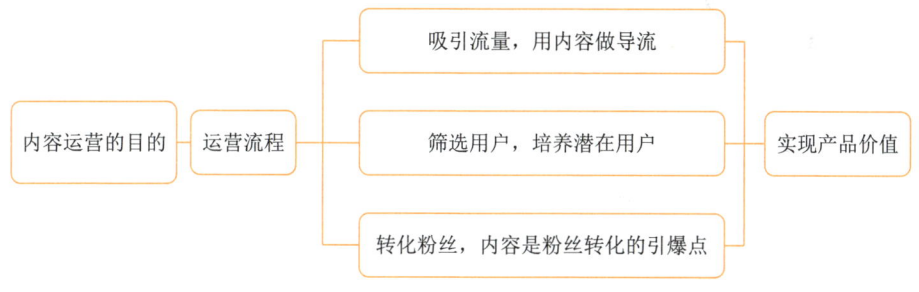

图4-2　内容运营的价值

1. 吸引流量，用内容做导流

内容是内容运营的根本，在同质化现象严重的新媒体时代，想要成功地吸引用户的关注，就必须生产出优质的内容，用内容做导流。在策划中，要选择目标用户感兴趣的内容，如热点事件的联系效应、热门电影和电视剧里的景点探路、情节曲折的故事、感情真挚的表达、福利的优惠……这些都可以成为吸引新用户的最大路径，再配上夺人眼球的内容表现形式和良好的互动,就会大大提高用户的信任度,并为后续的转化做好坚实的铺垫。

2. 筛选用户,培养潜在用户

在内容运营过程中,能够持续关注的用户就是忠诚度比较高的潜在用户,但是在实际的运营过程中,会存在被用户取消关注的情况。只有明确产品的定位,充分了解用户的需求和痛点,才能把供需双方的需求共同融入内容中,通过垂直单一性的内容来进行呈现,并始终保证内容的持续性。另外,内容运营中的核心竞争力是内容的原创性和新鲜感,面对大量内容,只有具备强大的原创能力,才更能增强用户的黏性,在保持原有关注度的同时,通过互动类内容如投票、问卷调查、点赞、转发等方式来达到内容发酵的效果,并带来大量的潜在用户。

3. 转化粉丝,内容是粉丝转化的引爆点

在内容运营中,内容生产和内容消费是两个非常重要的环节,它们相辅相成,相互作用,形成了内容生产—内容传播—内容消费—结果分析—内容优化—内容生产的一个闭环(图4-3),只有这样才可以最大限度地转化粉丝,促进消费,与此同时建立一个良性循环的运营机制,最终达到粉丝转化量的增加。

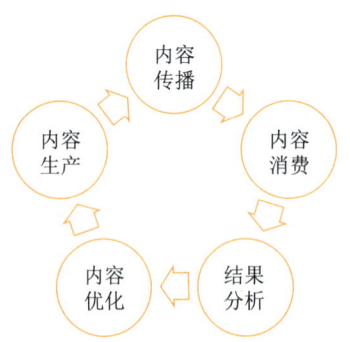

图 4-3 内容运营的良性循环机制

(二)内容运营的作用

1. 内容运营是新媒体运营的纽带

在新媒体运营中,内容贯穿始终,它将产品与用户有机地结合在一起,通过行业的定位、用户的定位、内容的定位,收集有针对性的信息,设定自身的 IP,用心创作高质的内容和夺睛的表现形式,并选择优质的传播渠道,将内容精准传递给更多的用户,以获取内容的最大转化。

2. 内容运营是满足用户内容消费需求的供应商

许多用户关注产品,其实更多关注的是内容,因为内容运营为他们提供

了所需要的优质内容，通过观察得知，在微博、抖音、微信等平台上关注多的一定是持续输出用户感兴趣的优质内容。

【案例 4-1】

普陀山小帅基于用户需求的短视频生产

拥有上千万粉丝的旅游博主普陀山小帅，他的标签是普陀山导游。2020年开始，普陀山导游小帅通过自媒体平台带领全国各地的游客"云旅游"，让大家可以跟着短视频一起了解普陀山、认识普陀山（图 4-4）。他的第一条短视频就获得了近 6000 个点赞，而他拍摄的短视频将中华的文化、人生的真谛、生活的感悟、超脱的心境以娓娓道来的方式，用真挚的情感、满满的正能量迎来了 8000 多万的点赞，同时也为普陀山的旅游注入了新的活力。这是因为视频的内容成为纷繁世界的一股清流，由于小帅的粉丝年龄以 60 后到 80 后为主，热爱中华文化，有丰富的生活经历，这种结合人生感悟的讲解方式恰好切中了他们的内心需求，他们从视频中找寻到了自己的影子，感悟到人生的智慧，也增添了对普陀山旅游的兴趣。同时，通过内容使作者成功树立自己的 IP，并获得了上千万的粉丝。

图 4-4　普陀山小帅的抖音截图

粉丝给小帅的定位是既导游又导心，同时还化身为情感导师开导女游客，并在微博话题中，收到了近七百万的阅读量。抖音视频的点赞量和微博话题的阅读量，使他的旅游团接待了来自全国各地的粉丝。为了扩大接待量，他开始组建团队，创立第一个线上线下结合的旅游服务项目，取名"心语团"，目前团队成员已达60人。他们不随意追逐热点，而是深耕普陀山文化，精心策划文案，通过对优质原创内容的持续传播，用户快速增长，就是因为他们生产的内容正好满足了大部分目标受众用户的心理需求。

（资料来源：头条新闻微博话题、普陀山小庄导游、普陀山凯歌的抖音）

点评： 案例中的导游既有文化内涵，又会讲故事。那些在生活或工作中遇到些许不如意的人可以通过他的视频得到心灵的慰藉，并找寻到自己的影子，达到情感的共鸣。他精准地满足了用户的心理需求，从而树立了自己的IP，并收获了大量的忠实粉丝。这样既提高了客户的满意度，又提升了旅游景区的知名度和美誉度。

3. 内容运营是提高产品知名度的推手

每件产品都有自己的特点，如果想让用户能够全方位、多角度地感知产品，就需要利用优质内容来吸引用户，将不同的内容形式通过多种传播渠道进行精准推送，例如，以图文的形式在微信公众号上传递企业文化，以短视频的形式在抖音、快手上传播品牌的成长历程，以热门话题的形式在微博上构建评论社群，这样就可以收获更多用户的关注，进而增进其对产品价值的了解，再通过互动的方式增强好感，以此来提高产品的知名度，这一切都得益于产品的内容运营。

4. 内容运营是转化用户消费的催化剂

新媒体运营的最终目的是完成用户消费的转化，而这一行为的成功就来源于内容的运营。首先，通过有价值的内容吸引用户关注，使其深层次感知内容特点；其次，通过设计具有话题性或争议性的互动活动，来增强用户黏性。没有生命的内容推送并不是一次成功的内容运营，它缺少了用户的活跃度。只有双向输出的内容运营才能转化更多的用户消费。

三、内容运营的思路和流程

（一）内容运营的思路

1. 内容运营要有运营意识

再好的内容没有运营也会失去它应有的价值，所以在优质内容产生前，一定要有一种良好的运营意识，要能理解内容运营的优势，并巧妙地运用内容运营实现内容的最大价值。

2. 内容运营要有稳定的用户群体

内容运营的服务对象就是拥有不同年龄、不同性格、不同性别、不同喜好的用户，他们是内容转化的核心。只有真正从用户出发，关注他们的喜好并解决他们的痛点，才能保持用户的稳定性。

3. 内容运营要有优质的内容

优质的内容就是内容运营的生命，在内容同质化现象严重的信息时代，新媒体上的内容大多都是碎片的、大量同质化的，照搬式的内容已经不再符合用户的需求，也不可能获得好的运营效果。所以一定要把内容作为根本，用心创作，善于观察，关注细节，不断地收集信息，优化内容，实现内容转化的最大化。

（二）内容运营的流程

按照内容运营的先后顺序，我们将内容运营的流程分为内容生产、内容传播和内容转化3个环节（图4-5）。

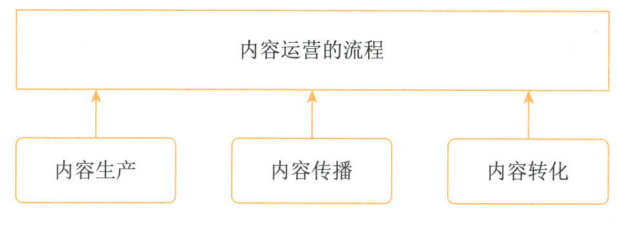

图4-5　内容运营的流程

1. 内容生产

内容生产是内容运营的关键和基础，内容生产的优劣直接影响内容运营的效果，所有的内容都不是头脑一热凭空想象的，它是建立在向目标用户精准投放有价值的内容上。在内容生产中，需要经过"四方定位"、内容收集、内容编辑。

（1）行业定位。俗话说"知己知彼，百战不殆"。在内容生产之前，首先要对所在行业进行全方位的了解（表4-1），可以通过垂直论坛和行业先驱来了解行业最新动态和热门话题，寻找与自身内容方向重合度较高的话题，通过百度指数、抖音话题、微博热点等渠道，从关注量的多少来了解同行业用户的喜好，并找到与之匹配的新媒体平台。与此同时，还要关注细节、发现问题，只有这样才可以学习优点，改进不足，精准定位。

表 4-1 不同行业的定位

新闻行业	时事新闻、新闻评论、民生新闻、八卦新闻、纪实新闻
旅游行业	美丽风光分享、旅游攻略分享、旅游涉奇分享、当地美食和特色酒店分享
时尚行业	服饰搭配、潮牌介绍、流行趋势分析、优质货品推荐
汽车行业	性能评估、好车推荐、实车测试、保值评估、二手车市场

（2）用户定位。用户就是内容的消费者，定位用户是内容运营的源泉，是决定网站或产品早期用户中进行内容消费人群画像的关键。在之前的学习中，我们了解了各平台用户画像的特点，强调了用户的标签属性，充分挖掘了不同用户的需求和痛点。在内容运营的不同阶段，要根据用户的需求采取不同的策略，才可以精准地推送优质内容。要时刻明确用户的定位，找到用户获取内容信息的渠道，并建立起用户与产品之间的桥梁，有针对性地满足用户需求并解决用户痛点。这样可为后期的社群以及内容变现做很好的铺垫。另外，用户的特点也会有共性，要想做到精准定位，就必须要将用户标签进行细化，越详细越好，并和产品特征保持一致，只有这样才说明画像明确、用户精准。

如果针对用户年龄来定位，老年人有原则、有情怀，喜欢感情真挚的表达方式和简洁明了的展现形式，那么在内容上要注意态度的诚恳，在形式上要采用图片多于文字的推送，并且要注重细节，调大字体；中年人稳重、有想法、喜欢心灵的震撼和情感的共鸣，在内容的选择上就要注意增添独特的评论和有故事的话题；年轻人，喜欢自娱自乐、追求简单美学、喜欢视觉的冲击，那在内容的表现形式上就应该多样化，内容要有趣、有新鲜感。不同用户定位，输送平台和呈现方式都会有所不同，针对操作性的内容，选择直观的视频推送，可以促使用户更容易接受、更好地学习；针对分享性的内容，选择清晰度高的图片加上简单的文字描述，更方便促成用户的视觉消费，从而培养大量的用户群体，为后期的转化打好基础。

以图 4-6 旅游平台定位为例进行说明。

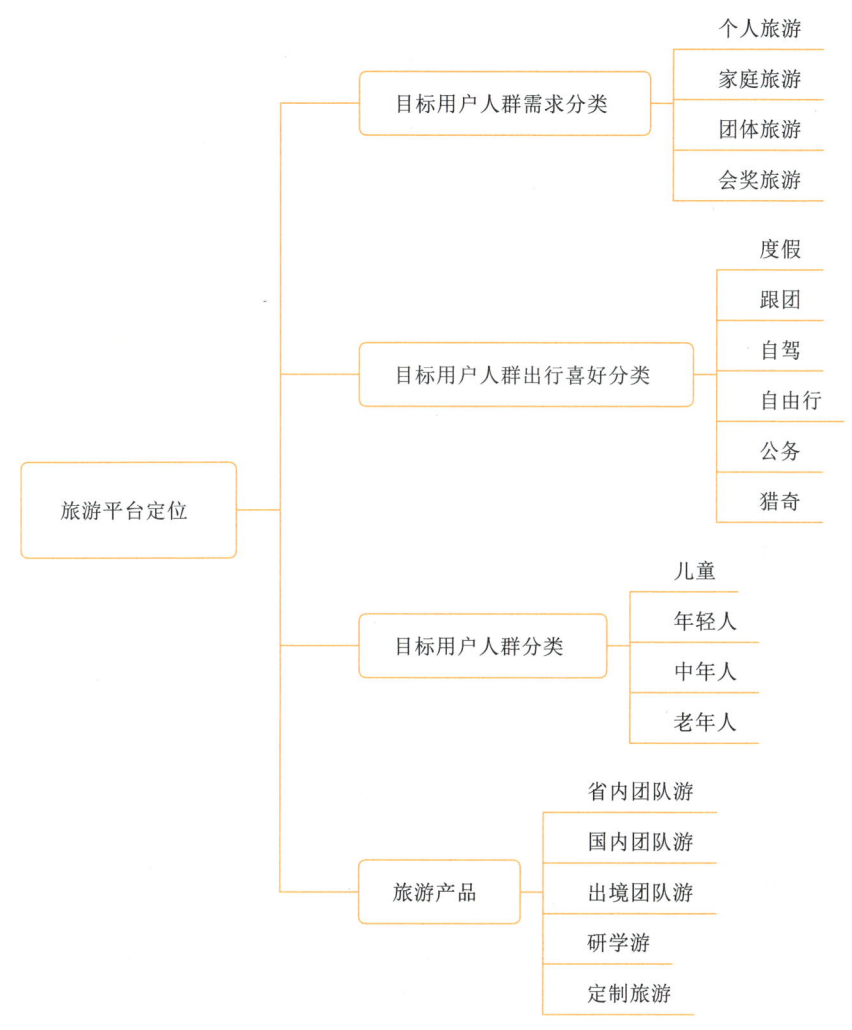

图 4-6　旅游平台定位思维导图

（3）内容定位。在生产内容之前，一定要先有自身的定位。定位是产品在目标客户脑海中确定合理的位置，那内容定位就需要根据目标市场的设置和用户的需求来挖掘品牌故事，结合企业自身的特点和产品特色来设置具有吸引力的内容和情节，以传递产品的核心价值和内涵。切不可着急编辑内容，只有设定自身的专属 IP，才可以事半功倍，以极高的辨识度来抢占用户认知中的一个重要位置。

内容的定位要具备两个属性：一是特点鲜明；二是符合用户需求。内容不必长篇大论，但语言风格一定是通俗易懂的；内容不必讲大道理，但用情一定是真挚的;内容可严肃可娱乐,也可通过故事来传递产品信息,但这些属性一定是要有持久性的。内容定位一定要聚焦,这样才能通过垂直、单一内容的推送,使内容IP影响用户的认知,并产生共识。

【案例4-2】

《唐宫夜宴》的内容定位

《唐宫夜宴》是河南春晚中以河南博物院展出的隋代乐舞俑为原型编排的一个节目。它通过VR科技,将虚拟场景和真实的舞台有机融合在一起,让河南省博物院的国宝们也都活了起来。短短5分钟的节目,通过河南卫视和快手短视频App播出后,让河南春晚很快登上了各大平台的热搜,播放量超过27亿,引发相关话题多达20几个,相关话题阅读量达到了25亿之多。

(资料来源:微博热点、微博话题和河南春晚公众号)

随后,河南卫视又相继推出《元宵节奇妙夜》《洛神水赋》《龙门金刚》等一系列彰显河南深厚文化底蕴的节目,持续了话题的热度,吸引了无数忠实粉丝。

点评: 河南春晚的内容定位就是立足于有着五千年文明史的河南来打造城市形象。它借助现代化的多媒体平台,通过创新的手段,让河南悠久的历史变得鲜活起来。同时,它也将不同用户群体的需求和河南的IP巧妙地融合在了节目中,创新的节目内容、独特的表达形式为厚重的河南历史文化找到了一种新的演绎方式,让不同年龄段的观众都可以在观赏节目的同时达到情感的共鸣。

(4)选题定位。在策划选题时,可以从模仿、借力到逐步创新,再以专业的原创形成自己的风格(表4-2)。在模仿、借力阶段,可以通过平台热搜和热门话题来"蹭热度",制造热门分享。何为热点?从社会学的角度来看,热点是指具有广泛社会影响力的事件,它会引起社会的广泛关注,可以针对常态性热点和实时性热点来进行借力。

表4-2 不同类型选题定位

节日类	女神节、教师节、情人节、医师节、中秋节等 如"留住童年,一起出发""枣想核你在一起"
时政类	"请党放心,强国有我"研学课程的宣传
赛事类	奥运会和残奥会中,运动员们奋力拼搏取得优异的成绩

续表

行业类	新能源汽车、5G、双十一
娱乐类	韩红、王一博参与抗洪
灾难类	郑州7·20特大暴雨、海南台风"摩羯"

常态性热点一般是常态发生的事件，具有持续性和规律性，这样的内容定位可以是热点故事或者是热点互动。而实时性热点，是突然发生的，具有突发性和不可预见性，也是用户最感兴趣的话题。这样的内容定位可以是热点评论，但评论一定要有自己的观点，要注意时效性，更要选择与用户相匹配的热点，否则再热，也不会成为用户关注的内容。例如，拥有620万抖音粉丝的《我是演说家》的冠军储殷教授，他的选题都是以热点新闻的评论为主，他以严肃、谨慎的个人形象，犀利、专业的语言收获了百万粉丝。但是，也要注意不能盲目跟风，更不能过度蹭热，这样不仅不能促进社群的建立，反而会引发用户的反感。比如，在郑州7·20洪灾中，有些企业蹭热度，用天灾来美化自己的产品，这种结局只能是惹众怒，严重损害了品牌形象。

模仿、接力之后，就需要打造原创内容了，在信息时代，同质化内容会成为耽误用户时间的垃圾信息。在新媒体运营中，许多平台都对内容的原创性提出了要求，一定要多收集信息，找到内容定位，再根据用户需求精准选题，可以是感人的故事讲述，可以是搞笑的生活分享，也可以是日常生活的记录。纵观粉丝量大的大咖平台，一定都是有着固定的主线，只有将所有的内容围绕单一主题深耕细作，才可能获得粉丝的长期关注，形成自己的社群。

除了自己创作之外，可以将用户和员工的内容添加到选择中，这样既扩大了选题的范围，又增加了内容与用户的匹配度，为转化作足准备。

（5）内容收集。一个成功的内容生产一定是建立在丰富的素材基础之上。在定位、选题之后，就进入了内容收集阶段，这是一个对内容素材进行搜集和整理的重要阶段。首先，要善于发现内容，将身边一点一滴的发现集中起来，为内容编辑提供一定的素材。在内容收集的过程中会发现，内容的来源很多，而能够使用的一定是真实、有价值的，所以需要对收集到的信息进行分类，根据用户需求将信息深层过滤，这样就可以获取编辑中所需要的内容。其次，在收集内容时，一定要带着用户需求去收集，找到同行业的空缺或者是行业的交叉点，针对话题进行全方位的信息搜集。最后，还要善于总结，所有零散的内容，只有让他们有统一的灵魂，才能为内容运营服务。

（6）内容编辑。将收集到的内容进行整合或拆解，从供需双方的要求着手，根据用户痛点来挖掘自身可以满足的优势，去进行内容创作，这就是内容编辑。这种创作一定是建立在用户喜欢的内容、感兴趣的表现形式的基础上，可将内容编辑分为以下几个方面。

①内容标题。在新媒体运营的平台上，不管是图文、视频还是音频，首先吸引用户的一定是标题。标题是内容主旨的提炼，一个好的标题对于用户阅读量的影响是非常大的。

②内容形式。在新媒体运营中，内容形式可以根据前期的用户定位和内容定位，使用最合适的内容形式表达出来，可以是传统的图文、短视频和音频的推荐，也可以是直播、H5等新兴推荐方式。

③内容框架。内容的编辑一定要有一条主线，这就对内容的框架提出了很高的要求。逻辑性一定是首要满足的，只有前后连贯的内容，才可以让用户有继续阅读的兴趣，再加上有可以让用户看得懂的语言，这样才有机会留住用户，变成粉丝，最终影响转化率。

④内容价值。在框架内填充的内容一定是有价值的信息，它的价值体现在是否可以满足用户需求，是否可以解决用户痛处，是否可以积极、有效地宣传企业或产品，是否可以提高内容转化。如旅游达人所传递的内容一定是图文并茂的旅游目的地推荐、精彩且有特色的自由行攻略、温馨细致的旅游小贴士和有视觉冲击力的视频，这样可以吸引喜欢旅游的不同人群，最大价值地发挥内容的优势。

2. 内容传播

内容制作完成后，就要将内容精准地投送给目标用户。在传播的过程中，我们要注意选择合适的平台，在合适的时间将合适的内容精准传递给合适的人。在内容传播时，要注意以下几方面。

（1）内容载体。它是搭载内容的平台，可以根据用户标签和内容定位，选择传播量大、能够契合多数用户阅读习惯的传播平台，这样才可以极大地利用平台优势。

（2）用户选择。可以根据前期的用户画像，将内容进行细化分类，并根据关注量，将不同标签的内容发送给不同的目标用户人群，从而提高信任度，培养重视用户群体。

（3）时间选择。在做内容推送的时候，一定要考虑用户是在什么场景、在什么时间点看到，可以发挥内容的最大价值，否则不合时宜地发布内容，也起不到宣传的目的。根据用户的阅读习惯，一般来说，其阅读时间主要集中在如表4-3所列的几个时间段内。

表 4-3　大众阅读时间

上班时间	7:00~8:30	午休时间	12:00~13:30
下班时间	17:30~19:00	睡前时间	21:30~23:00

但也不能一味地追求大众时间，这样只会造成信息堵塞，并不能达到最好的推广效果，应该以此时间为参考，根据前期的用户定位和内容定位，找到相匹配的时间进行推送。如美食类客户普遍集中在 11:00~12:00 或 21:30~23:00；民生类客户普遍集中在 7:00~8:30 或 21:30~23:00；母婴类客户普遍集中在 12:00~14:00 或 16:00~18:00；金融类客户普遍集中在 20:00~21:00……选择好时间之后，就需要做到定时定周期发送，这样才可以更好地维护用户，养成用户的阅读习惯，以吸引用户的持续关注。

3. 内容转化

所有内容运营的最终目标都是希望内容能像商品一样转化为有效价值，并带来收益，将内容通过运营转化成可以流通的货币。要能够达到此目标，除了优质的内容之外，还需要注意以下几个环节。

（1）拉新引流。如果想将内容转化为价值，首要任务就是需要获得用户的信任，只有这样才可以使他们将收到的信息进行转发，以增加内容的曝光量，并通过拉新来进行引流。如何赢得用户的信任呢？那就是将"与我有关"变成"与我们有关"。当内容能让用户产生共鸣、解决用户痛处，他们就一定会将与之相关的内容进行传播。同时，还可以设置投票、测试、点赞等互动环节，或针对热点话题设置一些有争议、有悬念的内容，引发用户评论，使话题达到最大发酵效果。让用户参与其中，既可以增强用户黏性，又可以扩大宣传面，吸引更多精准用户。用户基数大了，也是内容转化最有利的条件。

拓展案例 4-1：河南老君山风景名胜区的社群推广途径

（2）构建社群。收获一定数量的核心用户后，就需要通过构建社群的方式将他们集中起来。社群的特点是大家共同做一件事，因为所有人都有着共同的需求、共同的兴趣爱好和共同的关注点。社群构建之后，要做的就是社群的维护，维护得好坏直接关系到转化量的多少。这样看来，社群的维护员就起到了很关键的作用，需要他们在群里活跃气氛，发布一些精准的内容分享或是话题讨论，让用户能在群里动起来，提升用户的存在感；同时还要通过组织线上、线下活动来调动社群用户的积极性，增强用户黏性，从而实现用户转化。

（3）重视数据。我们都听说过这样一句话：不做数据分析的运营不是好运营。生产完内容，获得了一定流量之后，一定要对后台关于内容浏览数量、内容互动频率和内容转化指数的数据进行分析。我们可以通过不同的平台去挖掘数据并及时针对数据进行反馈跟进，要根据数据的变化，找到可以指导下一阶段内容运营工作的指标。主要可以通过以下几个方面来进行分析。

①数据采集。在内容完成生产和传播后，不要认为内容运营已经结束，需要对于传播中出现的数据进行采集，采集的数据不只包括阅读率和转发率这些效果类的数据，还应该深度关注用户的消费习惯。可以通过不同平台，采集有关新用户的增长率、关注的内容类型、阅读的时间、忠实的程度以及消费的数据。除此之外，还需要收集同行的内容数据，在类似的内容中，有引起关注高低的数据、转化多少的数据。

②数据分析。数据采集后，一定要根据数据方向分类再进行深层分析。例如为什么内容发布量增多，但是关注量却在减少？为什么同一类型的内容，在社群中的反应差距会很大？为什么内容的点击率高，但是停留时间和转发量却很低？在进行数据分析时，一定要多问几个为什么，只有这样，才能根据用户画像、用户取关、内容无转化的问题进行分析。之后，一定要给出详细的数据图、分析的过程，这样才可以直观地看到问题所在，并找到可以解决的办法。

③数据反馈。从数据分析找到内容中出现的问题，并通过多种渠道进行反馈，产生用户信任，给出保障，为内容的优化提供合理化的建议，促进以数据为导向的内容运营。

（4）优化内容。内容不是一成不变的，用户的关注点也不是永恒不变的，所以必须要根据数据的反馈来进行内容优化，对于定位不准确的，要根据数据来进行重新定位；对于用户画像不精准的，要根据数据细化分组；对于转化率不高的，要根据用户消费数据对内容进行优化。只有持续生产优质的内容才可以留住忠实用户，这样就可以形成完美的内容闭环。

任务小结

通过本项目的学习和实践，学生应了解内容运营的基本概念，熟悉内容运营中的内容形式、内容渠道以及内容运营的目的和作用，掌握内容运营的思路和流程，构建运营框架，为旅游新媒体的内容运营打下基础、做好铺垫。

任务实践

任务准备	全班按原有分组，完善项目一、项目二、项目三中的任务成果
任务要求	1. 各组熟悉内容运营的全部流程，构建运营框架 2. 各组根据运营框架，制作内容运营流程的思维导图，为接下来内容运营的实际操作打好基础，思维导图应满足以下条件： （1）结构完整 （2）思路清晰 （3）内容准确
任务成果	每个小组提交一张完整的内容运营流程思维导图
评价方式	学生自评、互评和教师评价相结合，通过小组的接力展示，考察每一位学员的掌握程度以及理解程度，并进行小组评价

任务二　文案创作

【任务导入】

请查看表4-4客户的信息背景特征，讨论以下问题。

表4-4　部分客户信息

用户	年龄	性别	职业	生活状况	爱好	常出现的地方
周同学	20	女	学生	有男友	旅行 户外运动 玩王者荣耀	知乎 小红书 bilibili
贾女士	38	女	白领	三口之家	瑜伽 烘焙	亲子公众号 养生公众号
王先生	46	男	企业老总	儿子上大学	交友 自驾	抖音
龚先生	63	男	退休	儿子移民 有老伴	户外骑行 跟团度假	骑行俱乐部 老年游俱乐部

1. 请根据以上不同用户的文化、社会、个人背景，挖掘消费者的购买动机，创作出富有针对性且与所推旅游产品具有较高契合点的微信公众号推文。

2. 请根据以上不同用户的文化、社会、个人背景，挖掘消费者的购买动机，创作出富有针对性且与所推旅游产品具有较高契合点的短视频文案。

任务解析：随着互联网全盛时代的到来，企业营销重点转移至新媒体平台阵地，随着头条号、公众号等新媒体平台的兴盛，文案写作时代迎来了属于自己的春天，我们在爆文、爆款中感受到了惊艳的文字价值，这也催生了一批以逻辑思维为代表的内容电商崛起，新媒体文案在新媒体营销中的重要性也日益凸显。怎样才能以优质的内容牢牢稳住读者，创作出走心的新媒体文案？一定是需要进行深入的目标人群及竞争对手分析，融入恰当的写作技巧及图文排版技巧，才有可能创作出富有针对性的高质量新媒体文案，具体要求包括以下几个方面。

1. 能根据目标人群及竞争对手分析，形成富有需求吸引力且卖点鲜明的新媒体文案创作思路。

2. 能针对特定的目标人群，运用不同方法创作富有场景代入感的新媒体文案。

3. 能根据消费者心理特征，运用不同方法创作易于产生信任感的新媒体文案。

一、旅游新媒体文案认知

（一）旅游新媒体文案的概念

1. 新媒体文案的概念

新媒体文案主要是基于新型媒体（移动互联网媒体）而重点输出广告的内容和创意，这里强调的"新型媒体"，是相对于电视、广播、报纸、杂志和传统互联网等传统媒体而言。随着受移动互联网技术革新，面向新兴人群，满足新的社交、娱乐、内容、资讯等在线需求而产生了新兴媒体渠道。受渠道、人群及传播形式多元化影响，新媒体文案的类型、内容、形式及判断标准亦呈现多元化局面。

2. 旅游新媒体文案的概念

国内外专家对旅游新媒体文案的概念并没有做出明确的界定，本书结合新媒体文案的概念，以及旅游新媒体文案的实践运用现状，将旅游新媒体文案的概念暂时界定为：基于新型媒体（移动互联网媒体）而重点输出旅游企业或旅游地的广告内容及创意。

（二）旅游新媒体文案的特点

受新媒体文案投放渠道多元化及读者阅读习惯新变化等影响，与传统文案相比，旅游新媒体文案具有以下几个特点。

1. 经济成本低

旅游新媒体文案往往依托微博、微信、花椒、斗鱼、抖音、快手、bilibili、知乎等多个平台,无须建立自己的营销平台,从而减少了推广发布的固定资本投资。此外,新媒体文案通常使用先进的多媒体技术,以文字、图片和视频的形式描述产品和服务,传播效果往往跟文案本身质量高低密切相关,而旅游新媒体文案相对来说经济成本大多也不高。

2. 形式多元化

因传播渠道不同,旅游新媒体文案的表现形式也有所不同。例如,微信公众号支持多种形式的文案表现,有纯文字、语音、图片、图文(即图片+文字)、视频等;微博的发布仅支持140字,也可附图,加视频;在抖音、快手等短视频平台上,旅游新媒体文案则可表现为视频、直播脚本等形成。

3. 互动性强

现在有很多旅游达人或旅游博主依托斗鱼、花椒、龙珠、战旗、虎牙、映客六大直播平台,实时直播,进行在线互动,达到吸粉、涨粉甚至是转化的目的。此外,弹幕类视频网站最大的特色就是悬浮于视频上方的实时评论功能,弹幕让原本单线链接的互联网视频与个人转成了多人共时性互动模式,小小的弹幕带来了全新的观影体验。此外,围绕着吃、喝、住、行、玩等垂直类 App 的博主文案选题,博主经常会征求粉丝的建议,具有很强的互动性,增强了用户黏性,比如,旅游类博主、旅游知识达人往往采取此种方式来增强互动性。

4. 目标人群更精准

旅游新媒体文案创作的成功与否,重要的测量依据包括点赞、分享、关注、转发等,因此我们可以看出旅游新媒体文案吸引的目标人群往往是旅游达人、旅游爱好者、潜在旅游者,具有较强的目标用户精准性。为了增强用户点赞、关注、分享、转发的概率,旅游新媒体文案在创作时,要关注 3 个关键点:一是内容要直观、短小精悍,切忌冗长,核心内容一目了然,即使是脑洞故事,也不要有太多的铺垫;二是文风要平实亲切,用户普遍喜欢平实、轻松、诙谐的内容,能捕捉到用户的痛点、爽点和痒点;三是传播快速,旅游新媒体文案也具有典型的媒体功能,只有跟进网络热点事件快速出产品,才能满足用户阅读需求,体现媒体价值。

(三)旅游新媒体文案的作用

相较于传统媒体而言,旅游新媒体的传播与营销投入成本低是其最典型的特点。但首先我们认为投入成本低不等于不投入。在新媒体营销热潮推波助澜的当下,很多企业确定了全员新媒体营销战略,比如,河南知名景区老君山在新媒体营销方面投入较大，当然成效也是显著的，尤其是短视频营销在全国名列前茅，具有较强的影响力，甚至建立了全渠道旅游新媒体营销矩阵。其次，旅游新媒体投放企业日益增多，投放成本不断增加，企业竞争日益加剧，较高的曝光率、阅读量通常需要流量的加持，而支付相应的流量费用也在增加。但如果旅游新媒体文案的质量很高，甚至成为爆款文案，能够实现由"播"到"转"的转化，就能自带流量，降低传播成本，而且能够增加销售转化率，还可以被用户更好地记住并产生持久的影响力。

1. 旅游新媒体文案运用好，传播更快速

对于河北来说，京津地区可以说是省外最大的客源市场。为了更好地聚焦这一核心客源市场，适应周末短途游蓬勃发展的新趋势，河北省打出了"这么近，那么美，周末游河北"品牌宣传文案。该品牌宣传文案在新媒体网络持续走红，与河北旅游相关的"乐享河北抖来嗨""头条带你游河北"等关键词网络总浏览量接近 2 亿次，极大激发了京津游客周末游河北的出游热情。2022 年 9 月至 2023 年 9 月，文旅产业指数实验室发布的全国省级文化和旅游新媒体传播力指数报告中，河北省综合传播力指数长期排在前三名。河北旅游、河北省文化和旅游厅、乐游冀等省级文旅政务在京津冀主流媒体和各类新媒体平台广泛宣传推广，传播力指数排在 TOP10。

2. 旅游新媒体文案可直接带来销售转化

旅游新媒体文案可以借助微信、微博、微视频、内容场视频等直接带来销售转化。以微信公众号推文为例，好的推文不仅要具有传播速度快的优势，还要能够满足用户便捷实时购买需要，可与电商平台结合，向用户推荐一个砧板购买链接，实现快速下单便捷购买；短视频或直播带货，第一种方式是直接通过信息流短视频广告引流到淘宝或者天猫，第二种方式通过点击购买链接或者直接进入卖货窗口进行购买，第三种方式可引导用户到店铺成交或者是视频中让网红引导用户下载 App，实现购买。一般来说，好的旅游新媒体文案往往能产生比较好的直接销售效果。

3. 好的旅游新媒体文案能让用户记住并产生持久影响力

好的旅游新媒体文案能够传递、深化企业或旅游地的文化和理念，塑造独特的形象与个性。The North Face 联合奥美广告发布的"去野"主题海报文案，致力于打造一支激动人心的全新 360 度品牌。"去野"品牌活动带给城市人一股清风，这则文案把"去野"标新立异的品牌形象深深嵌入受众的内心，传递了品牌的理念和企业文化，很容易让用户记住并产生持久影响力。

（四）旅游新媒体文案的类型

按不同标准，旅游新媒体文案可划分为多种类型（表 4-5）。

表 4-5 新媒体文案类型特征及适用对象一览表

依据	类型	特征表现	适用对象
按广告目的分类	销售文案	能实现即时销售 商品销售页文案 销售引流广告图	以提升销售量为目的的企业
	品牌传播文案	让受众自发传播 企业形象广告文案 企业情怀营销文案	以品牌（企业）形象推广为目的企业
按文案篇幅长短分类	长文案	1000 字及以上 需构建情感场景	价格及决策成本较高的行业
	短文案	1000 字以内 触达用户的核心信息	价格及决策成本较低的行业
按广告植入方式分类	软广告	不直接介绍商品、服务 案例中植入品牌广告 故事情节中植入品牌广告	需补充增加品牌曝光度的企业
	硬广告	直白的商品、服务发布	需提高品牌曝光度及带动销售企业
按文案投放渠道分类	微信公众号软文	在话题性文章的遮蔽下传递商品信息 新闻资讯、娱乐信息、情感故事及兴趣知识等题材	需补充增加品牌曝光度及适当增加销售的企业
	朋友圈营销文案	契合自身职业形象（人设） 营造良好口碑 减少鸡汤文、段子视频	增加关注度与粉丝量的个人（企业）
	微博文案	言简意赅、主题明确 话题比文案本身重要 有用、有爆点、有趣	亟须推广产品或服务的企业
	App 文案	文案契合 App 定位、使命和价值观 App 文案爆款频出	原创内容平台

续表

依据	类型	特征表现	适用对象
按文案表现形式分类	文字式	趣味性强、有阅读价值 故事形式文案受欢迎 文言风格鲜明，有辨识度	微信、App及自媒体平台推送的企业
	图片式	图片形式富有创意 图片中心思想明显 视觉效果更加惊艳	促销推广的企业
	图文结合式	选取高清的图片 文字与图片紧密结合 排版搭配得当	微信、App及自媒体平台推送的企业
	视频式	立体生动，效果显著 视频内容与主题相符 凸显宣传卖点	微信、App及自媒体平台推送的企业
	综合混搭式	图文、影音巧妙结合 版式搭配遵循规律 打造极致阅读体验	微信、App及自媒体平台推送的企业

（五）好的旅游新媒体文案的标准

叶小鱼，勾俊伟在《新媒体文案创作与传播》一书中认为牢记"达到目标""用户有感""符合调性"是指导初学者破解好文案写作密码的三大标准。

1. 达到目标

旅游新媒体文案都带有强烈的创作目标，纵观各类旅游新媒体文案，都跳不出销售和品牌推广传播这两大最基本的目标。如果是一篇推荐旅游景点的文案，达到目标就是能够让看这篇文案的人被这个景点吸引，并且最终去这个景点玩；如果是销售一款产品的文案，达到目标就是能够让看这篇文案的人对这个产品产生强烈的需求并且产生购买行为。那么如何才能创作出可达到目标的文案呢？

首先，通过对优质销售文案的分析，会发现这些文案基本上具备了"有明确的商品卖点""立即购买的理由"及"明确的购买引导"三大共性。

海报赏析 4-1

例如，无二之旅的房车旅行是其重要的业务板块，尤其是西北房车和北疆房车旅行深受粉丝客群喜欢。本书就发布在无二之旅公众号上的房车旅行文案进行解读，该产品面向的受众主要是品牌粉丝客群，所以将活动的主题确定为"冲鸭大西北，不一样的房车大环线"，也是明确的卖点；"立减500元/人"是立即购买的理由；在海报底部的黄色点击咨询色块，可引导人下意识点击咨询甚至购买。

其次，通过对优质品牌传播文案的分析，发现"展示品牌形象及特点""展示品牌精神"及"带动品牌传播"是这一类型文案的典型特征。

例如，穷游网是一家自主旅游网站，也是一个UGC的网站，以获得酒店、机票、签证、旅游保险等佣金而活，最初是以出境游和海外游为标签，并集中精力在这个细分垂直领域深耕。近几年，穷游网相继推出了第一套中文出境游免费旅行制单《穷游锦囊》、免费杂志《穷游天下》等刊物吸引用户。其中，发布在穷游网公众号的一篇推文——"拿90年前的《杭州旅游手册》游现在的杭州，会发生什么事？"阅读量达到2.7万，这篇文章主要围绕1929年陆费执先生著的《杭州西湖游览指南——实地步行》而展开。陆先生的这篇文章不同于1914年出版的《杭州旅游》，这本指南相当有个性，除了作者的介绍外，还不时穿插了对游客的提醒，还有各种吐槽，简直就是那个时代的穷游锦囊。这篇推文集中展示了穷游网的品牌形象、特点及品牌精神，带动了品牌传播。

2. 用户有感

什么样的文案才能让用户或收获感动，或引发共鸣，或自发收藏转发，或……？一般对于用户而言要满足"相关""具体""引发情绪"三大表征。"相关"就是创作者要以用户思维去进行文案表达，如行乐公众号推出的一篇名为《去野，去治愈》的文章，展现了当时时代背景下，想要去野、去放纵的心理需求。"具体"就是创作者在描述产品或服务时要构造画面感或营造场景感，例如，悦游全球旅行网推出的一篇名为《沙巴，风下之乡海浪轻摇》的文章，文中"受上天眷顾，婆罗洲岛北部的沙巴恰好与每年肆虐的台风擦身而过。加亚岛的日出、烤椰子的异香、马达京岛的星空与卡帕莱水面下穿梭的鱼群"这些优美的词语充满了极致的美感，有见字如面的魅力。"引发情绪"就是场景情绪，表现为喜悦、恐惧等。

3. 符合调性

新媒体文案要符合平台或者渠道的调性。新媒体文案属于内容运营的范畴，内容运营是在确定平台特性或渠道基调之后的工作重心，根本目的是更好地促进平台发展。因此，对于自身有影响力的平台类型而言，文案内容偏干货和学术性；对于足够特别的平台类型而言，文案内容一般以小见大，力争成为该领域的意见领袖。

视频4-1：《金寨时光》

《金寨时光》文案赏析

二、新媒体文案创作思路与流程

新媒体文案的创作流程主要包含 5 个环节，分别是确定文案的写作目的、深入调研并确定写作方向、挖掘文案卖点、文案创意的写作输出、文案复盘。

（一）确定文案的写作目的

文案写作永恒要关注的问题是写作目的，是要尽一切努力促进商品销售还是想要通过文案建立一种品牌识别度。目的不同，文案写作的思路和方法也不同。如若以商品销售为目的，那么创作者需要思考如何通过文案刺激受众的消费需求，建立强烈信任，促成交易行为。如若以品牌传播为目的，创作者需要思考如何让文案内容符合品牌风格，引发共鸣。

（二）深入调研并确定写作方向

深入调研主要需要搞清楚以下 3 个问题：一是文案写给谁看？二是品牌（商品）的优势是什么？三是文案最佳的发布渠道是哪种？要想搞清楚这 3 个问题，创作者必须要进行深入的分析，具体要分析文案的目标人群、分析品牌（商品）的竞争性、分析目标人群新媒体渠道偏好。

1. 分析文案的目标人群

分析文案的目标人群主要是通过对目标人群的文化、社会、个人因素的分析，寻找目标人群的购买动机，匹配文案所推商品或品牌间的契合点，从而指导文案创作者写出更有针对性的文案（表 4-6）。

表 4-6　目标人群购买动机与文案卖点匹配表

因素类型	内容	调研目的
文化因素	民族文化、宗教信仰、风俗习惯	明确不同民族的消费偏好和禁忌，挖掘不同民族购买行为、消费习惯的特征，避免雷点（糟点）推送
	语言文字	明确受众常用的语言文字、语言特征，使用特征性语言进行推送，避免沟通障碍，使文案更平民化
	受教育程度	明确目标人群受教育程度，确定文案的深度与尺度，迎合受众的阅读能力、习惯与偏好，形成用户为本的创作思维
社会因素	家庭	明确家庭成员的角色定位，寻找真正的交易决策者
	社会角色和社会地位	明确受众的社会角色和社会地位，确定其消费习惯、消费能力及消费目的，以求满足受众的真实需求

续表

因素类型	内容	调研目的
个人因素	年龄与生命周期	明确不同年龄与生命周期的人群的关键特征需求，进行精准推送
	职业与经济环境	从职业及经济环境确定消费模式与购买能力，进行精准推送
	个性与自我观念	识别受众的自我个性，匹配契合度高的个性品牌，进行精准推送
	生活方式与价值观	分析受众的生活环境、行为、兴趣和观念，预测需求偏好与趋势，进行精准推送

2. 分析品牌（商品）的竞争性

分析品牌竞争性的方法主要是 SWOT 分析法，文案创作者可以通过 SWOT 分析的模型进行品牌问题梳理和文案推广（营销）战略的制定。

SWOT 分析，即基于内外部竞争环境和竞争条件下的态势分析，将与研究对象密切相关的各种主要内部优势、劣势和外部的机会、威胁等，通过调查列举出来，并依照矩阵形式排列，然后用系统分析的思想把各种因素相互匹配起来加以分析，从中得出一系列相应的结论，而结论通常带有一定的决策性（表 4-7）。

表 4-7　SWOT 分析模型图

内部条件	优势（S）	劣势（W）
	本身发展旅游所具备的能力：资源条件（组合程度、丰富程度）、区位条件、客源基础及消费能力	本身发展旅游的劣势：资源特色、资源品级、季节性发展、同质化、交通条件
外部环境	机会（O）	威胁（T）
	外部的发展机遇（政策支持、经济发展、细分市场增长等）	外部竞争者的威胁（其他竞品的冲击）、市场新的需求复杂多样等

本书以嘉兴文旅发布红色旅游为例，进行 SWOT 分析，识别品牌传播存在的问题，确定公众号的文案战略（表 4-8）。

表 4-8　浙江嘉兴红色旅游发展 SWOT 分析表

外部环境	威胁（T）	机会（O）
	同质化竞争，品牌影响力弱；红色旅游营销推广力度小	红色旅游成为旅游市场的重要组成部分

内部条件	优势（S）	劣势（W）
	旅游资源丰富：红色资源充足、民俗文化丰富、生态资源优越；区域经济实力、消费能力强；交通便利，客源辐射半径大	红色旅游品牌形象不突出；旅游产品单一，红色旅游体验项目开发层次低；缺乏多元融合的红色旅游体验

基于上述 SWOT 分析，可得出以下解决方案。

第一，发挥优势，利用机会。借助建党 100 周年契机，重点推出围绕"党的诞生地""一大会址""重走一大路"初心之旅等党史及红旅攻略类的推文。

第二，克服劣势，利用机会。鉴于公众印象中红色旅游体验项目开放层次不高，缺乏多元融合的红色旅游体验这一劣势，重点围绕歌剧《红船》、舞剧《秀水泱泱》、"仲夏夜游""嘉兴人记忆中的味道""暑期特色活动速览"等充满体验感与场景化的推文。

3. 分析目标人群新媒体渠道偏好

不同渠道的目标人群在年龄、所在地区、学历、性别等方面均存在较大差异（表 4-9）。

表 4-9　新媒体渠道偏好一览表

平台	日活用户	月活用户	核心用户		营销重点	
微信小程序	4亿	超8亿	25~35岁	55%	小程序 GMV 无平台扣点，可提高品牌利润率 25%~30%	
微博	2.1亿	4.86亿	30岁以下	81%	造热搜，上热门	1. 制造话题
			高等学历	78%		2. 达人助攻
			明星粉丝	超50%		3. 明星代言
			三四线城市	57%		
抖音	超6亿	5.5亿	一二线城市	超50%	"优质内容＋粉丝互动"来加磅传播	
			19~35岁	61%		

续表

平台	日活用户	月活用户	核心用户		营销重点	
快手	3亿	4.43亿	三四线城市	64%	"老铁"社交关系＋"真实"内容＋畅通的准话	
小红书	2100万	超1亿	女性	80%	普通用户在这里发现、交流、购买和分享体验	
			90后	70%		
			一二线城市	60%		
B站	6300万	2.37亿	90后用户	85%	内容属性	1. 明确自身定位
			一线城市	47%		2. 锁定目标圈层
			男性	52%		3. 选择合适的UP主
						4. 恰当的内容表现形式
知乎	4500万	9430万	20~29岁	70%	1. 优质内容：精选优质内容合作，成本远低于自产内容	
			男性	67%	2. 信任背书：创作者人设真实，更容易获得消费者的信任	
			本科以上学历	80%	3. 高赞互动：内容已在社区有高互动数据，无须冷启动	
			一二线及沿海发达城市	73.5%	4. 商业融合：创作者调整原内容，使内容和商家任务更融合	

通过深入调研，从用户的角度来分析产品（品牌）对目标用户来说痛点和需求是什么、产品（品牌）的自身优势是什么、产品（品牌）的定位与哪种新媒体渠道的调性更契合、在什么样的平台投放文案更合适，这样文案的写作方向就变得更加明确了。

确定文案的写作方向后，就要形成文案创意方案了，一般创意方案至少应包括以下5个方面的内容。

（1）产品的特点或品牌风格说明。产品的特点就是利益转化点，也是说服用户的核心要点。在写作过程中要注意，说产品的特点不如说产品的优势，说产品的优势不如说产品能给用户带来的利益，而利益又体现在攸关与好处两方面。在写作中要尽可能牢记利益转化套路，即特点—优势—利益转化。

（2）体验场景营造。良好用户场景的营造，首先要有友好的界面视觉效果，使文字和图片都要有吸引力，着力打造视觉化内容呈现；其次，要增强用户的安全感，消除不安感的提示性文案设计很重要；最后，别忘了一些小提示也能营造贴心感觉。

（3）产品的附加值。在文案创作中，如果能体现产品的附加值，就可以激发消费者的潜在需求。那产品的附加值又如何体现呢？品牌是产品非常重要的一项附加值，品牌给用户的感觉是值得信赖，可靠安全，有品质。身份或形象象征是产品的另一附加值体现。对于一些高价值的产品而言，产品被赋予的身份与形象，能满足用户心理上的需求。感受是产品最为抽象的附加值，情感诉求点在现代社会往往是打动用户非常重要的因素。

（4）满意的承诺。承诺是信任的前提，信任是交易的基础。承诺从本质上讲是产品能带给用户的"功效"。承诺必须是真实可信的，才能产生信赖，因此承诺的设置必须有理有据，可以用品牌、销售数据、产品配方等作为承诺的论据，消除用户的质疑。

视频4-2：《旅行的路》

《旅行的路》文案赏析

（5）诱惑力表达。用户的犹豫不决或者恐惧，需要用强大的诱惑来催化使他们迅速决策，这些诱惑可以是产品的优势、促销活动、客户好评、品牌的详细描述等，总之，要用一个有价值的引爆点，引起用户内心的购买欲望。

（三）挖掘文案卖点

卖点就是当描述完产品本质后，告诉用户有什么功能及使用产品后可满足受众什么心理，给他们带来什么实际利益，哪个属性可以帮助他解决问题，也即"卖点＝产品特点＋带来的体验＋体验解决"的问题。

当然，这里强调的实际利益必须是本商品独有的、竞争对手没有或不具备的，同时这个利益是得到大多数人认可的。

比如，贵州推出一款名为"一路向黔·贵州印象：感受26度的夏天"的旅游线路，找到旅游者参加夏日旅游最大的痛点是炎热；结合这款产品，向用户提出了一个明确的利益点——避暑；"爽爽的贵阳""凉都六盘水"，23℃~26℃的气温等地区形象深入人心，这个利益点与其他地域旅游线路相比具有较强的差异性，最关键是可以帮用户解决夏日出行怕热的问题。

（四）文案创意的写作输出

在明确了文案的写作目标、目标人群、竞争对手及自身的卖点后，针对用户的痛点，创作者要用商品进行匹配，看商品能解决用户的哪个痛点，如何解决，由此形成解决方案。围绕商品的卖点，结合媒体投放渠道的特性，再进行创意思考，然后开始打

拓展知识4-1：文案创意输出的四种方法

磨细节，如设计海报、撰写软文、拍摄视频等，并最终完成文案写作输出。

（五）文案复盘

复盘即对已做过的工作内容再次进行梳理、总结。可通过数据、目标人群的反馈将文案工作中的优缺点一并总结。优点继续保持，缺点则需提出进一步的修改及改进意见并加以保留，以备下次写文案时加以参考。

三、新媒体文案创作技巧

好的新媒体文案要在标题、广告主题上能快速吸引用户的注意力；在内容上能吸引用户阅读完毕，产生代入感；在情感上能产生信赖感，实现交易目标，或提升品牌的识别与推广效果。

（一）文案开头如何吸引用户注意力

根据美国神经学专家保罗·麦克里提出的"脑的三位一体"理论，即旧脑、间脑及新脑于一体，旧脑负责决策，间脑处理情感和直觉，用以感知，新脑用来思考，处理理性数据。在新媒体文案的写作与沟通上，也需要充分考虑新脑的理性思考、间脑的情感处理、旧脑的决策反应。因为这3个部分刚好构成了文案的一种基本构造框架，即理性沟通—情感沟通—刺激快速作出决策。促使旧脑作出决策的前提是一个引人入胜的开头，而吸引关注的方法主要有以下4种。

1. 与"我"相关

用户只愿意花时间关注与自己有直接利益和生存关系密切相关的事情，因此，在新媒体文案的创作中，要重点呈现商品或服务能够给用户带来什么，能够帮助他们解决什么问题，这样才更易于被关注、被理解。在文案创作实际中，与"我"相关呈现为3种表现，即与"我"的收益相关、与"我"的标签相关、与"我"的生活相关。

（1）与"我"的收益相关。与"我"的收益相关指商品或服务的卖点能够给用户带来的好处、收益和价值。Feekr旅行2021年9月推出的一篇推文《往返机票仅为新疆1/3！这条避人潮小众线路，才是今年秋游的性价比之王》，首先中秋、国庆小长假期临近，用户有旅游出行的需要；其次，往年中秋、国庆热门旅游地是以新疆为代表的西北地区，能为旅游者呈现金色的梦幻秋季美景，但该地区往返交通费较高，是用户面临的实际问题。本篇推文向旅游者推荐了一个同样拥有金色的梦幻秋季的地方——坝上草原，但往返的机票仅为新疆的1/3，高性价比能为旅游者带来直接利益和价值。

（2）与"我"的标签相关。主要是指用户更愿意关注与"我"的名字、个性、爱好、母校、出生地、星座、职业等能够标签化自身形象的信息或文案，而且用户不仅会关注，还更愿意将其分享出去，以展示或树立个人的社会形象。例如，福州文旅公众号 2021 年 9 月推出的一篇名为《你好，新同学！》的文章，在各大高校迎新的契机下，向新同学推荐了一个诚意满满的打卡指南，帮助新同学开启不一样的生活，对福州旅游形象进行宣传、推介及传播。通篇文章都是围绕着"新同学"这个标签化的身份展开，目的主要是面向大学新生进行福州城市旅游形象及旅游资源的推介与宣传。

（3）与"我"的生活相关。主要是指与日常生活中的衣食住行相关的信息或文案，诸如城市发展、天气变化、菜价浮动、机动车限行、电动车戴头盔等，凡是与目标人群生活密切相关的都属于与"我"的生活相关。例如，"郑州发布"官微发布一条名为"郑在归来"献给每一个热爱这座城市的你，"云开疫散，感谢每位郑州人的坚守。等一切回复，让我们再去拥抱这座城市。"让每位郑州人瞬间泪目，城市归来，旅游业归来。

2. 制造对比

把两种事物进行对照比较能使用户的感受更加强烈，可以帮助用户做出决策，因此，在文案的创作过程中要想吸引用户的注意力也可以通过制造对比来进行。具体包括 3 种方式，即之前和之后的对比、没有解决方案时和有解决方案时的对比、品牌（商品）与竞争对手的对比。

之前和之后的对比，通常可见的是使用前和使用后的对比，其目的主要是凸显商品（服务）的效果明显，增强商品或服务的说服力，凸显商品或服务的卖点。例如，高端精品旅行预订网站"赞那度"在原有的旅游预订产品基础上，投建赞那度 VR 旅行体验空间，将 360 度虚拟现实旅行体验和数字销售终端以及手机应用、电商平台和社交媒体无缝整合在一起，帮助客人在预订之前全面地了解赞那度的产品，从而强调了品牌产品新的优势与卖点。

没有解决方案时和有解决方案时的对比，一般此方法用在可以解决麻烦、费时费力的商品或服务商上。比如，路书公众号技术专区发布了一篇名为《路书云旅游局专区——用最专业 & 权威的目的地信息，为你的定制游加分》的文章，强调为使定制师的方案更加专业权威，路书联合境外旅游局搭建了旅游局专区，能够为定制师提供包括官方 POI、官方授权内容及图片、官方标品线路等专业权威目的地信息。很明显，路书为定制师的定制方案专业操作提供了更好的解决方案。

品牌（商品）与竞争对手的对比，目的是通过与竞争对手的对比，突出自己品牌、商品或服务的优势，帮助用户进行选择。例如，途牛推出了病毒式营销微视频《只要心中有沙》，文案中写到每 4 个去马尔代夫的中国游客就有 1 人通过途牛网预订。市场数据表明，在与竞争对手的对比中，自身品牌和产品具有明显的竞争优势。

3. 满足好奇

心理学家把好奇分为知觉性好奇、认识性好奇及人际好奇 3 种类型。

知觉性好奇主要是通过新奇的体验、新推出的技术刺激用户进行探索。例如，"赞那度"旅行人生一篇名为《河南卫视的绝美飞天看不够？深入敦煌找寻壁画上的飞天之美！》的文章，河南卫视多次凭借东方美学出圈，尤其是端午晚会一支美轮美奂的水下飞天舞《祈》，一夜间刷爆朋友圈，整个晚会在各大视频平台投放的总播放量超过 60 亿，不过提起飞天可能敦煌壁画中形象更深入人心。在用户已有难忘的视觉体验基础上，刺激用户以旅行的方式去深入探索。

认识性好奇是由知识上的不确定性引起的，激发个体提出疑问，寻找答案，最终获得知识，往往有一个很好的运用句式，就是将"如何"运用在标题中，如绿维文旅的公众号推出了名为《一个没落的小山村如何靠"星空"实现振兴？》，重点介绍了什么样的乡村可以得到星空的振兴力量以及想获得来自星空的振兴力量需要哪些锦囊。

拓展知识 4-2：人际关系好奇类型与案例运用

人际好奇主要是人们在社会生活领域中产生的社会性好奇，包括信息缺口好奇、兴趣关联好奇、社会比较好奇。

4. 启动情感

启动情感是通过情绪、情感的刺激，动之以情，以情动人，以达到引发共鸣的目的。因为情感分为正向情感和负向情感，因此文案也分为情感式软文和反情感式软文。

情感式软文最为显著的特色就是比较生动感人，一般包括 4 个挖掘点：一是神秘、富有吸引力的情感——爱情；二是温馨、令人幸福的情感——亲情；三是舒心、给人力量的情感——友情；四是虚荣、自足以及好奇等情感——需求。

例如，Trip Advisor 猫途鹰曾出品了一部微电影《世界与你想象中不同》，主题就是旅行，因为它想和你聊聊旅行的意义。不走出现有的世界，你怎么会发现更大、更美好的世界呢？在 100 多字的文案中，没有跌宕起伏的情节，娓娓道来的文字也并不华丽，但浓浓的父女之情，配合无边的风景，足以触动读者的内心，借助这样的亲情，传递不一样的态度。

反情感式文案正好与情感式文案相反，情感式是比较正面、乐观的，而反情感式则不同，一般采用警告、恐吓等方式来展示，其主要目的是吸引读者的注意。反情感式文案的写作一般是这样的：标题通常会比较夸张，而正文一般就会循序渐进，提出为何会出现如此严重的情况，应该如何解决，进而推荐要销售的产品（图4-7）。

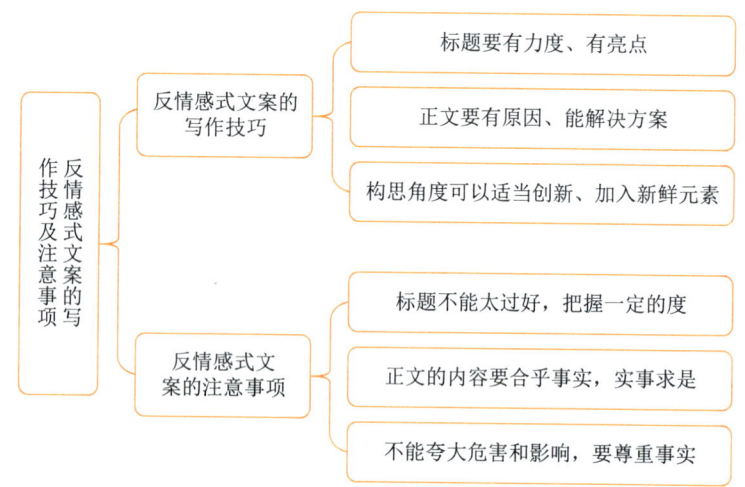

图4-7　反情感式文案写作技巧与注意事项要点图

（二）文案内容如何产生代入感

新媒体文案的代入感指的是把受众带进一个特定的销售或品牌的场景中，文案的代入感往往是通过讲故事、设悬念、用情怀、提问题等方式来实现的。

1. 讲故事

讲故事的方式适用于任何商品和品牌，更适用于同质化现象比较严重的商品，在卖点上找不到更大的突破点时，可以用故事来加强情感联系；或者商品本身就具有很大特点时，可用故事来深化这个特点。

福建省文化和旅游厅推出由福建旅游形象大使姚晨倾情出演的2020年官方文旅宣传片《有福相见》。此片以"人生海海　有福相见"为主题，讲述姚晨扮演的都市白领在福建寻找自己内心方向的旅程故事，短短5分钟，融合了福建的人文和山水。摄制组聚焦厦门、泉州、石狮和莆田湄洲岛等地，以创新的拍摄手法，推介福建滨海山水旅游资源和人文精神，既有浓郁的闽南风情，又贴近当代人的精神感悟，展现出福建独特的文化旅游魅力。该片故事性的叙事方式，代入感极强，短时间内就在线上线下引发热度。

2. 设悬念

设悬念便于使用户自然而然地进入预先设置的思考路径。可通过设悬念来增加文章内容的可读性，但用这种方式创作标题时，一定要确保文章里面的内容确实能让读者感到惊奇、充满悬念，不然就会引起读者的失望与不满，继而让读者对品牌产生怀疑，影响品牌在读者心中的美誉度。通常利用设悬念撰写文案的方法有4种，即利用反常现象造成悬念、利用变化现象造成悬念、利用用户的欲望造成悬念、利用不可思议现象造成悬念。例如，公众号"星球研究所"推出了一篇名为《登上珠峰，你会看到什么？》的文章，此文一经推出，就获得了300万阅读量的好成绩。整个文案标题带有悬念，为增强代入感，整个内容以登山的海拔为线索，提醒读者时刻注意旅途的变化，以免跟不上登山的步伐，让人感受到攀登珠峰的所见之景和心路历程。

3. 用情怀

新媒体文案的创作中，需要动用一切能用到的资源来营造情怀氛围，包括具有情怀的文案、图片、音乐等，将用户带入品牌所需要的氛围中。

4. 提问题

提问题，可以让用户自然而然地进入预先被设置的思考路径，既启发思考，又营造沉浸场景，让用户跟随文案主题的引导，容易产生强烈的代入感，一般适用于功能性较强的商品或服务介绍中。公众号星球研究所名为《中国人为什么偏爱江南》的文章就是采用提问题这种文案标题写作方法的。

（三）文案形式如何产生信任感

在文案中，尤其是以销售为目的的文案，最大的功能就是降低用户面对的风险，让用户产生信赖。那么如何降低风险，增加信任呢？结合相关专家观点，主要可以通过以下6种方法来实现。

1. 利用权威

权威一般代表着值得信赖，这有益于提升用户的好感和信任，从而利于推销商品或服务。一般权威有两个重要作用：一是易于获得用户认可；二是便于做出好口碑。利用权威来创作新媒体文案，表现形式也有两种类型，分别是新闻报道式和新闻权威式。新闻报道式文案整体风格与新闻报道高度相似，包括新闻报道的标题、内文、图片及版式，可信度极高，易于卸下读者的心理防备。而新闻权威式文案则是以权威观点、权威专家论证、权威机构推荐的形式，针对社会热点事件，通过新闻的形式进行报道和隐性传播，以增加文案内容的吸引力和可读性。一般来说，新闻权威式文案的打造要点有以下3点：第一，文字风格要严肃，纪实性要强；第二，可放大延伸产品的权威之处；第三，可放大利益诉求，表现产品的可靠性。

2. 搬出数据

数据类文案的写作，数据的准确性很重要。一般此类文案应具备如下特点：一是把数据加工成用户喜欢看的，这很重要；二是数据可以从第三方网站上下载,但网站本身要具有权威性;三是数据如果是自己做测试或调查的结果,更有说服力;四是数据一般以阿拉伯数字表达为宜。例如,《昆明,如此甚好》的城市视频文案,就用相关数据表现出了昆明的魅力。

3. 用户自证

用户自证指鼓励客户通过自己的方式去验证商品或服务的卖点,使信息可信、可验证。2018年暖心视频《致一切误解背后的美好》是"好欢螺"螺蛳粉的创意广告,最终收获了全网上亿的曝光。其主要内容讲述了几个有关误解的小故事,最后配上好欢螺的Slogan"螺蛳粉的美味,了解过才知道",呼吁用户自证,十分的贴切(图4-8)。

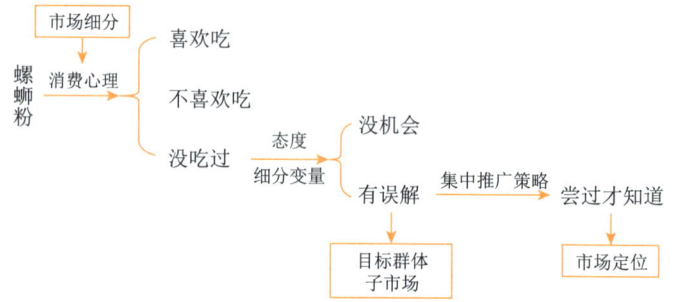

图4-8 《致一切误解背后的美好》视频市场细分解析图

4. 运用名人或权威人物展示

名人因本身自带偶像光环,隐含着声望、地位、成就的意义,所以用名人效应可以直接满足人被尊重的需要,只要名人的个人风格与品牌风格具有一定的吻合度,就可以为商品或服务加分,强化品牌的形象。而权威人物往往在具体的行业中有一定的专业度,自己的专业知识或技能往往是被社会认可的,由权威人物来展示很容易得到用户的信任。

5. 示范效果

新媒体文案如果无法让用户立即自证商品或服务,一般商家都会极力地去示范效果,让用户亲眼看到效果的真实性,以达到文案的可信性。

视频4-3:《一座山 一盏茶 一份情》

《一座山 一盏茶 一份情》文案赏析

6. 用细节

新媒体文案往往通过逐个展示每处细节以体现整个商品或服务的卖点。

四、新媒体文案的排版设计

（一）软文的排版技巧

1. 栏目设置要符合视觉习惯

栏目的设置一般要求符合读者的视觉习惯、有利于内容的合理安排，可以细分引流。首先，创作者应注意栏目设置要尽量横向排版；其次，把容易吸引注意力的信息放在显著位置，栏目设置最好安排在界面的上部和左侧。

2. 功能使用要方便用户操作

为了便于用户的浏览阅读，界面功能的展示最好要满足三大特征，即间接性、有序性和人性化。

3. 排版开头要有引入感

排版开头设计至关重要。关于开头的设计技巧，主要包括通过富有深意的语句展示调性、通过特色的图文吸引目光、通过创意的设计来呼吁关注，但需要强调的是开头的内容要和平台的风格保持一致。

4. 正文字体要突出设置

怎样才能表现突出呢？主要包括以下三大技巧：一是重点内容可以字体加粗设计；二是用不同颜色来突出字体；三是通过图片展示不同形式的字体。

5. 整体风格要带给读者视觉享受

整体排版风格需要不断学习、借鉴，总结经验，形成自己的风格。注意字间距的设计对读者视觉享受而言也是很重要的，要关注字间距、行间距和段间距这3个方面。

6. 结尾应添加引导关注字样

推荐与关注是为了引导读者关注之前的内容，或持续关注后续内容，从而增强读者的黏性。一般公众号关注的内容以"推荐阅读""猜你喜欢"为主，主要推送主题相似或是迎合读者口味的内容，如若品牌有自己的网站，可设置"阅读原文"按钮，目的是增加自己网站和产品的点击率。

（二）海报文案的版面内容

海报的内容构成有 5 个元素，即卖点、支撑点、商品图展示、引导行动、品牌商标。例如，游侠客游侠风户外会员招募海报文案，见右侧二维码所示内容，其卖点是"福利来袭"；支撑福利来袭有两点：一是充一送一限时 5 折、二是每周一次 / 十大站点 / 200+ 线路免费畅玩；有自驾户外场景展示，引导行动包括双十一狂欢及交易二维码，给用户一个立即行动的理由；品牌广告语展示是"游侠风户外会员"。

海报赏析 4-2

任务小结

新媒体文案创作者必须要不断地学习与积累，涉猎不同领域，才能有足够的知识储备，为专业的旅游文案写作打下坚实的基础。与此同时，必须具备基本的技能与专业的写作技巧，才能为文案创作插上翅膀。因此，学习在新媒体文案的创作中，一方面要注重不断地学习与积累，另一方面要熟练运用写作技巧，反复演练，不断实战，才能引起用户的注意力、产生代入感、获得信任感，才能取得较高的阅读量、点赞率、转发率甚至是转化率。

任务实践

任务准备	全班按原有分组，完善项目一、项目二、项目三中的任务成果
任务要求	1. 能根据目标人群分析，形成富有需求吸引的新媒体文案创作思路 2. 能对比竞争对手特征，形成卖点鲜明的新媒体文案创作思路 3. 能针对消费趋势变化，运用不同的注意力吸引方法创作新媒体文案 4. 能针对特定的目标人群，运用不同方法创作富有场景代入感的新媒体文案 5. 能根据消费者心理特征，运用不同方法创作易于产生信任感的新媒体文案 6. 能根据图文排版的注意事项，设计出富有加分效果的图文排版
任务成果	每组撰写一篇有针对性的旅游软文，每组设计一张海报文案
评价方式	学生自评、互评和教师评价相结合，条件允许应采用贯穿项目一至项目四连续任务，并实际进行新媒体运营实践，通过各种后台数据进行评价。分组安排时，注意小组成员分工到位，每位同学都有一定任务

任务三 海报及 H5 创作

【任务导入】

新媒体旅游宣传海报及 H5 对比

请对比以下两款学生做的旅游新媒体海报（图4-9），并思考：作为情侣，想要进行一场旅行，你会选谁的产品？为什么？

项目四　内容运营

图 4-9　情侣旅游宣传海报

（资料来源：郑州旅游职业学院学生参加第五届携程校园定制师大赛校内选拔赛一等奖作品、第十届全国大学生红色旅游创意策划大赛学生参赛作品）

任务解析： 旅游营销的渠道和手段具有多元化特征，在"旅游+互联网"的今天，网络营销渠道备受看好，如果能利用好新媒体海报及 H5 营销手段，制作广告营销作品，可以实现最大化宣传效果。如此实用的宣传手段，在设计的时候需要通过熟悉产品找到主题，根据目标受众确定设计风格，并运用新媒体平台来制作完成，在精雕细琢的基础上投放目标市场，才能起到理想的效果。

案例中均为情侣旅游宣传海报，第一张迎合了消费对象的需要——情侣喜欢浪漫、唯美的感觉，从色彩、配图、排版均扣主题。显然在价位差不多的情况下，第一张会给人留下美好的初印象，后期成交的可能性也更大。学生在做海报之前一定分析过目标消费者的需求，据此从主题、风格、排版都做了精心安排，达到了营销目标。

一、新媒体海报及 H5 认知

随着互联网技术的日益发展和普及，广告形式也逐渐从传统的纸质媒体向新媒体延伸。以手机、互联网为代表的新媒体为旅游产品的宣传促销提供了新的平台，媒体内容向手机等移动终端迁移。作为广告宣传的一种方式，新媒体海报及 H5 主要通过新媒体形式向广大的网络用户传播信息，它们具有颠覆传统媒体的一些优势，又能结合旅游活动的新特征，对于推动旅游业发展发挥了巨大的作用。

（一）新媒体海报

1. 概念

纸质海报设计诞生于 19 世纪末，是广告宣传的重要方式之一。随着新媒体技术的发展，运用计算机技术和相关设计软件可以为海报设计出更为丰富的表现形式，众多媒体平台也将新媒体海报作为营销宣传的重要手段。

具体来说，新媒体海报主要是通过视觉传达形式，依托数字媒体与网络技术，将图片、文字、色彩、空间等要素进行结合，并在互联网媒体上展示的广告宣传方式。而旅游新媒体海报需要以消费者需求为导向，把海报设计与文案内容相结合，将图案处理、色彩搭配与旅游目的地及景点进行设计，以实现吸引旅游者眼球、目的地营销效果最大化的目的。

2. 制作平台

当前除了用专业的 Photoshop 软件制作海报外，还有一些简单易上手的平台可方便平面设计技巧不高的初学者，通常制作 H5 的平台都能进行新媒体海报设计。此外，重点推荐以下几款比较便捷的海报制作平台。

（1）Chuangkit（创客贴）。Chuangkit 是一款在线海报制作软件，平台内有大量海报设计模板、无版权字体和各种素材，像做 PPT 一样，可通过拖动元素编辑海报，支持团队协作，能导出各种版本的作品，即使没有任何平面设计技巧，也可以轻松驾驭。

（2）Canva（可画）。作为一个全球性的设计工具，Canva 不仅提供了海量的海报模板，还有千万版权图片、数万原创插画以及上百种中英文字体可供选择。就这款设计工具而言，编辑简单，无需掌握设计技巧，也不需要 PS 的复杂操作就能做出精彩设计。

（3）图怪兽。这是一款号称会打字就能用的作图神器，极易上手、功能强大，拥有 100 万 + 优质正版可商用模板、100+ 正版字体，全品类模板素材覆盖，无须 PS 基础，就可以轻松制作创意图片海报。

（二）H5

1. 概念

H5，全称 HTML5，是一种万维网页面的标准计算机编程语言，基于 HTML5 技术的动态交互页面，具有超强的兼容性，集图文、动效、音频、视频和互动调查等多媒体表现方式于一身。简单来说，H5 就是一个用任何浏览器都可以打开的网页。由于 H5 是在微信上被人们熟知的，由此微信成了 H5 传播的起点，人们也习惯将 H5 与微信联系在一起。

H5 旅游广告则是建立在互联网编程语言基础上的一种广告形式，运行于电脑、智能手机等平台，在进行旅游宣传时通过 H5 技术，利用手机传感器、手机触摸屏操作、广告画面呈现等创意设计，从而实现旅游广告营销目的。

2. 制作平台

在"旅游＋互联网"时代，H5 被旅游企业看重，各种 H5 制作平台由此应运而生，比如国外有 Weebly、Wix、Hype、Adobe Edge 等，它们各有侧重，有的还基于不同的操作系统；国内常见的有 MAKA、易企秀、百度 H5、iH5、意派、兔展、初页等。根据不同的产品宣传目的，在各类平台中也会提供不同主题的模板供制作，如活动运营型、平台宣传型、产品介绍型、总结报告型、职位招聘型、教学教程型等，以下重点介绍几款常用的平台。

（1）MAKA。作为操作简单、功能强大的 H5 数字化营销工具，MAKA 拥有海量模板，支持 PC 端和移动客户端双端操作。可通过详细数据分析报告，便于用户了解营销效果。

（2）易企秀。提供海量 H5 行业专属场景模板，且制作流程极简，编辑功能强大，页面呈现形式多元化，还拥有专属保障、场景审核服务，会员可享有 VIP 专属私人服务。

（3）初页。作为全球首款 H5 新媒体内容创作与分享社区，初页将 H5 页面分成模板、图片、文字与特效几方面，用户可根据需求自由选择模板，批量上传照片、添加文案，一秒变成大片故事，通过滑动、翻页等方式可在移动端社交媒体内进行广泛展示与传播。

（三）新媒体海报与 H5 的对比

1. 相同之处

（1）设计数字化。在旅游新媒体宣传中，海报与 H5 广告是现在最常见的设计方式，二者都可准确、有效地传递信息，都需要利用数字化手法来进行图形、色彩、文字等要素的设计，在信息容量上较传统纸质宣传品更加丰盈。

（2）传播效益好。传播方式转化成上线分享、有手机能上网即可看到，不再受地域、时间限制。此外，制作平台简单易于操作，推广模式性价比高，比传统媒体广告的资本投入要少得多。用户的二次传播，甚至能达到病毒式传播效果。

（3）推广精准化。就相同内容与传统媒体传播不同，新媒体海报与 H5 广告能通过大数据技术分析，有针对地对目标消费者投放广告，用户愿意对感兴趣的信息转发分享，以进一步精确目标受众范围，实现精准推广。

2. 不同之处

（1）视觉传达效果。相对而言，新媒体海报是静态的，时间久了会给用户带来审美疲劳感，H5 广告的图片是动态变换的，结合不同的时长、节奏、色彩，具有更强的想象力与表现力。

（2）交互体验效果。新媒体海报由于图片单一，只有视觉效果，容易分散注意力。而 H5 广告则充分调动用户感官，借助当前流行的 VR 技术，除能够调动用户视觉、触觉、听觉外，更能直击人心，表现力与交互性更强，能使用户获得沉浸式体验。

（3）信息传递量。新媒体海报通常只能以有限形式输出有限信息，而 H5 广告信息传递速度快且内容丰富，还利于信息的传播并进行精准的效果追踪与数据反馈。

二、新媒体海报及 H5 创作思路

无论是新媒体海报还是 H5，都是为了有效传递信息、精准营销，二者都需要利用数字化手法来进行图形、色彩、文字等要素的设计，进行合理排版。因此，图文设计对二者来说都是重要的一环。高颜值的图文设计不仅可以将新媒体海报及 H5 主题很好地表达出来，还能产生强烈的视觉感染力。

在创作思路部分，我们重点围绕其共性进行探讨，后面会对 H5 的具体设计技巧进行说明。

（一）熟悉产品，寻找亮点

在设计新媒体海报和 H5 任务时，首先要熟悉旅游产品，利用 5W1H 产品需求分析法来分析需求，明确设计的目的与意义，尝试找到产品的亮点，从而明确宣传主题（表 4-10）。

表 4-10　5W1H 产品需求分析法分析需求

5W1H	WHAT	产品制作背景：如市场趋势、旅游行业热点、节日营销等
	WHO	目标受众：新媒体海报及 H5 要展示的主题及产品目标受众人群是谁
	WHY	准备解决什么问题：是平台导流还是品牌营销
	WHERE	投放渠道及使用场景：新媒体海报及 H5 要投放的渠道有哪些？在怎样的场景下能促使受众触发
	WHEN	何时上线：确定分配策划、设计、开发的时间
	HOW	如何实现：通过怎样的表现形式可实现旅游企业需求

在寻找亮点的过程中，很多初期设计者都会经历"自嗨"的失败，究其原因在于新媒体宣传不仅需要有趣的创意，还需要创意有传播力，顾客觉得好才是真的好。

因此，确定选题的第一步是要明确目标受众，受众的覆盖率与新媒体广告是否成功是成正比的。要了解目标受众的需求与愿望，实现或者超过受众预期满意度。这是正确运用图形、字体设计及色彩关系的前提，也是选择从哪种形式入手进行设计的关键。

（二）确定风格，收集素材

在明确了海报及 H5 的设计目的、产品亮点后，具体采用什么方法与风格进行展示只是外表和形式，而不是本质。主题和创意可以通过不同的表现方法来展现。因此，要根据市场需求确定设计风格，随后进行充分的市场调研和资料采集，再对大量的信息和素材进行归纳分析，围绕着创意进行分析选择。

海报赏析 4-3

1. 海报的风格

按照主题不同，可将海报分为商业海报、公益海报、主题创作（文化艺术）海报等。每种海报都可以用不同的风格来呈现，下面列举一些常见的旅游海报风格（表 4-11）。

表 4-11　不同风格的旅游海报特点

风格	特点
简约风	选用纯色背景，用简约的文字搭配符合主题的图片，或者用纯文字，大量留白，整体画面丰富、有意境，是一种简约而不简单的海报宣传
立体风	通过对文字和面状图形位置角度的变化，或者运用发光的字体和带发光的线条设计出空间感极强的画面。也可以运用透视风，通过对文字以及图的合理编排设计出一种透视效果，多采用纯色背景。立体设计应用在主题旅游设计中，能更加凸显主题。活动类项目设计通常采用这种风格特点
剪纸风	在视觉上给人以透空的感觉和艺术享受。将图形利用剪纸效果展现出来，让画面更有层次感，虚实结合，表现的形象既有些艺术夸张、变形，又富于图案美；既有民族风格，又富有浓厚的装饰趣味，并给人明快的感觉。多用于江南水乡旅游宣传
中国风	建立在中国传统文化的基础上，把中国一些特定的、有意义的元素应用在画面设计中，如书法、唐装、福娃、国画、京剧、龙、古琴、中国结等，传达出一种中国风的视觉和中国精神的含义。多用于传统节日旅游宣传
国潮风	国潮，带有一股中国风的韵味成为年轻人的时尚文化新宠，但是相比传统的中国风，国潮风更加时尚、更符合年轻时尚的人群，在排版用色上也更加大胆
科技风	多采用蓝色和紫色的结合，体现科技感、质感，多用于体现科技产品的高大上，所以这样的风格也多用于研学、科技旅游宣传

续表

风格	特点
孟菲斯风	常利用几何图形如圆形、正方形、三角形以及加一些线条装饰做设计元素，使画面更加丰富，线条可以是背景，点可以是肌理。这样的风格表现各种富于个性的文化内涵，从天真滑稽到怪诞、离奇等不同情趣，颜色也是多采用活力色，文案内容一般偏少
波普风	作为一种流行风格，波普艺术最主要的表现形式就是图形。设计中强调新奇与独特，视觉感强、风格活泼、用色大胆张扬、变化无常

2. H5 的表现形式

从 2014 年 H5 在微信初露头角，经历了初期阶段让页面动起来的 PPT 翻页 H5、中级阶段让内容动起来的欣赏型 H5、高级阶段的强交互 H5，到刷屏阶段的沉浸体验式 H5、创意与内容为王的 H5，其表现形式主要有以下几类。

（1）幻灯播放类 H5。这是 H5 广告最传统、简便的表现形式，主要通过 GIF 动态图片，实景照片、手绘插画等静态图片，或者 Cinemagraph 这类动静结合的图片等简单方式，配合情感化或趣味化文案表达，以展示各种主题信息。可以先制作好一个个静态的页面，在页与页之间添加动态效果进行切换，这种 H5 制作方式成本低，加载速度快，多用于品牌宣传。例如，吴江日报出品的《江南听雨最同里·珍藏版》就是运用图文结合方式制作 H5 来宣传千年古镇——同里。整体设计采用唯美的图片搭配优美的背景音乐，美丽的姑娘撑起油纸伞身处烟雨江南的美景中，画面搭配和谐、唯美，用户看着舒适、流畅，沉浸式体验不错。

（2）视频交互类 H5。主要通过视频及动画元素增强画面交互性，不再像 PPT 一样形式单一，极具创意的脚本设计给用户带来了新奇感，加深了用户体验的深层性，使用户参与感更真实强烈、分享意愿更高。例如，途牛出品的《途牛旅游——西游篇》就是运用图文、视频交互，以西游记为主题引出取经之路途牛全搞定。在交互上模拟了微信摇一摇，摇手机提醒悟空"收文件"，运用点击和滑动设计，滑动屏幕上的食物喂猪八戒，互动性与趣味性强，这种卡通漫画的设计风格，既轻松又幽默，一般比较吸引人。

（3）游戏互动类 H5。这种 H5 页面具有操作简单、竞技性强的特点，它通过游戏化、故事化的方式，将产品与轻量化的小游戏、小测试相结合，如大转盘、连连看、打地鼠、抓蝴蝶等，通过更加有趣的形式潜移默化地突出广告主题，不仅能给受众带来视觉、听觉、触觉等感官层面上的新颖体验，还用问答、评分、测试式的 H5 页面激发人们的求知欲和探索欲，吸引人们不断关注页面中的信息，不断探索，以寻找最终的答案。这种支持用户互动参与的形式还可以得到用户情感上的满足，能在短时间吸引大量用户并自愿转发，以帮助旅游企业达到营销推广的目的。例如，德国国家旅游局公众号上由龙途互动出品的《德国自驾高手养成记》，在策划上以德国自驾游为主线，用模拟驾考测试题的形式，生动有趣地吸引用户参与并乐在其中，最后顺理成章引导用户下载德国自驾旅游 App。

（4）技术驱动类 H5。通过多重炫酷技术营造场景互动，包括一些动态的展示技术，如翻转切换展示、翻页特效展示、弹窗效果、下拉展示、3D 队列菜单、旋转菜单、按钮交互菜单等，另外，还有一些交互行为技术，如全景展示、指纹解锁效果、简单交互视频、开关组件、表单提交、3D GIF、SVG、摇一摇、VR、AR 手指滑动、重力感应声音播放等。技术驱动类 H5 将技术与创意相结合，激发用户关注及参与，可让受众身临其境地感受广告内容。相对来说，这种类型的 H5 需要专业技术人员开发搭建。例如，中烟公司出品的《一镜到底！带你一分钟游遍老长沙》在策划上属于长图小游戏类，以生动有趣的场景展现长沙的悠久历史，利用 jQuery + CreateJs 技术，在不同的场景体验中除了散落小手图标，也有语音音效，使场景生动且富有人气。

（5）场景模拟类 H5。主要通过真实地营造某种场景，如以公共场所、公司、娱乐设施、生活空间为设计起点，为用户带来真实而熟悉的情感体验。主要的模拟场景还有模拟来电、微信消息、打字机效果、玻璃破碎效果、开门效果、星光和花瓣效果、粒子效果、无限评论与时事评论投影等。这种虚拟场景广告，能够有效集合视频、广播、图片等虚拟现实特征及可视特点，将品牌、产品和创意的模拟场景相结合，用户通过与基于场景的广告设计互动，享受沉浸式体验。例如，途家出品的《老板在群里@了你》，在创意上以"老板在群聊中@了你"为主题，用模拟微信群聊讨论团建去处的形式，将民宿品牌途家轻松植入，让用户在轻松欢快的氛围中了解途家。

（6）个性化 H5。常见的类型有输入名字、上传照片和 DIY3 种，最终能生成一张具有用户个人特点的结果页面。与游戏测试类不同的是，个性化 H5 没有测试题，类似趣味游戏。输入名字常常与抽签主题结合，如新年签《预见你的 2019》。上传照片一般和社会热点或者节日结合，可以更换不同模板，生成不同风格的照片，例如，《我的前世青年照》就是借五四青年节的东风，用户上传自己的照片，可以穿越生成各种时代的人物照片。也可以使用 AI 技术读取用户脸部特征，生成用户脸部分析和专属歌曲。例如，网易云的 H5《刷个脸，用 AI 生成你的 12 位图与专属歌曲》，测试结果一般都会美化用户形象，让用户更好地展示自己，利于转发传播。DIY 能最大限度地发挥用户的主观性，将用户设定为创作者，根据 H5 提供的素材进行创作，给予极致的个性化体验。例如，《睡姿大比拼》可以让用户 360° 控制任务摆出不同睡姿，改变卧室风格，尽显用户生活本色。

总之，版面设计风格与内容有相关性，更与客户的需求关系密切。所以，要进一步了解目标顾客的年龄、性别、文化程度、家庭背景、审美情趣等。如客户的眼睛健康状况决定了版面设计的字体与字号，性别决定了版面用色，年龄决定了设计风格是稳重还是飘逸，性格决定了选取音乐的风格。如果海报的受众群体比较宽泛，如全家游旅游海报，在设计风格上要尽量做到照顾各方，也可以针对不同年龄段人群分别设计多风格海报以满足不同特点成员的阅读要求。

3. 素材收集

在弄清楚设计的海报或 H5 是给谁看、重点有哪些、用什么风格表达之后，就要着手收集相关素材。如何从海量的原始信息中归纳出客户最需要的核心素材，有赖于设计人员工作的积累和对行业的敏感度，要有创新意识。创意可以是旧元素的新组合，但不是盲目做加分，而是在已有元素的基础上增加新玩法，做到新突破。创意不是天马行空临时起意，需要大量地积累素材，这就需要设计人员涉猎广泛，特别是团队成员要有不同的兴趣爱好，了解不同领域的知识，在面对选题时能发散出多角度的创意，还要注意日常积累，多关注社交平台上的素材，了解热门 IP，紧跟社会热点和流行趋势。不仅内容方面需要积累素材，还要积累类似玩法、交互、动效方面的素材。在平时积累过程中，可以将有用的素材分门别类建立一个素材库，标注出自己的灵感，方便制作时候快速找出。

海报赏析 4-4

新媒体海报及 H5 设计人员既要满足受众的视觉和资讯需求，同时也要满足旅游企业的商业需要。在确定产品特点和宣传主题后，要依据符合现代化的设计理念来确定海报及 H5 的风格，并在分析、归纳、梳理、提炼的基础上，筛选出与风格匹配的图片、字体素材，尤其 H5 还应当包括音效素材、H5 案例参考网站等。

（三）制作排版，精细调整

在实际操作中，无论海报还是 H5，其视觉效果都是通过版面设计对文字、图形和色彩这三要素进行创造性的组织安排，赋予其在独特语境的独特含义，借此向目标受众传达要表达的想法、信息等。在为数不多的页面内进行选择性设计，要把握好目标受众的心理状况，灵活应用场景进行内容传输，争取让用户在打开新媒体海报或 H5 页面的一瞬间有惊喜，进而主动进行分享。

1. 文字设计

由于旅游受众主要通过文字获得海报的主要信息，因此主题内容离不开文字，而不同的字体带给人的心理感受不一样，这就需要设计者掌握中外字体常识，用让人感到愉悦的字体，帮助受众阅读并理解海报宣传内容。文字排版时常用对比手法进行设计，如字体大小、粗细、长短、稀疏、方向、字体类型、颜色、图文、立体字与扁平字、局部与整体等对比。

海报赏析 4-5

2. 图形设计

图形作为说明性的视觉符号，其本意是通过可视性的设计形态来表达创造性的意念。即通过形象、色彩与它们之间的组合关系来表达特定含义，设计师在广告插图中就是运用这些视觉要素来传达信息的。图形作为传递信息的主要载体，在制作上要精美、细致，追求图形第一、文字第二，让图形自己来说话，即便没有文字也能表达主题目标。通过图形与文字、色彩的有机结合，创造出丰富的视觉效果。

在图形设计的时候，要把握几个要点：第一，主题鲜明、简洁明了；第二，创意新颖、形象突出；第三，真实可信、情景感人；第四，手法多样、富有情趣；第五，图文统一、互相呼应。

海报赏析 4-6

3. 色彩运用

色彩比图文对人的心理影响更直接，具有更感性的识别性能（表4-12）。人们对色彩是有既定认知的，如红色代表热情、黄色代表温暖、白色代表纯洁等。在设计中可以利用这些色彩感觉，营造出契合主题的氛围，在用户的潜意识中唤醒其对广告的情绪。要注意事先做好调研，了解用户所在国家和地区的颜色禁忌等，要因地制宜，避免因认知差异导致不必要的误会。

海报赏析 4-7

表 4-12 色彩与心理的关系

色彩	与心理的关系
红色	热情、喜气、活力、吸引注意力
白色	纯洁、神圣、真诚
蓝色	沉静和干练
绿色	安全、年轻、自然、新鲜、生机

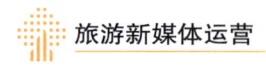

续表

色彩	与心理的关系
黄色	明亮、希望、活泼、幸福、快乐
紫色	优雅、神秘、端庄、华贵
棕色	舒适、放松
黑色	严肃、尊贵、神秘
橙色	喜悦、欢喜、温暖、有活力、引起食欲

此外，底色选择是旅游海报平面设计中的关键，如不同的季节可以选用不同的色调。为突出旅游海报的针对性与目的性，可以根据旅游地选择合适的色调，从而突出旅游海报的功能性。针对不同的目标用户，要采用不同的海报色调，如老年人适合用字体大，颜色要侧重黑灰蓝；蜜月游客户适合用粉色、紫色色调；小朋友适合选用蓝黄等活泼色。特别注意的是，在H5设计中，页面内常使用到的图标、文字和各种元素之间的特征应该遵从色彩统一原则。

4. 排版构图设计

（1）突出视觉焦点。在排版设计时利用景深、色彩、边框等元素突出主题部分，以方便用户在短时间内注意到关键信息。

（2）凸显信息层次。排版设计时利用色彩、大小、行距及方向等元素划分信息层次，可让用户清晰地辨别出要素之间的主次关系。

（3）巧用引导线条。如导航地图一样，通过巧妙运用实线、虚线和形状来制造引导性的线条，可以在版面中添加带方向的实体线条，也可利用元素自然形状来制造虚线，还可以利用形状的聚集形成焦点，指引用户视线。但要注意版面中出现的线条不能太多、太杂乱。

（4）制作量感平衡。在排版构图中，可以采取不同元素位置、大小、形状的对称（或者不对称）来达到视觉平衡。有时不对称反而更加个性化，版面也更加活泼俏皮。

（5）注重元素统一。在主题性的设计作品中，可以对色彩、形状、标志重复性使用，特别是在朋友圈发布旅游宣传海报的时候，利用九宫格进行宣传时要保持主题一致，在H5的各个版面设计中，常用一种主色调、字体或者图形来制造连续性，令人印象深刻。

海报赏析 4-8　海报赏析 4-9　海报赏析 4-10　海报赏析 4-11　海报赏析 4-12

总之，排版就是运用视觉元素的主次逻辑将图形、文字、色彩等基本要素进行视觉流程的设计。需要注意的是，在造型和构图中要避免繁杂的安排，视觉的信息量不宜呈现过多，可以采用明确的信息符号，加快视觉认知与理解速度。

人的视线因生理与心理因素的影响，一般浏览画面时偏向先看大，后看小；先看图形，后看文字；先看彩色，后看黑白；先看对比强烈的，后看对比柔和的……在设计时应遵循视觉流程规律，针对具体旅游海报的主题与目标人群，合理编排各类元素可以更好地达成视觉效果。制作完毕后，还需要对设计初稿进行美化。首先，要去除与设计整体风格相冲突的地方，从字句的对齐方式、边框色彩、符号图形等细节入手，让整个海报看上去和谐一致；然后再预览成品，找出需要增删的元素和修改精进的地方。最后，美化完成后要反复校对，确保信息准确、版面美观。

三、新媒体海报及 H5 创作技巧

（一）新媒体海报的创作技巧

一般来说，旅行社产品的海报包含的共性内容有产品名称、目的地、公司 LOGO、产品价格、产品特色、亮点、二维码（内有详细行程和联系方式）等。事实上，在做旅游产品海报的时候，首先应当明确一张旅游海报要传递给用户的核心信息：去哪儿、几天、何时出发、价格多少、亮点在哪里、怎么联系，要优先考虑这些信息如何展示。还有一些，如多少人减免多少钱、住什么酒店、吃什么餐，除非优惠力度很大，或者很有特色，一般都做同质化处理。其次就是选择什么样的字体，如何处理主视觉图片和主标题的关系，怎样选择颜色来搭配的问题了。

视频 4-4：新媒体海报的创作技巧

下面简单总结一下海报设计的注意事项。第一，要简洁与协调相统一。形象和色彩必须简单明了，造型与色彩必须和谐，要具有统一的协调效果。第二，要均衡与重点突出。整个画面需要具有魅力感与均衡效果，构成要素应当化繁为简，尽量挑选重点、要点来呈现。第三，要具有创意与惊奇效果。

海报需要有高水准的表现技巧，无论形式上或内容上都要出奇创新，具有一定的惊奇效果。

在实际操作中，可以用简单的方法先画出海报中各要素的大概位置，用等大的文字来显示一张海报的元素，便可以大致看到在信息呈现上有没有突出重点，然后看海报的配色乱不乱，一般非同色系最好不要超过 3 个颜色，最后再看看装饰元素有没有搭配主题，是不是符合语境。

（二）H5 的创作技巧

H5 广告页面与新媒体海报有相通之处，都是以图形、文字为主要元素，并遵循点、线、面和谐组合的美学原则。但相比之下，H5 是一种富媒体形态，还涉及动效、音乐等多种元素，每部分都相互配合，形成统一调性。在创作上，H5 具有以下一些技巧。

1. 设计视觉焦点，明确阅读次序

用户使用智能手机观看 H5，通常手机屏幕尺寸为 5.5 英寸（物理像素为 1920×1080）。小屏幕的局限要求 H5 广告页面内容不能复杂拥挤，元素和信息要精简，字体要使用易识别的无衬线体，字号需要更大，等等。

此外，最好把 H5 的页面数量控制在 10 页之内，如果超出，需要将展示内容进行层级划分，创造出秩序感，这样可以减少用户的精力，更易于看明白广告主题。例如可以把繁杂的内容分屏，用数字、元素来梳理并统一；把拥挤的页面内容设计成长图文；也可以通过动效让内容逐项呈现，即充分利用 H5 运动性的特征来吸引用户注意力，满足用户的体验感。

2. 文案符合主题，注重创意创新

不论 H5 的形式如何变化，始终吸引人的是有价值的内容。H5 的内容不仅要精简、优质，还要具备分享的价值，这样才能获得用户的关注，推动 H5 的传播。有个吸睛的分享标题会增加 H5 的点击率与转发量，所以标题的设置方法很重要。如违背常识法，典型的就是故宫《朕收到一条来自你妈妈的微信》，把不同时空的概念放在一起，激发用户的好奇心；制作悬念法，如网易动物保护主题 H5《她挣扎 48 小时后死去，无人知晓》，足以勾出用户的求知欲。还可以用疑问句引发好奇心、列数字吸引眼球等。

再如 H5 中的"点击开始""分享""再看一遍""查看详情"等按钮，如果在文案设计上只采用普通的文案，虽然表达上没有问题，但缺乏创意，很难吸引用户关注。不妨考虑用趣味性或文艺性的文案来搭配主题。一般构思奇特、具有想象力的 H5 不仅能够吸引用户主动观看，还能促使其乐于传播。

3. 页面信息可视化，版面符合视觉心理

在设计 H5 页面版式时，适当地使用图形能增加内容的易读性和设计感。可尝试将文字表达图形化，这样能让信息变得更加简明、清晰。此外，控制页面的空间留白也是页面版式设计必不可少的部分。

在 H5 所有页面的排版中还应当增加节奏感，以避免页面单调，让用户在观看过程中不会感到冗长烦躁。例如，在 H5 版面设计中圆角比直角更易让用户接受，也更显亲切，像个人头像、板块样式、食物图片等使用圆角效果会更理想。直角经常用在需要更全面展示的地方，如照片、产品展示等。

4. 借力热门话题，带来情感共鸣

相对于商家造势所形成的关注度，在热点节日发布及带热点题材的 H5 更容易引起用户关注。因为热点素材本身自带流量基础，重点是选择跟产品特性、气质、目标人群相符合的热点。在制作 H5 时要善于抓住并结合当下的热点事件，利于话题效应让 H5 在短时间内受到关注。

海报赏析 4-14

故事是吸引人的艺术形式之一，可以通过沉浸式的体验来勾起用户的回忆，戳中用户的情怀与痛点，合理化其行为，以引起情感共鸣。插入的音乐要和主题搭配、一致。例如，在母亲节、父亲节、儿童节、七夕节等推出情感类 H5，有了节日氛围烘托的话，推广会变得更有意义，也更有效率。

（三）快速制作 H5 的流程

1. 注册与登录账号

登录 MAKA 官方平台，点击右上角的"注册/登录"按钮，也可手机扫描二维码再注册登录。

2. 选择和使用模板

（1）登录后，点击首页上方或左侧任务栏中的"模板中心"，可以根据 MAKA 模板品类来选择模板，其品类包括 H5、海报、视频、新媒体素材、办公印刷、电商素材、社交生活、GIF 等。

（2）选好模板品类后根据具体使用途径挑选模板素材，包括分类、场景颜色、风格等，每个大类下面又有各自的细分类目，可以按需选择。

（3）也可以在 MAKA 官网顶部的搜索栏中输入关键词进行模板检索。根据需求筛选好模板后，将鼠标移动至对应的模板封面上，点击"马上使用"即可进行编辑。该模板具有完整的行业结构逻辑，只需进行小小的改动即可立刻传播。

3. H5 内容设计

（1）页面设计：点击"页面"工具，可以在"版式库"中根据需求选择 H5 的封面、介绍、多图、单图、地图、文本及特效。在"我的版式"里选择

自己保存过的版式。

（2）编辑文本：可以直接双击文字修改模板中已有的文字。添加文本之后，点击文本框，可修改内容包括字体大小、颜色、粗细、斜体、下划线、行距、旋转、对齐及位置等。还可以直接通过伸缩、拖曳文本框来改变文本框位置，从而调整文本的整体风格与内容。对于一些带图片格式的文字，可以在自由生成艺术字平台中，于文本框中输入文字，并选择适宜的字体、样式、大小、颜色，再设置背景透明，点击"生成"下载后就能作为图片上传到MAKA。

（3）插入图片：点击"图片"工具，选择自己喜欢的图片。若想上传自己的图片使用，点击"上传"，从本地上传到图片库。选中想添加的图片，单击"确定"，即可添加图片至页面。

（4）选择素材：点击"素材"工具，显示素材属性和动画设置。素材工具有形状、图表、线条、相框等，可以拖曳放置合适位置，也可以放大、缩小或删除。

（5）选择背景：点击"背景"工具，可以选择其他背景图片或上传（本地上传/手机上传）自己的背景图片，并选择背景的属性（替换、剪裁、透明度、应用于所有页面）。

（6）调整页面：点击调整页面，可按需求选择复制、删除、添加，或点击页面拖动调整页面顺序。

（7）编辑背景音乐：点击"音乐"工具，直接搜索音乐，选择后即可把音乐添加至作品。若想上传自己的音乐，点击"我的上传"，选择"上传音乐"即可。需要注意，上传音乐要小于2M且是MP3格式。

（8）互动：点击"互动"工具，其中能使用的互动包括表单、微信组件、拼图、拨号组件、图组、投票、抽奖、接力、跳转链接、地图、视频、点赞、倒计时等内容。

4. 预览保存、分享和查看

（1）H5作品编辑完成之后，点击"预览"保存，系统会弹出作品二维码页面，可以点击"更新封面"修改作品封面，点击输入框编辑作品题目和作品简介，让作品更容易被传播分享。

（2）在预览页面中，用手机扫描二维码可预览作品，然后复制作品链接至微信好友或朋友圈即可分享该作品。

（3）查看作品流量和访问数据。其一，可在官方平台首页，点击任务栏"营销数据"，进入"数据分析"页面。可以清晰地看到作品数、总访客数、总浏览量和总分享数。其二，在作品列表中点击想要查看数据的作品栏边上

项目四 内容运营

的"数据统计",进入"作品数据"页面。其三,选择查看的数据,点击"数据总览"页面上方的"导出 Excel",可将页面的数据导出表格,以进一步统计分析。其四,还可以在实时访客中实时收集传播在微信生态(朋友圈、群聊、个人聊天)中作品的访客信息,包括访客的微信头像、昵称、访客行为,能精准定位到传播达人。

任务小结

学生能够理解新媒体海报及 H5 的概念,熟悉制作平台。掌握新媒体海报及 H5 的创作思路与技巧,主要包括熟悉产品,寻找亮点;确定风格,收集素材;制作排版,精细调整。在实操设计时能针对旅游产品精准提取出宣传亮点、确定宣传风格,并且会在主流平台上规范使用图片、文字、声音进行页面设计,制作出特定旅游产品的新媒体海报和 H5。锻炼学生实际动手能力,培养解决问题能力和技术应用素养,提高利用新媒体进行旅游传播的能力。

任务实践

任务准备	全班按原有分组,完善项目一、项目二中的任务成果
任务要求	1. 各组根据自己选取的新媒体领域(景区、酒店、民宿推介,旅游线路展示,旅行游记等)制作一个翻页 H5 和一幅海报 2. H5 页面不少于 8 页,最后一页需要标注组内成员姓名及分工 3. 页面中需包含素材(图片、文本等)、互动(表单、组图投票、地图、视频等,至少选择其一)、背景音乐、作品封面、题目和简介 4. 海报和 H5 需主题一致,海报中添加 H5 页面二维码。主题要统一、制作要精良,融入团队创意
任务成果	每组提交一个翻页 H5 页面和一幅海报
评价方式	学生自评、互评,教师评价与企业点评、消费者评价相结合,通过各种后台数据进行评价。分组安排时,注意小组成员分工到位,每位同学都有一定任务

任务四 视频制作

【任务导入】

针对不同的新媒体平台、拍摄对象和风格需求进行视频创作。

表 4-13 列举了多种新媒体平台、拍摄对象和风格需求，请从每列任务选项中任意选择一项，形成一个组合。可选择两个不同的组合，分别完成前期策划并讨论两个策划之间的区别。

表 4-13 任务组合列表

新媒体平台	拍摄对象	风格需求
1. 抖音 2. 快手 3. bilibili 4. 自定义	1. 稻城亚丁 2. 大理的民宿 3. 成都锦里小吃街 4. 夕阳红旅行团 5. 自定义	1. 搞笑类 2. 情感类 3. 纪实类 4. 新潮类 5. 自定义

任务解析： 随着科技的发展和智能产品的普及，传统媒体视频已不再满足于用户的需求，由此新媒体视频应运而生。新媒体视频的出现，改变了信息传播方式，给人们的日常生活提供了便利，同时也无疑给企业带来了巨大的商机。于是，如何打造高播放量、高影响力、可持续发展的高质量新媒体视频成了各大企业关注的问题。当企业能够创作出符合自身定位的优质新媒体视频时，就可以利用它来提升企业形象、营销各类产品，进而转化为实际利益。具体内容如下。

1. 分析原有用户画像，了解用户喜好，同时深度挖掘企业自身特点，将两者融合，形成既满足用户需求，又带有企业特色元素的新媒体视频风格。

2. 时刻关注市场动态和用户反馈数据，不断丰富和优化新媒体视频内容，确保企业紧跟潮流和用户需求。

一、新媒体视频认知

（一）新媒体视频的发展

麦克卢汉曾在《理解媒介：论人的延伸》中提出，媒介是人的感觉能力的延伸或扩展，文字和印刷媒介是人的视觉能力的延伸，广播是人的听觉能力的延伸，电视则是人的视觉、听觉和触觉能力的综合延伸。这个观点从某方面表明视频能最大限度地刺激人的感官，随着科技时代的到来，传统视频媒体已满足不了人们更多的需求，于是新媒体视频应运而生，带给人们更强烈的现场感和代入感。

新媒体视频简单说就是指所有通过新媒体渠道发布和传播的视频作品，它具有很强的渗透性，出现在人们生活的各种环境和各种场合中。本教材所讲的新媒体视频主要是指通过诸如抖音、快手、微信、微博、bilibili、小红书等新兴媒体平台发布和传播的视频作品。

1. 新媒体视频的发展概述

（1）萌芽阶段。2005年2月，YouTube在美国成立，用户可以在平台上下载、观看及分享影片或短片，这是第一个真正意义上的视频分享网站。YouTube靠提供各种视频的分享和搜索功能迅速走红，在短时间内成为世界上最大的视频分享平台，不到一年的时间，日浏览量就突破一亿，并于2006年10月以16.5亿美元的价格被谷歌收购。

随着国外视频分享平台的兴起和成功，国内也开始出现类似网站。2005年4月，我国第一家视频分享网站——土豆网成立，不到5个月，土豆网注册用户超过5万人，截至2005年年底，网站注册用户已达15万人。此后，国内视频分享网站出现了热火朝天的发展景象，六间房、酷6、优酷等视频分享网站纷纷兴起。《2009年中国网民网络视频应用研究报告》显示，截至2009年年底，我国网络视频用户规模达2.4亿，其中近4000万用户只在网上看视频，成为网络视频独占用户，每天都能接触到网络视频的用户占到了47.9%。

初期的视频分享平台大都通过电脑端向用户提供服务，且视频内容主要以转载为主，或者是简单加工和编辑的作品。

（2）探索阶段。早期的很多视频网站由于存在版权混乱、内容质量低下、商业模式模糊等原因，纷纷倒闭或寻求转型，因此很多大企业实现资源整合，小企业纷纷抱团取暖，行业逐步呈现垄断现象。第四届中国网络视听大会发布的发展研究报告显示，BAT的视频平台逐步占领了视频行业的第一梯队，而处在第二梯队的搜狐视频、乐视网的市场份额不到25%。

随着4G、5G的发展，视频分享平台开始向手机端进攻，进入了新的发展阶段。大型视频平台商业模式主要还是通过丰富网站内容资源来获取利益，大量购买热播影视作品的网络播放权，并且大力推出自制综艺节目、电视剧等内容。与此同时，短视频社交应用软件开始冒尖。腾讯微视、秒拍、美拍、快手等初代短视频平台出现。腾讯微视主要功能为拍摄8秒短视频，依靠QQ、微信平台，快速积累了庞大的用户基数；秒拍依靠微博，注重工具性，通过明星参与提高知名度；美拍通过滤镜、配乐等带给用户全新体验，成为非常受年轻女性欢迎的短视频社交应用；快手通过从工具型的"GIF快手"软件成功转型为社交型的"快手"短视频软件，也在行业里占据一席之位。

短视频的崛起，使得UCG得以快速发展，视频内容开始变得更加多元化，同时也吸引了众多巨头纷纷加盟短视频行业。

（3）爆发阶段。这一阶段爆发了大量的短视频App平台，字节跳动也推出抖音等平台，通过智能推荐算法快速抢占风口，并快速向东南亚、北美、欧洲市场扩展。随着用户规模的增长，需求也随之增长，新媒体视频逐渐向垂直化、精准化方向发展。虽然早期的搞笑、泛娱乐等内容在短视频发展中吸引了广大用户的注意力，占据了巨大的市场，但是内容同质化、低俗化等现象也比较严重，弱化了视频的商业变现能力，于是视频分享平台需要进一步向垂直细分内容领域发展。

随着用户量的壮大，出现了"短视频+"模式，催生了大量新业态。各大平台除了明确自身定位外，也会在平台内部细分各类垂直领域，例如美妆、美食、游戏、汽车、旅行、动漫等，在方便用户更快速地浏览到想看的视频内容的同时，将产品精准地推荐给用户，加强了平台的变现能力。

（4）成熟阶段。因新媒体视频行业发展过于快速，导致行业监管制度有点跟不上脚步、产业运行机制也不够完善，因此面临着很多问题。而这一阶段就是通过越来越严厉的政策监管，使新媒体视频的内容得以规范，发展得以持续。

内容质量低下是新媒体视频出现的问题之一。早期，为了提高播放量或赚取利益，打着色情"擦边球"的低俗内容或发布虚假信息的视频随处可见，不仅给用户的经济造成损失、心理造成不良影响，也破坏了市场环境。现在，通过政策监管，各大视频分享平台会定期回查清理违规视频、查封违规账号，营造清朗的网络环境。版权问题也是新媒体视频的出现问题之一。音乐、画面等被随意用作商用的现象普遍存在，甚至将视频从一个平台照搬至另一个平台的情况也屡见不鲜，这不仅侵害了创作者的权益，也打击了创作者的热情。现在，通过严格执行规范制度，下架侵犯版权的视频内容，以进一步营造良好的网络视频环境。

2. 新媒体视频的市场现状

2024年8月29日，中国互联网络信息中心（CNNIC）公布了其第54份《中国互联网络发展状况统计报告》。该报告显示，上半年中国数字信息基础设施稳固，数字惠民服务广泛推广，有效促进了网民数量的增长。

一方面，青少年和"银发族"成网民增长的主要动力。随着数字适老化服务的改进和网络应用的普及，多措并举推动更多人上网。新增的742万网民中，青少年占比49%，50~59岁和60岁及以上群体分别占15.2%和20.8%（图4-10）。

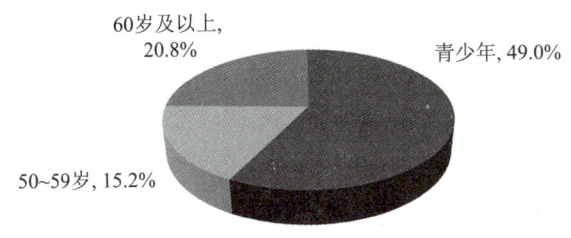

图 4-10　新增网民年龄分布比例

另一方面，短视频成为吸引新网民的重要应用。在新增网民中，娱乐社交需求是上网的主要驱动力，其中 37.3% 的人首次使用的互联网应用是短视频。此外，即时通信也展现出一定的吸引力，占新增网民首次使用互联网应用的 12.6%。

此外，报告还指出，随着用户对优质内容的需求增长和行业环境的优化，网络视频行业蓬勃发展，并呈现以下特点。

一是微短剧行业合规化水平提高。随着相关政策的出台，微短剧的创作生产走向规范。截至 2024 年 6 月，微短剧用户占网民的 52.4%。

二是短视频行业持续繁荣。用户黏性增强，电商业务稳步发展，商业化变现效率提高。截至 2024 年 6 月，短视频用户占网民的 95.5%。

三是长视频行业提质增效。行业持续提高质量，《我的阿勒泰》《繁花》等剧集受到好评。截至 2024 年 6 月，长视频用户占网民的 65.2%。

相比于其他网络视频，短视频显然更能吸引网民的注意力。从 2016 年至 2024 年，短视频行业市场格局已初步形成。最新的《2024 中国网络视听发展研究报告》显示，占据超过一半市场的第一梯队被两大平台占据，它们分别为抖音短视频和快手；占据接近三分之一市场的第二梯队则竞争激烈，包括西瓜视频、微信视频号等；第三梯队包括好看视频等（图 4-11）。随着 5G、人工智能等技术的发展，短视频平台将继续推动新媒体视频的创新和发展。

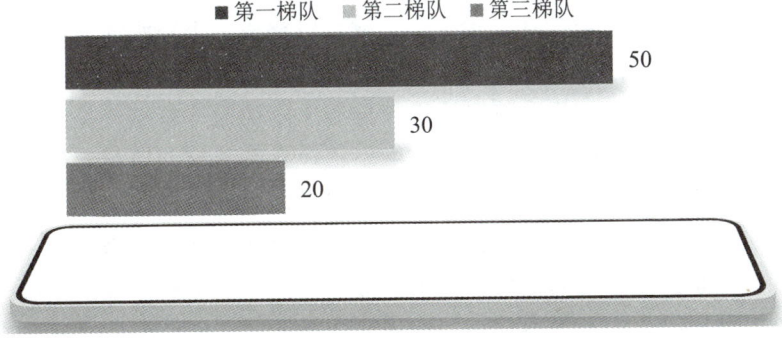

图 4-11　短视频市场梯队占比

(二)新媒体视频的特点及出现的问题

随着信息技术日新月异的发展及智能媒介在全球范围内的广泛普及,新媒体视频与传统媒体视频相比,展现出了诸多截然不同的特性。这些特性不仅包括时长短、成本低、传播快等独有的基本特点,还进一步衍生出了社交化、营销化等功能特性。深入了解并熟练掌握新媒体视频的这些特点,是创作优质新媒体视频作品的根本前提。

1. 新媒体视频的特点

(1)时长短、成本低。首先,时长短是新媒体视频早期就凸显出来的显著特点之一。传统的电视视频往往时长较长,多以小时为计算单位,而新媒体视频大多以分钟甚至秒来计算。像抖音平台上,大量的热门视频时长都在15秒到1分钟之间,快手平台上也有许多3分钟以内的视频广受用户喜爱。这种时长短的特点,使得新媒体视频能够很好地适应现代社会人们快节奏的生活方式以及碎片化的时间利用习惯。其次,制作成本低、入门简单也是新媒体视频在发展初期的重要特点。人们不需要多昂贵的拍摄设备或多复杂的后期剪辑,就可以完成一个新媒体视频并上传分享。例如,许多抖音上的美食博主,仅用一部普通的智能手机,就可以拍摄出展示美食制作过程的视频。他们利用手机自带的拍摄功能,简单地进行拍摄,然后使用剪映进行一些基本的剪辑操作,就完成了一个新媒体视频的制作,并将其分享到平台上。这两个特点之间存在着紧密的内在联系并且相互影响。

从用户的角度来说,人们可通过视频来消遣生活中不可避免的等待时间,如排队购物时、乘坐地铁时等。新媒体视频让人们不用再因为一时看不完视频而丧失观看的欲望,也不用担心视频过大会花费大量的内存和流量。

从创作者的角度来说,因为市场有短视频的需求,所以才会更倾向于创作短视频而不是长视频。相较于长视频,短视频的制作成本大大下降。创作者不再需要像制作传统电视视频一样,花费大量的人力、物力和财力,只需要有拍摄想法、拍摄装备和剪辑软件,就可以完成一个新媒体视频。很多创作者甚至只需要拥有一部手机,就可以产出大量的新媒体视频作品。

(2)传播快、社交化。新媒体视频传播速度快这一特点,是由多种因素共同促成的,其中视频上传简单化、网络提速化和分享便捷化起到了关键的推动作用。首先,新媒体平台的视频上传操作简单,审核速度快,使得新媒体视频数量大大增加。其次,科技的进步让网络速度变得越来越快,意味着人们接收信息的速度越来越快,以前要好长时间才能加载的视频,现在一下子就可以观看。人们甚至可以在不同平台或视频间来回切换而且几乎不需要任何等待时间,这在很大程度上加快了视频的传播速度。最后,各大平台互相链接，使得人们的分享变得简单，只需要点击分享按钮，就可以将视频直接从一个平台分享到另一个平台上，一次性分享给很多人，人与人之间的传播也加快了视频的传播速度。

随着传播速度快这个特点的出现，就是分享社交化的功能特点。传统媒体视频通常是以视频播放、用户观看的模式为主，创作者和用户交流的渠道很少。而在新媒体视频传播的过程中，用户有很多渠道跟创作者或别的用户进行交流互动，包括点赞、评论、转发、收藏、分享、弹幕等（图4-12）。这些功能的出现，很大程度增加了新媒体视频的社交化属性。通过多形式的交流互动，创作者和用户不再是简单的传统关系，而是更深入地了解彼此，甚至在现实生活中认识彼此。这也更有利于创作者进行创作，他们可以快速地获知用户的想法，根据反馈进行调整，以创作出更符合用户需求的新媒体视频，从而提高用户的黏性。

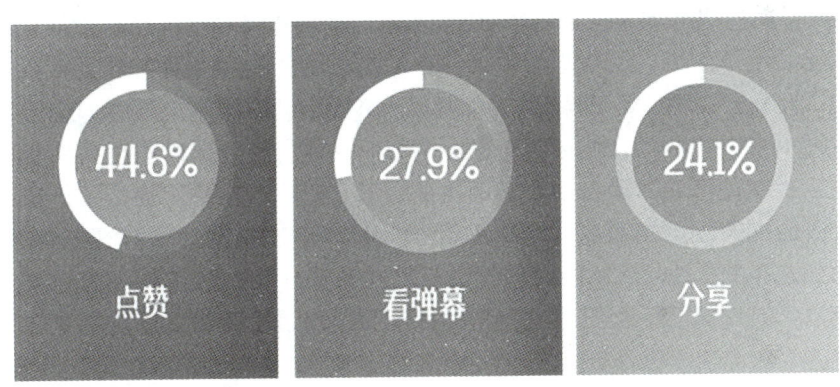

图4-12 观看综合视频时用户的互动习惯

（3）类别多、精准化。新媒体视频的创作环境相较于传统媒体更加自由，创作者可以拍摄的话题也更加广泛。因此，新媒体视频有内容类别多这一特点。新媒体视频内容可以小到路边的小野猫，也可以大到火箭发射，种类非常丰富。而新媒体平台会将内容进行垂直细分，少则十几种，多则几十种，涵盖人们生活的方方面面，如美食、时尚、旅行、宠物、汽车、社会新闻等。

正是这些细化的内容领域，使得新媒体视频具有精准营销化的特点，这是传统视频所没有的。由于智能算法的出现，平台可以画出每个用户的画像，得知每个用户的喜好和习惯，然后通过精准推送，让用户看到感兴趣的视频内容，从而提高平台的营销效率和商业价值。

2. 新媒体视频出现的问题

当下新媒体视频相应的监管体系尚处于发展完善阶段，还不够成熟，这就导致市场上出现了大量内容质量堪忧、版权归属混乱的视频，这些视频的存在不仅给社会风气带来了不良影响，而且对整个行业的长远发展形成了严重的阻碍。

（1）内容质量有待规范。由于新媒体行业发展非常迅速，很多规范监管还没有跟上，导致很多新媒体视频存在低俗化、虚假性、同质化、无深度等内容质量低下的现象。

许多创作者为了吸引用户注意力、提高播放量，发布了很多包含色情"擦边球"的内容，给社会带来了很多不良影响。例如，一些短视频平台上曾出现过部分创作者穿着暴露、做出暗示性动作的视频，这种视频虽然没有直接涉及色情内容，却在打擦边球，严重违背了社会公序良俗。也有很多人想趁此捞一笔，甚至直接无视法律的存在，发布了很多包含虚假信息的视频，骗取钱财，严重扰乱了市场秩序。比如，曾经有一些所谓的"养生专家"在视频中宣传一些没有科学依据的养生方法，并推销相关的高价产品，许多不明真相的用户购买后发现毫无效果，这就是典型的利用虚假信息骗取钱财的行为。此外，一些内容没营养、没深度、照抄照搬的视频也不少，这导致了用户的体验感极差，不利于新媒体视频行业今后的持久发展。

虽然现在每天都有大量的新媒体视频涌入市场，但高质量、真正具有收藏价值的视频数量却不多。想要新媒体视频行业良性且持续的发展，规范提升视频内容质量是非常重要的环节。

（2）版权混乱。视频是一个综合性作品，涵盖了画面、声音、文字等内容，而每一部分内容都有其版权归属。"搬运现象"是当前新媒体视频行业中一种常见的现象，存在非常大的版权问题。当某一平台出现了"爆款"视频后，会有一些人将"爆款"视频进行微处理，如去水印等，然后在另外的平台上直接进行发布。或者将画面、声音等进行模仿，发布极其相似的新媒体视频。这不仅降低了市场的视频质量，更是侵权行为，侵犯了原创作者的利益。这会大大打击创作者的热情，也会降低用户的观感体验，导致新媒体视频内容质量不能向积极的方向发展。

除了"搬运现象"以外，也存在很多版权混乱的其他现象，包括未经授权随意使用别人的拍摄画面、音乐等。一些较大的新媒体平台为了解决这一问题，在与平台相关联的剪辑软件上购买大量音乐、特效等，以供用户使用。

二、新媒体视频拍摄思路

《中国互联网络发展状况统计报告》显示，截至 2024 年 6 月，我国短视频用户规模达 10.50 亿人，占网民整体的 95.5%。短视频月活跃用户数已经达到 9.89 亿。微短剧内容用户渗透率超六成，抖音与快手平台微短剧内容触达用户规模分别达 4.74 亿、2.59 亿。因此，如何让自己的视频作品在众多新媒体视频中脱颖而出，吸引用户的注意力，成了许多创作者关注的重点。下面将分阶段介绍创作新媒体视频的思路（图 4-13）。

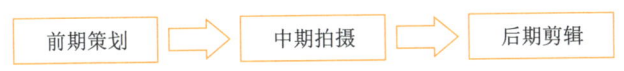

图 4-13　创作新媒体视频的思路

（一）前期策划

在这个内容为王的时代，新媒体视频的内容质量是关键，也就是拍摄前的构思非常重要。明确内容的类别、打造合适的标签、撰写优质的脚本是创作高质量新媒体视频的基础。同时要格外注意，创作内容需积极正面、健康向上，不可为了博取眼球而走一些歪门邪道。

1. 明确内容类别

目前，许多新媒体平台都将内容进行细分，划分为很多垂直领域，也给很多账号进行了类别认证，例如美食博主、旅行博主、搞笑博主等，以便于用户搜索与分享。通常情况下，相比于什么领域都涉猎一点的创作者，长期致力于某一领域的创作者更易于形成自己的特色，给用户留下清晰明确的印象，从而精准地获取用户，增强用户的黏性。

当前新媒体视频有很多垂直细分领域，这里主要介绍以下几种主流类别。

（1）景区风光类。以展示旅游景区的自然风光、人文景观和特色建筑为主。景区风光类短视频的内容涵盖了自然景观、人文景观、生态多样性等多个方面。从山川湖泊到森林草原，从古建筑到民俗村落，从珍稀动植物到四季变换，视频通过丰富的画面和生动的解说，将景区的每一个角落都呈现在观众面前。景区风光类短视频的最大特点在于其强大的视觉冲击力。通过高清画质、广角镜头、无人机航拍等现代拍摄技术，视频能够捕捉到景区最震撼、最美丽的瞬间。这些画面往往色彩鲜明、构图精美，让观众仿佛置身于景区之中，感受到大自然的壮丽与神秘。除了展示景区风光外，景区风光类短视频还常常包含一些实用的旅游信息，如景区的开放时间、门票价格、交通方式等。随着拍摄技术和剪辑手法的不断进步，景区风光类短视频在表现形式上也越来越具有创新性。通过运用无人机航拍、延时摄影、VR 技术等现代技术手段，视频能够呈现出更加独特、新颖的视觉效果。这种创新性不仅提升了视频的观赏性和趣味性，也为景区风光的展示提供了新的思路和方向。

（2）旅游攻略类。以提供实用的旅游信息和建议为主，包括交通、住宿、美食、购物等方面的介绍。视频中往往会详细介绍旅游目的地的交通方式、门票价格、开放时间、最佳游览季节等实用信息，以及当地的美食、住宿和购物推荐。随着人们对旅游体验的个性化需求增加，旅游攻略类短视频也开始注重个性化定制。一些视频会根据观众的兴趣和需求，提供个性化的旅游建议和推荐，如小众景点探索、独特角度解读等。这种个性化定制的内容方式，能够更好地满足观众的个性化需求，提升他们的旅游体验。

（3）文化体验类。以展示旅游地的文化特色、历史背景和民俗风情为主。通过深入了解当地文化，让观众感受到不同地域的文化魅力。文化体验类短视频不仅注重展示文化，更强调文化的互动与参与。视频中常常会邀请当地的文化传承人、艺术家或普通民众进行采访和互动，让观众能够更深入地了解当地文化的内涵和背后的故事。同时，视频也会鼓励观众积极参与当地的文化活动，如学习手工艺、品尝传统美食等，从而加深观众对当地文化的理解和体验。

（4）美食探索类。以介绍当地的特色美食，包括制作过程、品尝体验和文化背景为主。内容从街头小吃到高档餐厅，从地方特色到国际美食，无所不包。这种多样化的内容呈现方式满足了观众对美食探索的多样化需求，让观众在欣赏视频的过程中能够领略到不同地域、不同风格的美食文化。美食探索类短视频注重真实性和生活化，通过真实的拍摄和记录，让观众感受到美食的魅力和生活的乐趣。视频中往往包含真实的烹饪过程、食材来源、餐厅环境等细节，让观众仿佛置身于现场，亲身体验美食的制作和品尝过程。

（5）旅游活动类。以展示各种旅游活动为主，如徒步、骑行、水上运动等，让观众了解当地的旅游资源和活动项目，激发旅游兴趣。这类短视频通过生动的画面和精彩的瞬间，将旅游活动的魅力直观地呈现在观众面前。徒步穿越原始森林的探险经历、骑行在乡村小道上的悠闲时光、水上运动的刺激与激情，这些活动不仅展示了旅游目的地的自然风光和人文景观，更让观众感受到旅游带来的乐趣和活力。

（6）旅游人物访谈类。这类视频对访谈对象的选择至关重要。旅游从业者，作为目的地的"活地图"，他们不仅熟悉每一个景点的历史与故事，还能分享那些不为人知的美丽角落与独特体验。他们的见解往往基于丰富的专业知识与实战经验，为观众提供了宝贵的旅游规划与行程建议。而当地居民，则是目的地文化最直接的传承者。通过与他们的对话，观众得以窥见当地人的生活哲学、习俗节日与地道美食，这些真实的日常片段，让旅游不再只是简单的观光,而是成为一种文化的深度体验。游客的访谈,则提供了第三视角的见证。他们的旅游故事,无论是欢笑还是泪水,都充满了人性的温度,让观众在共鸣中感受到旅游带来的情感共鸣与心灵触动。这类视频注重细节与创意同样重要。要精选访谈对象,确保内容的丰富性与代表性;要精心策划访谈问题,引导被访者分享更多有价值的见解与故事;要结合高质量的拍摄与后期制作,提升视频的观赏性与感染力。字幕、注释与配乐的选择,也应与访谈内容相得益彰,共同营造出一种沉浸式的观看体验。

(7)旅游 VLOG 类。以第一人称的视角记录旅游过程,通过旅游过程中的点点滴滴,包括行程安排、景点游览、美食体验等,旅游 VLOG 不仅让观众仿佛亲身参与其中,更在无形中传递了旅游的乐趣与魅力。从出发前的行李打包、路线规划,到抵达目的地后的初见惊喜、深入探索,再到品尝当地美食、体验民俗风情,每一个细节都被真实且生动地记录下来。这种记录方式让观众仿佛成为了创作者的同行者,能够随着镜头的移动,一同感受旅游带来的新鲜与刺激。创作者在 VLOG 中详细分享自己的行程规划,包括景点的选择、时间的分配及交通方式等,为观众提供了实用的旅游建议。同时,通过创作者的实际体验,观众还能够了解到不同景点的特色与亮点,为未来的旅游计划提供参考。

(8)旅游知识科普类。这类视频通常聚焦于旅游领域的专业知识,如旅行安全、旅行技巧、旅行装备选择等,内容具有高度的专业性和针对性。这类视频旨在解决观众在旅行准备和旅行过程中可能遇到的具体问题,提供实用的建议和解决方案。视频采用多种形式和呈现方式,如动画演示、实地拍摄、访谈讲解等,以适应不同观众的学习习惯和偏好,还通过生动的图像、清晰的解说和直观的演示,使复杂的旅游知识变得易于理解和记忆。

【案例 4-3】

濮阳东北庄野生动物园抖音账号

濮阳东北庄野生动物园的抖音账号是一个专注于展示野生动物和动物园日常的社交媒体平台。通过其发布的视频和直播内容,该账号不仅提供了一个了解和接触野生动物的窗口,也为喜爱动物的观众提供了丰富的娱乐和教育内容。

内容特色与创新

濮阳东北庄野生动物园的抖音账号在内容上展现了鲜明的特色和创新。它通过直播和短视频的形式,让观众能够近距离观察动物的日常生活,感受它们的行为习性。这种内容形式不仅满足了人们对自然和动物的好奇心,也为动物园的宣传和教育功能提供了新的途径。

账号的直播经常安排在上午9:30和下午3:30,这样的定时直播为观众提供了固定的收看时间,增加了用户的黏性。通过直播,观众可以实时与动物园的动物互动,这种实时性和互动性是其他传统媒体难以比拟的。

影响力与粉丝互动

濮阳东北庄野生动物园的抖音账号在萌宠分类周榜中排名在几十位,显示出其在该领域的影响力。账号拥有数十万粉丝,总获赞数近千万,这些数据表明了其在抖音平台上的受欢迎程度和较高的用户参与度。

账号通过发布与动物相关的趣味视频和直播,与粉丝建立了良好的互动关系。这种互动不仅增强了粉丝的忠诚度,也为动物园积累了正面的口碑。通过抖音平台的算法推荐和用户分享,濮阳东北庄野生动物园的影响力还在持续扩大。

营销效果与商业价值

濮阳东北庄野生动物园的抖音账号在营销方面也显示出了显著的效果。通过定期的直播和视频内容,动物园能够吸引大量的在线观众,这不仅提高了动物园的知名度,也可能带动线下的游客流量和相关的商品销售。

在当前的互联网环境下,内容与电商的结合已成为一种趋势。濮阳东北庄野生动物园的抖音账号通过内容营销,为动物园创造了新的商业机会。例如,通过直播带货、推广动物园的周边商品等方式,账号能够将线上的流量转化为实际的销售额。

点评:濮阳东北庄野生动物园的抖音账号通过其独特的内容和互动方式,在抖音平台上建立了强大的影响力。它不仅为观众提供了有趣的动物内容,也为动物园的宣传和商业化提供了有效的途径。随着抖音平台的不断发展,该账号的潜力和价值将会进一步被挖掘和扩大。

2. 打造风格标签

在旅行短视频运营领域,打造风格标签是提升视频辨识度、吸引目标受众,构建品牌影响力的核心策略。这一过程不仅要求创作者对旅行内容有深刻的理解和独到的见解,还需具备创新思维和精细化的运营能力。以下是对如何在旅行短视频运营中有效打造风格标签的一点建议。

首先,明确核心主题与定位是打造风格标签的基石。创作者需要清晰地界定自己的短视频账号将围绕何种核心主题展开。在此基础上,进行精准的目标受众定位也至关重要。了解目标受众的兴趣点、观看习惯及信息获取方式，有助于创作者提供更加贴合其需求的旅行内容。例如，若目标受众为年轻群体，则可能更倾向于轻松幽默、富有创意的短视频风格；而中老年群体则可能更偏爱深度解读、文化挖掘类的内容。通过精准定位，创作者能够确保视频内容与受众需求的高度匹配，为打造风格标签奠定坚实基础。

其次，挖掘与展示独特风格是打造风格标签的关键步骤。地域特色是旅行短视频不可或缺的元素之一。创作者应深入挖掘目的地的独特自然风光、人文景观、历史遗迹以及地方美食等，通过独特的视角和拍摄手法，将这些元素融入视频中，形成鲜明的地域特色标签。同时，个性化表达也是打造风格标签的重要手段。创作者可以通过独特的解说风格、幽默的旁白、个性化的配乐以及独特的剪辑手法等方式，为视频注入鲜明的个人色彩，使其在众多旅行短视频中脱颖而出。例如，一些创作者善于运用幽默风趣的语言风格，将原本枯燥的旅行知识讲解变得生动有趣；而另一些创作者则可能更注重情感共鸣，通过细腻的情感描绘和画面呈现，触动观众内心深处的情感共鸣。

再次，精准融合热门标签和个性化标签是打造风格标签的技巧方法。创作者需要巧妙结合两者，以提升视频的曝光度和辨识度。热门标签是短视频平台上的热门话题或关键词，使用这些标签能够增加视频的曝光机会，吸引更多潜在观众。然而，仅仅依赖热门标签并不足以形成独特的风格标签。因此，创作者还需结合个人特点和视频内容，创建一些个性化的标签。这些个性化标签可以是创作者的个人品牌口号、特定的关键词或短语等，它们能够体现创作者的风格和特色，使观众在浏览大量视频时能够迅速识别并记住账号。通过精准融合，创作者不仅能够提升视频的曝光度，还能在观众心中留下深刻印象。

最后，持续互动与优化是打造风格标签不可或缺的一环。创作者应与观众保持积极互动，及时回复他们的评论和留言。通过互动了解观众的反馈和需求，及时调整视频内容和风格标签策略。同时，创作者还需定期分析视频数据，了解哪些内容、风格和标签更受欢迎。根据数据反馈进行策略调整和优化，有助于创作者不断提升视频质量和风格标签的吸引力。此外，创作者还应关注行业动态和竞争对手的动态，及时借鉴和学习成功经验和创新做法，以不断提升运营能力和竞争力。

3. 撰写视频脚本

撰写视频脚本是一个至关重要的环节，直接关系到视频内容的质量、观众体验及传播效果。一个精心策划的脚本，不仅能够引导视频的拍摄和后期制作，还能确保信息的精准传达和情感的恰当表达，从而在众多旅行短视频中脱颖而出。以下是如何撰写旅行短视频脚本的建议与方法，旨在帮助创作者提升视频制作的专业性和吸引力。

明确视频的主题与目标是撰写脚本的起点。主题的选择应基于创作者对旅行的理解和兴趣，同时也要考虑目标受众的喜好和需求。比如，是选择展现城市的文化底蕴，还是探索自然的壮丽景色；是分享实用的旅行攻略，还是讲述一段难忘的旅行故事。明确主题后，设定视频的目标变得尤为重要。目标可以是激发观众的旅行欲望，传递独特的旅行体验，或是提供实用的旅行建议。这些目标将直接影响脚本的内容和风格，确保视频在传达信息的同时，也能与观众产生情感共鸣。

接下来，规划视频的结构和内容是脚本撰写的核心。一个清晰的结构能够引导观众更好地理解视频内容，提升观看体验。通常，视频开头需要一个引人入胜的引入，可以是美丽的画面、动人的旁白或引人思考的问题，迅速抓住观众的注意力。主体部分则包含景点的详细介绍、个人体验的分享以及实用信息的提供。在介绍景点时，不仅要描述其外观和特色，还要挖掘其背后的历史和文化，使观众能够深入了解。个人体验的分享则能增加视频的亲和力和可信度，让观众感受到旅行中的乐趣和感动。实用信息的提供则能增强视频的实用价值，帮助观众更好地规划自己的旅行。结尾部分则是对视频内容的总结，强调旅行中的亮点或感悟，同时鼓励观众分享自己的旅行经历或提出疑问，提升视频的互动性和参与度。

在设计视觉与听觉元素时，脚本应详细描述每个场景的画面内容，包括镜头切换、画面构图、色彩运用等，为拍摄团队提供清晰的视觉指导。同时，旁白与对话的编写也至关重要。旁白可以引导观众理解画面内容，传达创作者的情感和思考，而对话则能展现旅行中的互动和乐趣，使视频更加生动有趣。此外，音乐和音效的选择也不容忽视。它们能够增强视频的感染力和沉浸感，使观众仿佛身临其境，感受到旅行的美好。

在撰写脚本时，还需要考虑观众的互动与参与。通过设置问题、互动环节或引导观众留言、分享等方式，可以提升视频的互动性和参与度，增强观众的参与感和归属感。同时，引导观众关注创作者的其他社交媒体账号或分享视频给更多朋友，也能扩大视频的传播范围，提升创作者的影响力。

在撰写脚本时，还需要注意以下几点。其一，脚本内容应简洁明了，避免冗长和复杂的描述，确保观众能够轻松理解。其二，注重情感表达，让观众在观看视频时能够产生共鸣，提升视频的感染力。其三，提供实用的旅行建议和信息，增强视频的实用价值，满足观众的需求。其四，尝试新的拍摄手法和剪辑方式，让视频更具创意和吸引力，提升观众的观看体验。

（二）中期拍摄

完成前期策划后，就要根据脚本进入现场拍摄环节。只有通过这个步骤将策划的内容成功地展现出来，才有可能完成一个高质量的新媒体视频。一般拍摄视频需要注意以下两点。

1. 拍摄器材的选择

拍摄器材包括相机、稳定器、麦克风等，想要获得清晰而稳定的高质量画面，完备的拍摄器材非常重要，选择合适的拍摄设备也很重要。

当前，市面上的相机种类丰富，大致可分为便携相机和专业相机两类。其中，便携相机主要包括手机、口袋云台相机（如 Osmo Pocket）、卡片机（如索尼黑卡系列）等，专业相机则主要包括单反、运动相机（如 GoPro）、无人机、全景相机等。

便携相机的优势是轻便、快捷。对于很多户外创作者来说，相机的重量是他们很关心的一个问题，因为很多画面都需要拍摄者通过手持相机的方式来完成。如果因为过分追求画面质量而选择使用过重的专业相机，却又没有足够的臂力拍摄一段较长且稳定的画面，就会显得有些得不偿失。另外，当出现一些意想不到而又转瞬即逝的画面时，获取瞬间画面比画面质量本身更重要，这时便携相机通常能比专业相机更快地开始进行拍摄。

而专业相机的优势就是能够获取更高质量、更多角度的画面。为了达到便携的目的，便携相机通常会减掉很多参数的调整功能，因此拍摄者无法针对不同的拍摄对象完成个性化的配置以获取真正想要的画面。而专业级相机能最大限度地解决这个问题，获得像素更高、颜色更真实、角度更丰富的画面。运动相机、无人机等也是目前拍摄旅行类视频中常见的器材。在旅行中会碰到各式各样的风景，面对连绵的山脉和无边的海洋，手持相机能拍摄的角度非常有限，而这时候如果运用无人机就能展现出风景的壮观，或者当拍摄者在海里畅游、在山崖攀岩无法腾出手握住相机时，防撞防摔防水的运动相机就能帮助拍摄者记录下眼前的美景。

稳定器的作用就是帮助拍摄者拍摄平衡稳定的画面。如果视频画面过于抖动，人们在观看时很容易产生头晕的感觉，从而引发不适，这时候再好的内容都很难吸引人们继续观看。拍摄单一场景时，可以使用三脚架将相机固定在某一位置；手持相机进行拍摄时，可以使用稳定器以配合相机或选择自带云台的相机。麦克风的作用则是帮助收音，以保证视频的声音质量。如果发现收音效果一般的话，也可以通过配音或者添加音效等后期方式来弥补。

2. 准备要素

除了拍摄器材外，是否准备好合适的拍摄背景、灯光、素材、演员与道具等，也会对视频呈现效果的好坏产生很大的影响。

拍摄旅游短视频时，背景的选择至关重要。一个合适的背景不仅能凸显旅游目的地的特色，还能引导观众的视线，增强视频的视觉冲击力。创作者应尽量选择简洁而富有特色的背景，避免过于复杂或杂乱无章的元素分散观众的注意力。例如，在拍摄海滨风光时，可以选择一片宁静的海滩，以蓝天、白云和波光粼粼的海面为背景，这样的背景既简单又符合海滨旅游的主题。在拍摄古城或古镇时，则可以选取具有历史感的街道或建筑作为背景，以突出其独特的文化韵味。同时，背景的选取还应考虑季节和天气因素，如春天的花海、秋天的红叶等，都能为视频增添别样的风情。

灯光是旅游短视频拍摄中不可或缺的元素，它不仅能照亮场景，还能营造氛围、引导视线和表达情感。在室外拍摄时，创作者应充分利用自然光，如清晨的柔和阳光或傍晚的金色余晖，这些都能为视频增添温暖而浪漫的氛围。在阳光强烈的情况下，要注意避免背光和曝光过度的问题，可以通过调整拍摄角度或使用遮光板等方法来解决。在阴天或光线不足的情况下，则需要及时补光，使用便携式灯光设备或反光板等，以确保画面的明亮度和清晰度。在室内拍摄时，灯光的使用则更加灵活多变，可以通过调整灯光的角度、颜色和亮度来营造不同的氛围和情感。

演员和道具的运用能够为视频增添更多的趣味性和互动性。演员的选择应根据视频的主题和风格来确定，如拍摄古风旅游视频时，可以邀请身着古装的模特或当地居民参与拍摄，以展现目的地的历史文化氛围。同时，演员的服装和妆容也应根据视频内容和风格进行精心准备，以使其与背景和环境相协调。道具的使用则能进一步丰富视频内容，如旅行背包、相机、地图等，这些都能让观众感受到旅行者的真实体验。在准备道具时，创作者应根据脚本的需求和拍摄计划进行提前准备，并确保道具的实用性和美观性。

素材的准备是旅游短视频制作中不可或缺的一环。这主要包括音乐音效和穿插画面等。音乐的选择应根据视频的主题和风格来确定，如选择具有地方特色的音乐或具有情感共鸣的曲目，都能为视频增添更多的感染力和吸引力。同时，音乐的节奏和旋律也应与画面的切换和剪辑相匹配，以形成和谐统一的视觉效果。穿插画面的准备则能增强视频的连贯性和故事性，如拍摄过程中的精彩瞬间、旅行者的感受分享或目的地的风光展示等，这些都能让观众更加深入地了解旅游目的地的魅力。

（三）后期剪辑

完成前期策划和中期拍摄后，就进入了后期剪辑环节。剪辑视频主要根据创作者的实际需求，通过剪辑软件对视频画面、声音等各方面进行处理，这是新媒体视频创作的最后一步。剪辑导出视频后，一个新媒体视频作品才算真正完成。

三、新媒体视频创作技巧

（一）脚本撰写技巧

1. 打造技巧

（1）紧追热点、挖掘新意。热点话题一般指一定时间、一定范围内人们关注的话题。有些话题时间持续范围比较长，如住房、教育、医疗等，有些则比较短，如网络用语、突发事件等；有些是世界性话题，如阿富汗局势等，有些则是区域性话题，如地方政策、方言梗等。"蹭热点"是一个经常被用到的打造技巧，原因就是热点话题本身自带庞大用户，而尽可能让更多的用户看到作品正是创作者希望的。

拓展案例4-2：抖音上的一些旅游视频号

许多新媒体平台都有自己的热搜榜，如微博、抖音等。这些不同类别的实时热搜榜不仅在一定程度上反映了当前最具讨论性的话题是什么，也吸引着大批用户观看，是用户点击的方向，也是流量流入的方向。

新媒体视频是一个综合性展现形式，除了热搜榜以外，关注当前比较火的 BGM（Background Music，背景音乐）和特效也很重要。使用受欢迎的 BGM 和特效创作视频，也属于一种"蹭热点"的方式。所以，创作者要时刻关注热点话题、潮流事物，将话题与视频内容相结合，这是一个确保视频拥有一定用户基础的方法。

不过，在"蹭热点"的过程中切忌生搬硬套。首先，热点内容选择要适合。创作者一定不能看到哪个话题、BGM 或者特效火，就直接"搬运"到视频里，要考虑热点内容和视频内容的相关性，然后选择合适的热点内容。其次，要巧妙融入热点内容。创作者要思考如何能自然地将热点内容体现在视频作品中，并且不给人突兀的感受。如果这一点做得不好，不仅起不到增加流量的效果，反而会给人留下"硬蹭热点"的负面印象。

（2）融入情感、打动人心。新媒体视频不仅是简单的内容展示，更是创作者思想的体现。而这个思想能否吸引用户，很大程度上取决于视频所展现的情感能否引起用户的共鸣或思考。

情感，是人对生活中的一切产生的感受，可以是人与人之间、人与事之间、人与自然之间的感受。例如拍摄美食类视频时，优质的美食博主绝不仅仅是在简单地展示食物，而是在传达情感。有些博主会着重体现成功吃到美食时的幸福感，有些博主会突出制作完成一道美食时的成就感，有些博主则会放大等待食物长大成熟时的兴奋和期待……比起单纯地看到美食，带有情感的美食视频，让用户更易感受到创作者的心情，具有更强的现场感和代入感。因此，在创作新媒体视频时，比起单纯展示内容，将对展示内容的真切感受体现在视频里，会更容易获得用户的共鸣与关注。

（3）制造悬念、设置反转。激起人们的好奇心也是新媒体视频打造的技巧之一，而给视频内容制造悬念、设置反转就是激起人们好奇心的一种方式。比起一个平淡稳定的故事情节，跌宕起伏的剧情发展更能获得人们的喜爱。通过新媒体视频，人们更乐意看到一些新鲜事物，所以一个在开头就能猜到结尾的新媒体视频会很快被人们划走，而一个结局走向出乎意料的视频更容易吸引人一直往下看。

（4）注重美学、形式多样。美是人类永恒的追求，美的事物永远对人们有着强烈的吸引力，美的画面、美的声音都可以带给人们巨大的享受。在新媒体视频的创作过程中，发现美很重要，而表达美更加重要。如果创作者没有将所见所想的美好事物通过视频表现出来，那人们能接收到的美丽程度跟创作者想表达的初衷会不一样，接受度会大打折扣。

画面的美可以通过各种拍摄方式和剪辑手段来体现。随着科技的发展，视频拍摄设备变得越来越丰富，形式越来越多样。例如，拍摄大海，可以用手持相机特写沙滩上人们的笑脸；用无人机展示鸟瞰画面；用运动相机体现海底风光；用全景相机拍摄整体景象……创作者要多了解新技术，学会合理运用各种设备来获取想要的画面，将拍摄内容以美的画面形式展现出来。而遇到一些画面颜色暗沉、构图有问题的时候，还可以利用后期剪辑将原本的美展示出来。

（5）自然植入广告、隐藏广告痕迹。在视频里推广产品是新媒体视频创作者获利的一种常用手段，俗称"恰饭"。如"恰饭"不好，很容易引起人们的反感，由此流失很多辛苦获得的忠实用户。所以，自然植入广告或隐藏广告痕迹是一项需要掌握的技能。

自然植入广告很关键的一点就是在推广产品出现之前，不能让用户发现这是个"恰饭"视频。比较常见的方法是找到推广产品的一个特点，可以是颜色、质地、用途、使用时间等任何方面，然后和原本视频中相似的地方连接起来，在视频讲到这一点的时候，适时地将推广产品引入进来。这样，会给用户意想不到的感觉，这也是一种视频效果。不过运用这种方法对视频本身质量要求比较高，否则也容易引起用户的反感。

隐藏广告痕迹的特点就是让用户看完整个视频之后，都不知道这是个"恰饭"视频。比较常见的方法就是让推广产品巧妙地出现在视频画面中，偶尔提及但不刻意展示，显得产品在整个视频中并不重要但又经常出现。注意运用这种方法推广产品时，对视频本身质量要求不高，但是对产品类型有一定的限制。

2. 注意事项

（1）符合规范、内容向上。在新媒体视频认知中提过新媒体视频当前存在内容质量低下和版权混乱等问题，因此在创作视频的过程中，创作者要格外注意这些问题，切忌只顾追求眼前利益，创作一些不规范、不健康的视频。每一位创作者都应该遵守相关法律法规，加强道德品质修养，努力自觉地创作积极健康、文明向上的内容，弘扬正确的价值观，传播正能量，只有这样才能获得观众真正的认可，同时为营造一个和谐友善、安全有序的新媒体平台环境贡献自己的力量。

（2）脚踏实地、注重可行性。在发挥想象力和创造力撰写脚本的同时，一定要记得结合实际，否则就算写出了完美的脚本，也没法呈现出来，那再完美的脚本也变得毫无价值。创作者在构思的时候，除了要想象出整个视频以外，也要思考完成这个视频需要哪些支持，包括拍摄难度、剪辑难度、预算资金等，这些都是决定脚本是否可行的因素。

（3）不忘定位、结合特长。很多创作者在构思的时候，会想尽各种方法来提高视频的播放量。这时候如果过分追求利用热点、悬念等打造技巧来丰富视频，就很容易忘记最初的视频定位，创作出一个不符合自身形象的新媒体视频作品，给用户留下莫名其妙的印象。并且，如果过多地利用打造技巧，会因为内容过于丰富而无法凸显本身的特长和自身的优势，这样就很难跟其他视频区分开来。

（二）现场拍摄技巧

1. 画面呈现

从屏幕显示来分的话，常见的新媒体视频类型有两种，即横屏视频和竖屏视频（图4-14）。创作者要根据视频内容和播放平台来选择合适的类型。

图4-14 竖屏界面和横屏界面（图片来源：编者拍摄）

一般来说，横屏视频比较传统，宽度大于高度，通常以16∶9的比例呈现。给人更强烈的专业感、震撼感，更适合时长较长的新媒体视频。由于横屏视频更宽，也更适合拍摄大型场景，进行全景展示。横屏短视频更加适合展示宽广的场景和大范围的活动，如户外运动、音乐演出等。在知乎、bilibili、微博（特别是考虑到PC端用户）及西瓜视频等平台上，横屏短视频更为常见。而竖屏视频比较新颖，高度大于宽度，通常以9∶16的比例呈现，给人更强烈的互动感、亲切感，通常更适合时长较短的新媒体视频。而且因为手机是竖屏的，所以当人们用手机观看新媒体视频时，竖屏视频体验感会更好。一般，竖屏视频更适合特写和细节展示，如聚焦人物、近景等，也更容易让人产生代入感。因为大多数社交平台的视频播放界面也是竖向的，这样可以避免视频被裁剪或压缩。竖屏短视频适合展示亲近的场景和个性化的内容，如日常生活、自拍视频等。在抖音、快手、小红书及微信视频号等平台上，竖屏短视频尤为流行。

不论是横屏视频还是竖屏视频，都要注意在一般情况下，展示对象一定要在画面中央，最好不要在边边角角，这样既不利于提高人们观看时的体验感，也不利于后期剪辑调整。如果需要通过后期插入一些画面或者放大某一部分的话，在拍摄时一定要在画面中预留位置，以免到剪辑时才发现问题，导致要重新拍摄或者放弃穿插。

2. 运镜技巧

运镜即运动镜头，通过灵活的运镜可以获得更有吸引力的画面，为新媒体视频注入丰富饱满的气氛和情绪，使其充满活力感。很多看似复杂的运动镜头，其实都是通过组合基础运动镜头而来的，创作者要敢于尝试，敢于打破常规，找到合适的角度和方式。以下为几种主要的基础运镜手法。

（1）推镜头。也称变焦推进，是通过调整摄像机的变焦镜头，使画面中的主体逐渐放大，背景逐渐模糊或缩小的一种拍摄手法。这种手法常用于强调或突出画面中的某个细节、人物表情或重要元素，引导观众视线聚焦。在旅行短视频中，推镜头可以用于捕捉旅途中令人难忘的瞬间，如一朵绽放的花朵、一座古老的建筑细节或是当地人独特的面部表情。通过逐渐放大这些元素，观众能够更深入地感受到旅行中的细微之处，增强对画面的沉浸感和情感共鸣。在使用推镜头时，创作者需要注意速度的控制。过快的推进可能导致画面抖动或失去焦点，使观众感到不适；而过慢的推进则可能使观众失去耐心，无法有效引导视线。此外，背景的选择也至关重要。确保背景不会过于杂乱，以免分散观众对主题的注意力。通过精心设计的推镜头，创作者可以创造出令人惊叹的视觉效果，增强观众对旅行目的地的兴趣和向往。

（2）拉镜头。拉镜头通过变焦镜头使画面逐渐缩小，展示更广阔的场景或环境。这种手法常用于展现人物所处的环境、空间布局或背景信息，增强观众对场景的整体感知。在旅行短视频中，拉镜头可被用于展示壮丽的自然景观、繁华的城市景象或独特的文化地标。通过逐渐拉远画面，观众可以感受到旅行目的地的广阔与壮丽，拓宽视野，增强对旅行体验的期待和向往。在使用拉镜头时，创作者需要保持画面的稳定性，避免突然变换焦距导致观众感到不适。同时，要确保拉出的画面具有足够的视觉吸引力，能够吸引观众的注意力并引导他们进一步探索画面中的细节。通过精心策划的拉镜头，创作者可以展现出旅行目的地的多样性和丰富性，激发观众对未知世界的好奇心和探索欲。

（3）摇镜头。通过旋转镜头来捕捉不同方向上的画面的一种拍摄手法。这种手法常用于展示广阔场景、人物活动或引导观众视线从一个物体转移到另一个物体上。在旅行短视频中，摇镜头可以用于捕捉沿途的风景变化、人物的互动以及活动场景的动态变化。通过摇镜头，创作者可以带领观众在画面中穿梭，感受旅行的节奏和氛围。在使用摇镜头时，创作者需要控制摇动的速度和角度，以保持画面的平滑和连贯。过快或过慢的摇动都可能使观众感到不适或失去兴趣。此外，要确保摇动的方向与画面内容相匹配，以产生和谐的视觉效果。通过精心设计的摇镜头，创作者可以引导观众的视线在画面中自由移动，增强观众对旅行经历的代入感和参与感。

（4）移镜头。通过摄像机沿着轨道或支架移动来捕捉动态场景中的连续画面的一种拍摄手法。这种手法常用于跟随人物、车辆或动物等移动对象，展现其运动轨迹和周围环境。在旅行短视频中，移镜头可被用于记录旅行者徒步穿越森林、骑行穿越城市或乘坐交通工具穿越山川湖海的场景。通过移镜头，观众可以跟随旅行者的步伐，感受旅途中的节奏和变化。在使用移镜头时，创作者需要保持画面的平稳性，避免晃动或颠簸影响观众的观看体验。同时，要确保移动速度与对象运动速度相匹配，以保持画面的连贯性和流畅性。此外，创作者还可以利用移镜头的轨迹来引导观众的视线和情绪，创造出更具感染力的视觉效果。通过精心策划的移镜头，可以展现出旅行中的动态美和活力感，增强观众对旅行经历的向往和憧憬。

（5）升降镜头。通过摄像机升降装置上下移动来改变拍摄角度和取景范围的一种拍摄手法。这种手法常用于展现不同高度的景色、建筑物或人物活动，增强画面的层次感和立体感。在旅行短视频中，升降镜头可被用于捕捉从地面到高空的壮丽景色变化，如从山脚到山顶的壮丽风光、从城市街道到高楼顶部的全景视野或从水面到水底的神秘世界。通过升降镜头，观众可以感受到旅行目的地的广阔与深邃，增强对旅行体验的期待和向往。在使用升降镜头时，创作者需要保持画面的平稳性和速度适中，以避免观众感到不适或失去兴趣。同时，要确保升降方向与画面内容相匹配，以产生和谐的视觉效果。此外，创作者还可以利用升降镜头的动态性来增强画面的节奏感和紧张感，创造出更具冲击力的视觉效果。通过精心策划的升降镜头，创作者可以展现出旅行目的地的多样性和丰富性，激发观众对未知世界的好奇心和探索欲。

（6）旋转镜头。相机绕自身轴线旋转拍摄的一种拍摄手法。这种手法常用于表现人物、物体或场景的动态美和活力感，增强画面的趣味性和吸引力。在旅行短视频中，旋转镜头可以用于捕捉旅行者跳舞、旋转或跳跃的瞬间，展现他们的活力和热情。同时，也可以用于拍摄旋转的风车、摩天轮或舞蹈表演等场景，营造出欢快和热闹的氛围。通过旋转镜头，观众可以感受到旅行中的欢乐和活力，增强对旅行经历的愉悦感受。在使用旋转镜头时，创作者需要保持画面的清晰度和速度均匀，以避免画面模糊或失真影响观众的观看体验。同时，要确保旋转方向与画面内容相匹配，以产生和谐的视觉效果。此外，创作者还可以利用旋转镜头的动态性来增强画面的节奏感和紧张感，创造出更具感染力的视觉效果。通过精心设计的旋转镜头，创作者可以展现出旅行中的欢乐和活力，让观众感受到旅行中的美好与快乐。

（三）剪辑技巧

目前市面上的剪辑软件非常多，为不同水平和需求的创作者提供了广泛的选择空间。对于剪辑能力一般的创作者来说，使用那些包含大量预设模板和易用功能的剪辑软件是快速上手并制作视频的理想选择。例如，剪映等软件不仅界面友好、操作简便，还提供了丰富的素材库、特效模板以及一键式美化功能，能够帮助创作者在短时间内制作出具有专业感的视频作品。而对于具备较专业剪辑能力的创作者来说，他们更倾向于使用如 Adobe Premiere Pro（简称 PR）等专业剪辑软件。

剪辑软件主要分为电脑端和手机端两个类别。比较常见的电脑端剪辑软件有 Adobe Premiere、iMovie、FinalCut、绘声绘影等，更常用于横屏和时长较长的新媒体视频创作，更适合有一定剪辑知识的专业创作者使用。相比于手机端剪辑软件，电脑端剪辑软件屏幕更大，进行多轨道剪辑时更方便，但是对专业性要求较高，所以上手速度较慢，但是一旦掌握了专业技能，就可以根据自己的需求，个性化地创作新媒体视频。拿调色举例，手机端剪辑软件通常只有亮度、对比度等一系列常规参数，更多人会选择使用滤镜来进行调色。虽然滤镜数量丰富，但都不是针对性的，所以会有找不到合适滤镜的时候，这就是手机端剪辑软件有限制的地方。而电脑端剪辑软件，虽然没有现成的滤镜模板可以套用，但是可调参数更多，并且可以对同一个画面中的不同位置分别进行颜色的调整，完全可以根据创作者的需求和想法进行编辑。其他的视频、音频等效果也是如此。

比较常见的手机端剪辑软件有剪映、快剪、VUE 等，更常用于竖屏和时长较短的新媒体视频创作，也更适合初学者使用。手机端剪辑软件的主要优势为方便、简单、易操作。手机几乎是每个人随时随地带在身边的东西，所以无论何时何地，只要有创作灵感，就可以不受时间、空间的限制进行视频剪辑。并且，由于手机屏幕较小，一般的剪辑软件都不会设置过多复杂的功能和效果，在保留尽量多的剪辑功能基础上，使页面看起来清晰明了，不会让人眼花缭乱。手机端剪辑软件还有一个明显的优点就是自带丰富的各类效果和模板。比如，剪映，一款新媒体平台抖音推出的官方剪辑软件，它含有海量的曲库资源、滤镜效果和特效模板，同时还会告诉创作者当前抖音平台中的流行趋势，可以让很多不具备专业技能的创作者一键剪出同款视频。除此之外，剪映还有线上教程、各类知识课程，以帮助创作者提高相关理论知识。在旅游短视频中，剪映有很多实用的工具和呈现方式，请读者可以扫描右侧拓展知识二维码加以学习。

拓展知识 4-3：旅游短视频中剪映的实用技巧

【案例 4-4】

评价热门旅游视频

打开任一新媒体视频分享平台，查看热门榜单，选择一条与旅游相关的热门视频，观看视频内容、评论和弹幕。

思考：利用所学知识，回答以下问题。
1. 这则视频属于什么类别和风格？
2. 视频拍摄过程中使用了什么设备？
3. 视频使用了什么剪辑手法？
4. 它为什么能成为热门视频？

任务小结

通过本任务的书本学习，学生可以掌握新媒体视频的概念、发展现状、区别于传统媒体视频的特点和当前存在的问题。通过实际操作，学生可以掌握新媒体视频创作的整体思路、技巧和注意事项，完成前期策划、中期拍摄和后期剪辑，制作一条完整的新媒体视频。同时，通过案例学习，可以掌握如何针对不同的新媒体平台、不同的拍摄对象、不同的风格需求，创作更具针对性、更有特色的新媒体视频。

任务实践

任务准备	全班按原有分组，完善项目一、项目二、项目三中的任务成果
任务要求	1. 各组明确本组新媒体视频的拍摄内容、拍摄目的、拍摄风格、发布平台和预期效果 2. 各组根据目的进行前期策划、中期拍摄和后期剪辑，最终完成1个新媒体视频作品，并在新媒体平台上发布。同时完成1篇报告，报告内容包括： （1）小组成员分工情况 （2）前期策划包括如何明确内容类别和风格标签、如何撰写故事情节或确定拍摄画面、如何构想画面声音配合效果等 （3）中期拍摄包括做了哪些拍摄前准备、选择了什么拍摄器材、运用了哪些运镜技巧、如何选择画面构图等 （4）后期剪辑包括选择了什么剪辑软件、使用了哪些效果等
任务成果	各组1篇报告和1个新媒体视频作品
评价方式	学生自评、互评，教师评价，实际互动指标数据相结合

任务五　旅游直播

【任务导入】

短视频时代的大众文旅生活白皮书

请仔细查阅清华大学国家形象传播研究中心于2024年8月做出的关于大众文旅生活的大数据报告《短视频时代的大众文旅生活白皮书》，回答下列问题。

1. 短视频直播平台给大众文旅生活带来了怎样的变化？
2. 短视频直播平台下的旅游直播与其他直播的异同。
3. 旅游直播相对于其他新媒体内容创造方式的优势。

任务解析：

短视频直播平台已经从一个简单的媒介工具转变为一个多功能的生活服务枢纽，它不仅记录了人们的生活点滴，还融入并丰富了人们的日常生活，甚至激发了人们全新的生活方式。这些平台已经彻底融入了公众的文化和旅游活动中，为人们提供了全新的旅游视角和消费体验，成为人们共同享受优质生活体验的新途径、新领域和新方法。

直播现成为各种内容平台和电商的重要结合点，旅游决策不是冲动消费，旅游"带货"一定是以好内容为驱动。主播在直播过程中需要给出与旅行相关的干货，大到机票怎么买、签证怎么办，小到一个景区附近有没有停车位，都会在直播中体现。用户在观看直播过程中也可以随时提问，特色餐馆如何点菜、户外爬山要带哪些装备……主播都会一一讲解。

旅游直播以其独特的优势，提供了一种全新的旅游体验方式。相比传统图文和视频内容，旅游直播能够更加真实、完整、直观地呈现目的地和旅游线路的旅行体验。旅游直播提供了一种未经加工的真实体验，车辆的颠簸、沿途的风景，甚至在旅途中可能遇到的小意外，都会被真实呈现，观众可以实时跟随主播的脚步，体验旅途中的每一个瞬间。这种真实性为观众提供了一种全新的参与感，他们可以与主播实时互动，提问并获得即时反馈，无论是天气变化、人流密度还是临时活动，都能为用户的"种草"和旅游消费决策提供更加直观和全面的信息参考。

一、旅游直播认知

新技术正推动着文化和旅游产业的高质量发展,其中直播技术通过实时互动和娱乐社交,为人们带来了新体验,满足了更高层次的文化和旅游需求。

《"十四五"文化和旅游发展规划》提出,要"培育云旅游、云直播,发展线上数字化体验产品"。随着旅游内容运营的演变,我们见证了从笔记攻略的 1.0 时代,到短视频的 2.0 时代,再到现在以旅游直播为代表的 3.0 时代,旅游直播已成为当前内容运营的重要手段(图 4-15)。

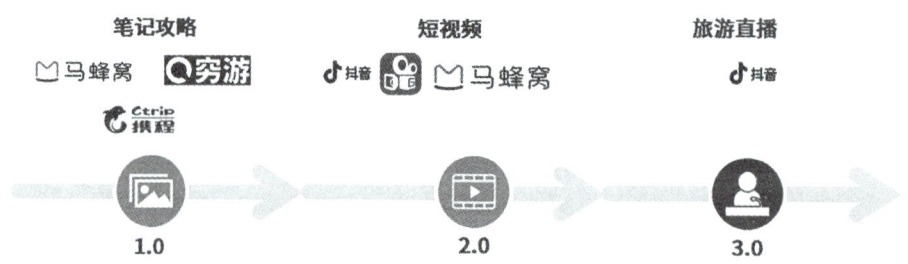

图 4-15 旅游内容运营时代变化

(一)直播发展历程

1. 古代"直播"

古代的戏园、茶园里常常有弹琵琶、拉二胡、唱小曲的艺人,表演时会有客人打赏送花和礼物。在国外,街头表演的歌手、艺人会通过自己的才华获得观众打赏。这其实从某种程度讲都属于直播行业,只是展现形式和媒介不同,现在是通过互联网媒介,让更多人能同时观看,观者通过购买虚拟商品和服务来打赏,或者下单购买推荐的商品,盈利点和需求点其实没有太大变化。

2. 传统媒体直播

传统媒体直播中的代表是广播直播和电视直播,而中国观众开始接受的电视直播大多是文化体育类内容。一年一度的中央电视台春节联欢晚会,让不同地域的中国人在欢歌笑语中共同辞旧迎新,成为一种新民俗。后来民生经济类直播进入了大家的视野,京九铁路、长江三峡大江截流等内容的直播,让观众触摸到经济腾飞的颤动,为创造奇迹的时代英雄欢呼。直播在报道重大、特大及突发新闻事件中扮演着至关重要的角色,它能够迅速传播信息并吸引广泛关注。例如,2021 年神舟十二号载人飞船对接空间站天和核心舱的直播,以及 2024 年法国巴黎奥运会的直播盛况,都吸引了众多观众的目光。

3. PC 端直播

PC 端直播，网络直播的一种，即通过个人电脑在网络进行的直播活动，是旅游直播 3.0 时代的重要组成部分。互联网直播最早的雏形是文字聊天室。因为当时技术有限，宽带、电脑硬件都不支持视频，2001 年文字聊天室开始在国内流行。9158（天鸽互娱）公司是国内第一家上市的直播公司，他们最早在电脑端做直播聊天室。当时的噱头是聊天室可以同时显示多人视频，用户可以在聊天室里唱卡拉 OK（KTV）、听歌、玩游戏等，观众可以在公屏上进行互动打赏。直播井喷式的发展得益于多玩 YY，当时魔兽游戏很流行，很多魔兽玩家在玩游戏的同时会跟公会里面的好友在 YY 聊天互动。YY 成功上市以后，直播行业进入新兴行业的名单。

4. 移动端直播

随着移动互联网的迅猛发展，2014 年众多直播应用如雨后春笋般涌现，使得直播体验从 PC 端向手机端转移，操作变得更加简便快捷。用户可以轻松地通过手机进行实时直播，享受无处不在的直播互动。直播内容也趋向多样化和专业化，例如，游戏直播平台斗鱼和虎牙的迅速崛起，以及秀场直播平台映客和花椒的流行。在市场最繁荣时期，应用商店中直播应用的数量一度达到四五百款。到了 2017 年，随着新媒体的快速崛起，短视频作为一种新兴媒介开始渗透到各个行业，抖音和快手等短视频平台的直播功能也逐渐流行起来。

5. 直播＋电商

2016 年被称为电商直播元年。2016 年 3 月，作为直播电商首创者的蘑菇街率先上线视频直播功能。同年 5 月，淘宝推出了淘宝直播，随后各综合电商、跨境电商、母婴电商纷纷内嵌直播功能。适逢电商平台遭遇流量瓶颈，各大平台积极寻求变革，尝试一种电商内容化、电商社区化的模式，直播平台的出现让这种尝试得以落实（图 4-16）。

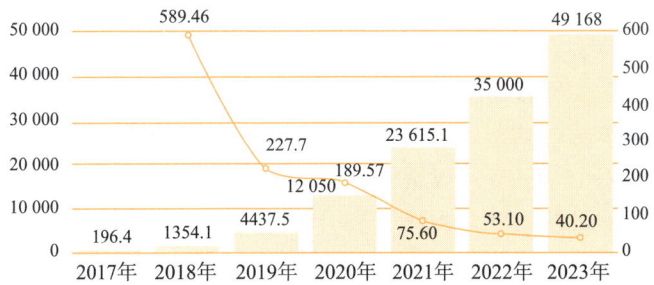

图 4-16　2017~2023 年中国直播电商市场规模及其增长率（单位：亿元，%）

（资料来源：网经社 中国电子商务研究中心）

2020年天猫双十一成交额4982亿元，京东累计下单金额超2715亿元。2021年天猫双十一交易额为5403亿元。据星图数据，2022年和2023年双十一全网总交易额分别为11 154亿元和11 385亿元。

6. 未来的直播

网络直播作为一种新兴的媒介形态，随着技术的进步和用户习惯的变化，已经迅速发展成为一个庞大的产业。全民直播时代的到来，意味着直播已经渗透到社会的各个角落，从日常生活分享到专业领域的知识传播，直播的内容和形式变得日益丰富和多元。如今，各大直播平台积极推动"直播+"布局，与电竞、综艺、文化、旅游、教育等产业相结合，努力构建多元化、差异化、高品质的直播生态体系。

随着AR/VR技术的逐渐成熟，5G的应用普及，AI的成熟化，直播将通过新技术进行感官互动，提升用户体验。另外，计算机虚拟技术成熟，生活消费的进一步提高，都将促使直播形式的体验感更加舒适、有趣、直接，更具有沉浸感。

（二）直播发展的原因

1. 技术发展

互联网带宽技术、基础资源的提升为互联网直播提供了良好的基础条件。4G高速网络可充分保证网络在线直播流畅，而IPv6能满足海量设备的接入，两者结合大幅减少了直播卡顿、延时等情形的发生。与此同时，采集硬件和系统的升级、人脸识别技术的应用和美颜算法的优化、编码标准及芯片的升级、云计算的应用及CDN技术的快速发展，都保证了互联网直播更美观、更流畅、更及时，可同时给用户和主播带来更好的使用体验。随着5G的普及和其他技术的提升，为直播打造媲美线下旅游、购物的用户体验提供了更多可能。

2. 门槛较低

纵观各大网络直播平台，网络主播水平参差不齐是现阶段直播平台发展面临的问题之一，导致这种现状的原因之一就是直播门槛低。一个摄像头+一台有网络连接的电脑+一个麦克风就可以进行网络直播。一部智能手机+一个自拍杆+一个Wi-Fi环境就可以进行手机直播（图4-17）。这些在生活中看似再平常不过的物件成为网络直播的必需品，而这样的配置几乎每个人都可以毫不费力地得到并使用。正是这种低门槛的设备要求使主播人数大幅增加。

图 4-17　在线直播

另外，各平台主播在申请直播间过程中并没有复杂的审核环节，因此，几乎人人都有机会成为一名网红主播。以大多数平台为例，只要在网上填写个人信息绑定银行卡就可以完成注册。通过信息核实（约为 24 小时）就拥有了属于自己的直播房间，而只要开启了直播，利益分成就从那一刻开始。这样简单的申请流程无疑给众人一个成为主播的机会。由于没有年龄限制，没有职业要求，更没有学历证明，这也成了当下文化层次分明、个人素质差距大的网络主播存在现状。这也为直播平台乱象埋下了伏笔。

3. 旅游市场需求

随着人们生活水平的提高，对于旅游体验的要求也越来越高。传统意义上获取旅游信息的方式受到限制，人们对于远程、安全的旅游体验需求增加，旅游直播满足了这种需求，提供了一种新的旅游体验方式。

旅游直播高度互动性的特点，使其便于搭建实时沟通渠道，弥合信息间隙，让用户掌握了更多信息主动权，在一定程度上能激活用户潜在的旅游需求，同时完善的退订保障体系也提升了用户安全信任值，建立起良好的情感共鸣，加之缩短了用户决策周期，这样可大幅提升旅游决策效率。

4. 内容载体丰富

同图文、短视频的机械化和固化不同，直播本身是灵动的、可以持续的，它是一种全新的内容展示方式，这种展示方式可以让我们更加真实、全面地获取与了解信息，最终实现信息壁垒的消除。

对于一直想找到一种更加全面和真实的内容展示方式的人们来讲，直播无疑是一种非常好的方式。借助这样一种方式，可以实现信息的更公开化和透明化，获取的信息方式也更加深入和全面。同时，网络直播呈内容多元化的特点，可从小切口出发，无论是美食探店、谈话聊天还是徒步户外都有一定的受众。

5. 表现更加真实

随着现代社会大众传媒越来越发达，人对外界环境的认知在很大程度被媒体的"抽象性现实"理论所左右，与"客观现实"产生偏移，成为一种"拟态现实"，而网络直播可还原成一种真实，以保证现实的客观化。

6. 弥合网络鸿沟

互联网行业时代的来临同样导致了一二线城市与广大农村地区之间的鸿沟不断扩大。在互联网并未普及的"下沉市场"，一二线城市与偏远农村地区的鸿沟正在逐步拉大。

这时候，我们需要一种全新的弥合信息鸿沟的方式和方法，而直播就扮演起了这样一种角色。借助直播，可以实现偏远农村地区与一二城市的沟通和交流。这样一来，偏远农村地区的优质旅游资源可以被一二线城市的消费者知道。同时，对于偏远地区的用户来讲，同样可以借助直播的方式了解一二线城市的生活状态，甚至可以买到一些一二线城市商家的商品。

直播这样一种方式，实现了偏远地区和一二线城市的对等，完成的是对互联网发展鸿沟的弥合，可使互联网行业全面、和谐地发展。对互联网来讲，直播无疑打开了一次全新的发展机会，发现了一片尚未被开发的市场。

7. 促进文旅消费

艾媒咨询数据显示，有37.1%的用户表示，如果对旅游直播内容满意，一定会去主播推荐的景点或酒店民宿，也有55.0%的用户表示可能会考虑去直播提到的地方旅游。这表明大部分观看旅游直播的用户不仅停留在了解旅游产品的层面，也愿意通过主播推荐去深度体验景点魅力。

（三）旅游直播的类型

1. 旅游户外直播

当直播与旅行发生跨界融合，人们发现这种接地气的流媒体形式更适合走出去，边走边拍。而户外旅游行业也需要直播。用户可以通过自带讲解的视频镜头，以第一人称视角，浸入感兴趣的地方，鲜活生动的内容可超越文字和图片表达的效果。可以说，直播革新了用户出行前的决策过程，旅游直播起到一定作用。

采用"直播+旅游"的方式，不仅打破了传统旅游平台仅靠文字描述和图片展示向受众传达旅游体验的单一感，还充分发挥了直播平台时效性、互动性和真实性的优势，这种极致的用户体验也为旅游行业带来了颠覆性的改变。

2. 旅游直播电商

直播电商指的是以直播为渠道来达成营销目的的电商形式，是数字化时代背景下直播与电商双向融合的产物。直播电商以直播为手段重构人、货、场三要素，但其本质仍是电商。与传统电商相比，直播电商拥有强互动性、高转化率等优势。在全民直播时代，许多旅行社拓展线上销售，其实也就是直播卖旅游产品。

旅行产品因其高价格、低频化、不可存储、退改难等原因，转化率一直是旅游直播饱受诟病的数据。另外，旅行产品也不同于快消品或者日用品。购买一个旅游产品需要考虑的因素非常多，如使用时间、游玩日期、前往目的地的费用和交通等。因此，转化率相对其他行业偏低。而旅游直播带货目标在于转化，粉丝量肯定要越高越好，但旅游直播意在宣传，无论观播人群有多大，只要内容出彩，把旅游目的地的独特与美丽传播出去便已是成功的第一步。

3. 旅游企业会展直播

线上展会主要是利用互联网的先进技术，打破时间、空间和地域限制，将参展商的商品进行线上展示，客户和参展商直接进行垂直接触，可以随时沟通交流，这是线下展会不具备的优势。这种直播通常用于旅游行业的会展、会议或活动，旨在展示旅游企业的品牌形象和产品服务，适合旅游企业参加行业展会、产品发布会、目的地推介会等。

（四）旅游直播的收入模式

1. 打赏模式

一般是观众付费充值买礼物送给主播，平台将礼物转化成虚拟币，主播再对虚拟币进行提现，由平台抽成。如果主播隶属于某个工会，则由工会和直播平台统一结算，主播一般获取的是工资和部分抽成，这是最常见的直播类产品盈利模式。

2. 广告模式

直播平台负责在 App（包括 banner、直播广告图等）、直播室或直播礼物中植入广告主广告，按展示／点击或购买情况与广告主结算费用。

3. 导购模式

一般电商类直播产品／竞拍类产品采用这种盈利模式。主播有自己的店铺（淘宝店、微店等），或者有店铺需要主播进行营销推广，主播在直播时推荐店铺商品，用户直接一键购买或者加入购物车，直播同时有优惠或参与竞拍，最终主播与直播平台按照既定比例分成。

4. 付费直播

付费直播可以有两种模式：一种是主播开通直播需要付费，由直播平台提供更高级的直播服务；另一种是观众看直播需要付费，由主播设置入场费用，平台和主播分成。

5. 版权发行

版权发行属于内容的二次利用。直播平台可将直播内容沉淀保护起来，以版权售卖的方式提供给发行方，由发行方对内容进行二次加工。

6. 企业宣传

这是 To B 直播平台的商业模式，企业向直播平台付费申请直播或需要直播平台提供技术支持。直播平台替企业进行会议宣传等服务，最后还会提供企业观看数据。

7. 其他模式

除了以上 6 种常用于旅游类直播的收入模式以外，还有付费教育、付费问答（语音直播）、会员增值服务、游戏联运、主播/节目付费推广等收入模式。

（五）直播相关政策

近年来，我国不断发布网络直播行业的相关政策，以规范行业的发展。

自"中国网络直播元年"——2016 年网络直播市场兴起以来，各类网络直播平台竞相涌出，将行业推入高速发展期。然而，伴随着网络直播平台的迅猛发展和用户规模的迅速扩张，网络直播平台乱象丛生，特别是自 2016 年斗鱼直播平台"直播造娃娃"事件的发生，网络直播行业开始进入政府监管阶段。

2020 年以后，随着各种新形态的网络直播模式的出现，我国网络直播政策更是密集出台，网络直播行业不断向健康方向发展，如表 4-14 所示。

表 4-14　我国近年网络直播部分政策汇总表

时间	部门	名称	内容
2016 年 11 月	网信办	互联网直播服务管理规定	互联网直播服务应取得资质、落实责任、先审后发、即时阻断、来源可溯、互动管理、实名认证、信用管理、资料存档、明确权责
2016 年 12 月	文化部	网络表演经营活动管理办法	从事网络表演经营活动的网络表演经营单位，应当根据《互联网文化管理暂行规定》，向省级文化行政部门申请取得《网络文化经营许可证》，许可证的经营范围应当明确包括网络表演。对直播内容做出限制
2020 年 11 月	国家广播电视总局	关于加强网络秀场直播和电商直播管理的通知	要求要对头部直播间、头部主播及账号、高流量或高成交的直播带货活动进行重点管理，加强合规性检查

续表

时间	部门	名称	内容
2020年11月	国家市场监督管理总局	市场监管总局关于加强网络直播营销活动监管的指导意见	充分考虑网络直播营销活动的属性特点、行业现状、监管制度等，以相关法律法规为依据，围绕压实有关主体法律责任、严格规范网络直播活动、依法查处网络直播营销违法行为核心，对网络直播营销行为进行了有效规范，促进这一新业态健康发展，营造公平有序的竞争环境、安全放心的消费环境
2021年	国家互联网信息办公室、公安部、商务部、文化和旅游部、国家税务总局、国家市场监督管理总局、国家广播电视总局	网络直播营销管理办法（试行）	为加强网络直播营销管理，维护国家安全和公共利益，保护公民、法人和其他组织的合法权益，促进网络直播营销健康有序发展，根据《中华人民共和国网络安全法》等法律、行政法规和国家有关规定而制定，旨在规范网络市场秩序，营造清朗网络空间
2022年6月	国家广播电视总局、文化和旅游部	网络主播行为规范	规范明确，网络主播应当坚持健康的格调品位，自觉摒弃低俗、庸俗、媚俗等低级趣味，自觉反对流量至上、畸形审美、"饭圈"乱象、拜金主义等不良现象，自觉抵制违反法律法规、有损网络文明、有悖网络道德、有害网络和谐的行为
2023年10月	国务院	未成年人网络保护条列	网络直播服务提供者应当建立网络直播发布者真实身份信息动态核验机制，不得向不符合法律规定情形的未成年人用户提供网络直播发布服务
2024年4月	国务院	中华人民共和国消费者权益保护法实施条例	进一步规范信息披露、平台管理、营销行为。还将规范性文件《网络直播营销管理办法》中的相关内容上升为法定义务，进一步明确平台、直播间运营者和主播的责任

二、旅游直播策划工作

每一场直播均由运营人员细致筹备与精心策划，最终得以精彩呈现给用户。只有事先确定好直播策划工作才能保证直播顺利进行。

（一）风格定位

新手主播需要有自己的清晰定位。是做户外旅游直播还是做室内直播电商；是做轻松搞笑类直播还是做专业知识类直播；是卖本旅游企业产品，还是选货卖货……这些都需要明确定位。第一次开播不一定就能找到自己的亮点，需要长时间的尝试与积累，为此可从直播行业、直播平台上寻找直播人气的规律和特点，确定自己和平台观众的契合点。

(二)团队组建

1. 直播团队岗位及主要职责

一个好的直播,绝不是主播一个人的功劳,离不开团队内部人员在每个岗位上各司其职。通常来说,一个较为出色的直播团队会拥有以下岗位。

直播负责人:作为项目的领航者,直播负责人需确保计划的周详与执行的高效,对直播的每一个环节都了如指掌,并负责到底。

品牌运营人员(直播电商):他们是品牌与直播之间的桥梁,不仅输出专业的品牌直播策划,还致力于维护客户关系,协调内外部工作,进行商务洽谈,并精心制定与整理品牌直播的周、月数据报告,为团队提供有力的数据支撑。

内容运营人员:他们是直播内容的创意源泉,负责撰写引人入胜的脚本,设计直播间独特的玩法(话术),负责直播间的场景布置和道具准备,分析观众反馈,不断优化直播内容,并策划一系列吸引人的直播主题活动,为观众带来新鲜与惊喜。

主播:主播是直播的灵魂,建议每场直播配备2个主播,以形成互补。主播需具备良好的沟通能力,能在镜头前展现自然,不怯场;同时,他们需深入了解产品,具备专业素养,拥有广泛的影响力,并擅长带动直播间的节奏。

视效(经理):他们是直播视觉效果的魔术师,负责进行直播视效的调整,以及直播间背景的搭建等工作,为观众带来视觉上的享受。

平面设计:他们负责直播间背景图、贴片图的设计,以及直播海报的创作,用艺术的语言为直播增添色彩。

助播/场控:他们是主播的得力助手,负责日常管理和跟进直播相关事务。在直播前,他们会提前对灯光、镜头进行细致地调试;在直播过程中,他们协助主播,承担起管理员的角色,与粉丝进行互动,解答粉丝疑问,同时负责数据监测、直播推送、公告发布、商品上架等后台操作。

经纪人:他们负责主播的考勤管理、薪酬制定,以及主播问题的反馈与处理,是主播职业道路上的坚实后盾。

主播培训组长:他们肩负着培养新主播、提升老主播的重任,不仅对有经验或无经验的主播进行直播基础技能的培训,还不断对主播进行高阶技能的传授,为主播的成长与发展保驾护航。

有些直播新手,初创时期人手不多,可能会一人身兼数职,但岗位职责不能少。另外,如果是品牌/商家自播,那么可能不会有品牌运营岗位;如果是大主播自行组建团队,那么可能不会有主播培训组长岗位。如果是户外旅游直播,视效人员、平面设计人员的工作重点会有所不同。

2. 带货主播梯队搭建

旅游品牌/商家如果要自行直播带货,建议搭建"直播金字塔",建立主播梯队,具体包括以下内容。

老板带货:可起到形象代言的作用,这是塔尖。这些人一般是企业领导,自身就具有一定影响力,例如,格力董明珠一个月的带货数就达76亿元。

KOL带货:KOL们是企业的战略联盟,是塔身。一方面,他们带货过多,对于企业来说反而是风险,因此,这部分不能太大。另一方面,在上新、冲榜、去库存等场景里,还需要他们的号召力,因此,这部分也不能太小。

日常店播:商家店播已经成为市面上直播的主流,是金字塔的塔基。这里的主播和用户都是在私域的,场景可以极度定制化。从长久来看,大量旅游企业应该多花精力做店铺日播,将传统的销售场景升级到"直播+"。

3. 主播IP打造

主播的成长之路,就是主播IP的形成之路!主播个人IP是由其形象、风格、优势、特点共同构成标签定位。通俗地来说就是该主播是个什么样的人?可以给粉丝提供哪些特定的价值?如带娃出行辣妈、民宿达人等。对于新手主播来说,建议坚持在一个垂直细分领域做直播。

新手主播可从以下3个方面来打造个人IP。

(1)外在形象。形象是主播IP的第一步,建议遵循两大原则:专属特点和匹配。专属特点指的是和别人的差异化区分,让粉丝容易记住。如果形象上没有特点,也可以用一个吸引眼球的道具作为辅助,甚至可以在旁边放一只猫或一只狗,表现主播对小动物的喜爱。匹配指的是"人"和"货""场"的协调。在户外做徒步直播的,就不适合西装革履;做深度讲解类的直播,就要体现比较专业化的形象。

(2)主播风格。风格标签主要根据性格、兴趣爱好去定位,无论什么样的风格,都要能和粉丝有一个良好的互动。新手主播可以把自己的性格爱好一一列出来,然后从中寻找自己的风格定位。主播的风格可以从这些类型角度去设定:幽默风趣型、活泼可爱型、御姐型、成熟稳重型、辛辣犀利型、知识专家等。

(3)内容IP。"内容为王"这条法则无论在哪个行业都是王道。对于旅游网络红人IP来说,无论是短视频还是直播,只有拥有精良的内容才能被更多的用户喜爱。而好的内容往往都是有价值的或者能引起共鸣的。

内容IP也叫主题IP,就是主播给粉丝在某个垂直领域输出的专业性价值。内容IP往往是和产品联系在一起,通过内容IP的打造,建立主播在这个领域的专家或者意见领袖形象,从而让粉丝因信任产生购买行为。这也是主播将产品和粉丝建立黏性最好的方式。

（三）直播场景搭建

以抖音为例，按照直播内容，该平台上的旅游直播类型主要有旅游产品带货类直播、旅游知识分享直播和旅游户外直播3种，如果要开通直播，需要遵循以下流程。

1. 账号搭建

注册一个新的抖音账号，确保一机一卡一号，使用5G数据流量注册，避免使用Wi-Fi，保证网络信号稳定。

2. 完善账号资料

包括头像、昵称、简介等，确保与旅游行业相关，以增强账号标签和SEO（SEO是搜索引擎优化，英文Search Engine Optimization的首字母缩写）。SEO是一种通过优化网站内容和结构，提高网站在搜索引擎自然搜索结果中的排名的技术和过程。SEO的目标是提高网站在搜索引擎结果页（SERP）中的可见性，从而吸引更多的访问者，增加网站的流量）效果。

3. 账号养号

模拟真实用户行为，刷视频、点赞、评论，特别是旅游相关的内容，以提高账号活跃度。养号期间，避免发布任何营销性质的内容，专注于提升账号的垂直度和权重。

4. 开通商品橱窗

完成实名认证，个人主页视频数达到100个，账号粉丝达到1000以上，以满足开通商品橱窗的要求（此仅为旅游产品带货类直播的必要条件，旅游知识分享直播和旅游户外直播不作要求。）

5. 直播硬件准备

拓展知识4-4：不同类型直播的硬件要求

不同类型的直播用到的直播设备会有所区别。在实际操作中，可以根据真实情况和预算，选择适合的直播硬件设备使用。针对旅游产品带货类直播、旅游知识分享直播和旅游户外直播3种不同类型的直播，其具体的硬件要求请参看二维码的拓展知识。

6. 直播软件准备

在不同直播平台进行直播时，需要不同的软件来支持直播流程。以抖音平台为例，主播可以在抖音App上实名认证后即可使用手机进行旅游户外直播或旅游知识分享类直播，如主播需要直播带货，则需要使用"抖音直播伴侣"和"巨量百应"来进行直播。抖音直播伴侣支持多种直播类型，包括泛娱乐直播、游戏直播、电商直播、虚拟直播、PICO直播等，为主播提供了丰富的直播场景和功能。

（四）旅游直播电商选品

在旅游直播电商中，最重要的当属产品运营和活动运营。在抖音直播间里的产品，主要来源有两部分。一是旅游企业的自营产品，需要企业人员登录"抖店"，按照流程上传产品，通过审核后即可进行直播带货。二是其他企业的产品，这类产品常见于达人直播，比如达人用自己的账号带货旅游产品，但这些产品并不是达人自己的产品，这就需要设立专门的产品运营岗位，负责选品、联系商家、沟通价格折扣。

1. 旅游产品的特点

旅游直播电商与其他直播电商带货不同，旅游产品相对于其他电商产品的特点如下。

拓展知识4-5：旅游电商直播场景搭建中的灯光、声音

（1）旅游产品不是标品。相较于日用品、彩妆、农副食品有统一的标准，如重量、颜色、品相、功效等，旅游产品就没有那么多的标准化。比如说去上海玩，出发地不一样，出发日期不一样，住的酒店不一样，去的景点不一样，价格也都不一样的。现在旅游主播带货最好的，就是酒店预售房。相较于其他产品，它的标准化是最高的，非标品一般很难做到直播转化。

（2）旅游直播产品是服务。主播卖货时，提供的不仅仅是旅游产品，也是从产品最初的筛选、和供应商议价，到客户的预订、出行，以及有可能产生的退改等一系列服务。所以主播销售的是自己能提供的服务，是保障客户全程的旅行体验服务。既然是体验服务就没有办法去量化，只能让用户自己决定是否喜欢。

（3）大多旅游产品需要组合。比起口红这种快消品，用户买了在家等收货就可以了。但如果卖一个酒店房间，用户还要考虑怎么从家到这家酒店？酒店附近还有没有别的景点可以一起去看？附近有没有有特色的餐厅？所以光卖一个酒店不行，还得加码帮助用户安排好行程，最好是连出行的火车、机票都帮用户安排，才能免除后顾之忧，不过这个要求就更高了，离单一产品的标准化也越来越远。

（4）退改签复杂。直播买东西，不喜欢的话还能要求退货，有运费险的话，就是0损失。但旅游产品则不同，有些还会退改产生违约金。如果是自由行的产品，则根据预订时的退改政策，很多低价的折扣机票都是不退不改的。所以现在只有免损全退的预售房券适合做直播带货，至于其他产品就需要慎重对待了。

（5）便宜非好货。一般主播带货，直播间给的优惠价格会比正常售价便宜，所以大家会守着主播随时秒杀。但旅游产品，不能单一地用价格来衡量其好坏。拿跟团游来说，纯玩团肯定比购物团贵，但行程会有所不同。线下有的旅行团最后卖不掉的时候，的确会加大优惠力度，但是都会和客户签订保密协议，不能把价格告诉给其他游客，不然其他客人看到肯定会要求享受同样的优惠。可直播是面向整个互联网，主播说的每句话，大家都看得到，不能保密。所以通过直播给到的客户优惠，让个别客户价格区别于其他的客户是不可行的。

2. 旅游直播选品的核心要素

（1）产品价格。产品的价格定位是影响顾客购买决策和直播收益的关键因素。主播必须洞察目标群体的价格偏好，并掌握他们对不同价位产品的接受度。除了定价，产品的佣金率也是决定直播带货利润的一个核心要素。所以，在选择价格相近的产品时，应优先考虑那些提供更高佣金的产品。

（2）匹配账号属性。在选择直播带货的产品时，主播应选择与自己账号定位和专业领域相匹配的垂直类商品。比如，一个以时尚穿搭著称的主播，在直播中应该主要推荐服装和配饰，这样的产品选择与其时尚达人的形象相契合。通过专注于特定领域的商品，主播能够更深入地了解产品细节，更精准地进行推荐，从而提升观众的信任度和购买转化率。同时，这种策略也有助于主播塑造个人品牌，使其在众多竞争者中更具辨识度。

（3）产品优惠程度。在直播平台上，产品优惠程度是影响用户购买的一大关键点。例如，一个通常售价2000元的旅游套餐，如果直播间提供半价优惠，就会比小额商品的折扣更能激起购买欲望。或者用赠品的形式，增加产品附加值，这样的产品更具性价比，往往比低价商品更吸引顾客。

（4）匹配用户需求。直播带货的成功依赖于精准对接用户的需求。如果带货的产品无法吸引用户的兴趣，无论价格多低，也难以提升销量。这就像旅行社需要根据客户的预算来调整服务定位。针对亲子家庭，旅行社可能更注重提供亲子游或休闲度假的套餐；针对商务人士，则可能更侧重于商务旅行或探险旅游的路线。因此，直播带货时，应根据用户的兴趣和需求来选择旅游产品。要深入了解粉丝的偏好，可以通过分析所运营账号的粉丝数据来获取。例如，可通过抖音App＞我＞"≡"＞抖音创作者中心，查看粉丝分析（粉丝数大于100后可开通粉丝管理能力，享受高级粉丝数据服务、粉丝画像分析服务和粉丝榜单服务）。

（5）产品的品牌知名度。知名品牌的产品往往自带信任度，用户对它们有天然的好感，因此销售起来更加容易。此外，选择具有时下热度的产品同样关键,正如《黑神话·悟空》的热度带动了山西的旅游一样,人气高的产品更容易吸引消费者的注意,从而促成购买。因此,直播带货时,结合知名度与热度,挑选那些既有品牌影响力又符合当前潮流的商品,可以更有效地促进销售。

3. 旅游直播选品的主要方法

(1)人气榜单。抖音按照热度将品牌、团购以榜单的形式推荐给用户。查看方法如下:抖音 App＞放大镜＞团购榜、品牌榜,进入榜单页面后,可以根据行业分类查看近期人气产品。

(2)利用数据分析工具。基于飞瓜、蝉妈妈等平台的数据分析进行选品。登录"飞瓜数据",在左侧菜单栏点击"商品/SPU",可以看到按销量排序的日榜、周榜、月榜。登录"蝉妈妈",在"商品"界面可以设置商品分类、商品信息(商品来源、价格)获得符合条件的商品。

(3)其他。在直播带货领域,了解竞争对手或行业标杆的账号是获取选品灵感的重要途径。通过分析对标账号的选品策略、直播内容和互动方式,可以发现哪些类型的产品在目标受众中受欢迎,以及这些产品是如何被成功推广的。此外,随着账号影响力的增长,一些商家可能会注意到账号的带货潜力,主动联系账号的运营人员,提供合作机会。

旅游产品选品时,需要综合考虑产品的用户评价、攻略推荐,以及最好能亲自实地体验,以确保产品能提供满意的旅游体验。

(五)心态准备

对于大部分主播来讲,直播都是长时间坚持才能见到收益的。所以,一两个星期没有人气、看不到收益,千万不要心浮气躁,一定要沉住气。这段时间内,要认真分析没人气的原因,从风格、开播时间到直播内容等方面都要好好分析,务必发挥自己的长处,争取留住潜在观众。

拓展知识
4-6:抖音直播的基本流程

直播和短视频不同,所有的内容和互动都是及时的、双向的。主播的一举一动都会实时呈现在镜头前,而且直播时长短则一个小时,长则达数十个小时,要做好能吃苦的心理准备。

三、旅游直播运营

相较于其他媒体,直播在营销上更具性价比,要想保证直播的效果,一个完善的直播策划方案必不可少。直播方案一般包括直播定位(目的)、直播主题、时间、直播达人、直播地点、传播渠道、直播商品明细、直播商品包装、直播推广所需支持等。运营人员可以借助表格的形式将直播方案呈现出来，再配上预计完成的时间，并固定好格式，这样可以大大节省时间成本（图 4–18）。

要素	描述	负责人	1	2	3	4	5	6	7	8	9	10	11	12	13	14	15	16	17	18	19	20	21	22	23	24	25	26	27	28	29	30	预计完成时间
直播定位（目的）	明确直播的主要目标（品牌宣传、产品销售、用户互动等）和预期效果（如销售目标、观看人数等）	xxx	定位																														直播前1个月确定
直播主题	设定直播的核心内容和吸引点，如节日促销、新品发布、主题活动等	xxx	直播主题																														直播前1个月确定
直播时间	确定直播的具体日期和时间，考虑目标观众的观看习惯和主播的可用时间	xxx	直播时间																														直播前1个月确定
直播达人	选择合适的主播或达人，考虑其影响力、专业度和与品牌的契合度	xxx	直播达人																														直播前1个月确定
直播地点	选择合适的直播场地，考虑场景与直播主题的匹配度和实际操作的便利性	xxx													直播地点																		直播前2周确定
直播渠道	确定直播的推广渠道，如社交媒体、合作伙伴、广告投放等，并制定相应的推广计划	xxx													推广渠道																		直播前2周确定
直播商品明细	列出直播中将要展示和销售的商品清单，包括商品名称、规格、价格、库存等信息	xxx													直播商品																		直播前2周确定
直播商品包装	设计商品的直播展示方式，如特写、对比、试用等，并准备相应的展示道具和背景	xxx																			直播包装												直播前1周完成
直播推广所需支持构成	包括推广所需的素材（如海报、视频等）、人员（如运营、客服等）等资源支持	xxx																		反向需求											彩排	直播	直播前1周准备完毕
直播内容策划	制定直播流程、互动环节、话题设置等内容策划，确保直播内容的丰富性和吸引力	xxx												直播内容																			直播前2周确定
技术支持	确保直播所需的技术支持，如直播平台、设备（摄像头、麦克风等）、网络连接等	xxx																		直播间搭建													直播前1周检查完毕
风险管理	评估直播过程中可能出现的风险，并制定相应的应对措施，如技术故障、突发事件等	xxx																			风险预案												直播前1周确定
预算规划	制定直播活动的预算规划，包括场地、设备、人力、推广等各方面的费用	xxx		确定预算																													直播前1个月确定
法律合规性检查	确保直播内容的合法合规性，避免侵权或违规内容的出现	xxx														检查																	直播前2周完成
效果评估标准	制定直播结束后的效果评估标准，如销售数据、观看人数、用户反馈等	xxx																					评估										直播前1周确定
直播预热	根据确定的直播推广渠道，如小红书、抖音、快手引流																预热						预热						预热				直播前2周进行
直播彩排	安排直播前的彩排，检查直播流程、技术设备、人员协调等各方面的准备情况	xxx																															直播前1天完成

图 4–18　直播方案构成

（一）确定直播主题

在旅游直播领域，一个吸引人的主题可以极大地提升旅游产品的吸引力。例如，山西省文化和旅游厅指导的“山西 DOU 是好风光”项目，通过抖音平台展示了山西的自然风光和历史人文底蕴，成功吸引了大量观众的关注和参与。这说明了结合地方特色和文化资源，通过直播展示旅游目的地的独特魅力，可以有效提升旅游产品的吸引力和销售转化。

（二）策划直播脚本

1. 脚本的重要性

直播脚本在直播活动中扮演着至关重要的角色，它有助于确保直播顺利、高效地进行，并达到预期的效果。直播脚本能够帮助主播按照既定的内容流程进行，确保直播内容的连贯性和完整性。通过脚本的指引，主播可以更高效地管理时间，避免在直播中出现不必要的停顿和空白。脚本可以将易出错的环节前置，减少直播中的即兴错误和遗漏。脚本中可以设置特定的监测点，帮助在直播结束后评估哪些环节最受欢迎，哪些需要改进。

2. 脚本的四个核心要素

（1）明确直播目的。明确本场直播的目的是什么，是新旅游产品上市还是大型活动促销？是以讲解景点为主还是以分享旅游心得为主？明确直播的目的就是让粉丝明白，在这场直播里面能看到什么、获得什么，可提前勾起粉丝兴趣。

（2）把控直播节奏、梳理直播流程。一份合格的直播脚本都是具体到分钟的。比如，8点开播，8点到8点10分就要进行直播间的预热，和观众打招呼等。另外，还包括产品（景点）介绍，一个产品（景点）介绍多久，尽可能规划好时间，并按照计划来执行。粉丝互动或福利，比如每个整点截图有福利，点赞到10万或20万提醒粉丝截图抢红包等，所有在直播里面的内容，都需要在直播脚本中全部细化出来。

（3）调度直播分工。对主播、助播及运营人的行为、话术做出指导。

（4）控制直播预算。单场直播成本控制，脚本中可以提前设计好能承受的优惠券面额或是秒杀活动、赠品支出等，提前控制预算。

3. 直播脚本分类

对于直播电商来说，直播脚本一般可以分为单品直播脚本和整场直播脚本。

（1）单品直播脚本。顾名思义就是针对单个产品的脚本。以单个商品为单位，要规范商品的解说，突出商品卖点。每款产品定制一份简单的单品直播脚本，以表格的形式将产品的卖点和优惠活动标注清楚，可避免主播在介绍产品时手忙脚乱、混淆不清，也能帮助主播精准、有效地给直播间粉丝传递产品的特色和价格优势。单品直播脚本内容一般包括产品品牌介绍、卖点介绍、利益点强调、促销活动、催单话术等如表4-15所示。

表4-15 单品直播脚本模板

单品直播脚本	
内容	参考台词
产品品牌介绍	该旅游产品景区直营，年销量xxx
产品卖点介绍	该旅游产品涵盖豪华酒店、特色民宿、帐篷酒店，品尝当地特色美食……
利益点强调	该线路以其独特的火山地貌和清澈见底的海水而闻名。我们的专业导游将带领您深入岛屿心脏，探索那些只有少数人有幸目睹的自然奇观
促销活动	"立即购买""不要错过"

续表

单品直播脚本	
内容	参考台词
催单话术	"库存告急,这款热门产品即将售罄,抓紧时间下单,以免错过!""这次促销我们提供了前所未有的折扣,比平时节省了30%,机会难得!"
引导转化	关注账号、点亮粉丝灯牌、分享直播间、点赞、下单

（2）整场直播脚本。就是以整场直播为单位,规范整场直播的节奏流程和内容。整场直播脚本一般都会包含时间、地点、商品数量、直播主题、主播、预告文案、场控、直播流程（时间段）等几个要素。以一场1.5小时直播为例,整场直播脚本可以参考表4-16。

表 4-16 整场直播脚本模板

时间段	环节	内容	玩法	目的	备注/话术
17:30~17:40	预热+开场	主播介绍开场,和特邀嘉宾互动,引出直播主题	开场福利/秒杀	对活动主题了解,调动氛围直播间留存增加人气	主播：大家好,欢迎来到"海岛度假之旅"专场直播！我是[主播名]。特邀嘉宾：大家好,我是[特邀嘉宾名],很高兴和大家一起探索这次海岛度假的亮点！今天,我们准备了很多精彩的旅游套餐和独家优惠,让我们一起来感受海岛的魅力
17:40~18:10	产品介绍	主播讲解旅游产品2款（如海岛休闲游、海岛探险游）	产品售卖	再次强调主题直播间留存	主播：现在让我们来看第一款旅游产品——海岛休闲游。这个套餐包括了阳光沙滩、豪华酒店住宿、美食体验等,非常适合想要放松身心的朋友。而且,直播间拍下的旅游套餐都享有特别优惠
18:10~18:20	秒杀	秒杀/介绍海岛一日游	秒杀	留存现有用户,增加观看几率	主播：接下来是激动人心的秒杀环节！[原价]的海岛一日游,现在只要[秒杀价]！数量有限,大家要抓紧时间哦
18:20~18:50	产品介绍	主播讲解旅游产品2款（如海岛浪漫游、海岛家庭游）	产品售卖	再次强调主题直播间留存	主播：接下来,我们要介绍的是海岛浪漫游,专为情侣设计,包括私人沙滩漫步、情侣晚餐等浪漫体验。直播间还有更多惊喜,千万不要错过

续表

时间段	环节	内容	玩法	目的	备注/话术
18:50~19:00	总结	持续推秒杀海岛一日游	秒杀	增加秒杀抢购几率，氛围	主播：在直播的最后10分钟，我们要再次推出海岛一日游的秒杀！还没有抢到的朋友要抓紧时间了，这真的是最后的机会了

对于户外旅游直播来说，主要是讲解词的熟悉以及互动的准备。如果是有剧本和情节的，也需要提前设计好人员出入镜路径、台词和动作。

（三）直播预热

1. 直播渠道

（1）朋友圈预热。一般在朋友圈的人对发的信息和状态都是比较熟悉和关注的，当在朋友圈看到直播预告，不管出于什么心理，很大可能是会去看一下的。

（2）个人主页的简介。简介位置挂上每天固定的直播时间，能起到很好的直播预热效果。

（3）账号昵称。账号后面加个后缀是不少人在用的直播预热方式，名字后面加个括号，可以挂上"×月×日××活动福利直播"等字样，这样粉丝刷到视频的时候，就能从昵称上看到直播时间。

（4）短视频。每个短视频作品的标题都可以充分利用起来。每条视频作品的评论区也不能忽略，可以在置顶评论里发布直播预热。

（5）付费推广引流。除了自然导流到直播间，还可以付费为直播间导流。以抖音为例，如果有曝光比较高的短视频，可以付费投放dou+进一步获取更多曝光，用户在看到短视频时，可以直接通过头像进入直播间。做直播时也可以直接为直播间投放dou+，为直播间加热。

2. 直播预热时间

对于大多数直播活动，提前1~2天开始预热是一个合适的时间点。这样可以确保信息能够及时传达给目标观众，同时保持一定的紧迫感，促使他们记住直播的时间。如果直播活动较为频繁或日常，可以在直播开始前几小时进行预热，提醒观众直播即将开始。这种方式适用于定期的直播节目，如每日或每周的直播。

3. 预热内容

直播预热是吸引观众关注的关键阶段，通常包括提前通过图文、视频等形式预告直播的时间、主题和亮点，介绍将参与的嘉宾和专家，透露直播流程和特色环节，如互动游戏和抽奖，分享幕后花絮和用户故事，以及通过倒计时和互动话题提高观众的参与性。此外，提供预热专属的优惠券和赠品，分享行业资讯，引导用户关注直播间，回顾往期直播的亮点，以及针对目标观众群体设计特定的预热内容，都是预热阶段的有效策略。

（四）开场与话题引入

1. 打招呼

可双手摆动、面带笑容，面对镜头，用"hello""早上好（中午好、晚上好）""欢迎来到我们的直播间"等言语打招呼。

2. 话题引入，引导点赞与关注

根据直播主题或当前热点事件切入，目的是活跃直播间气氛，调动粉丝情绪。在直播过程中，可以多次引导点赞与关注。

3. 直播主题、亮点、利益点介绍

尽可能简明扼要、逻辑清晰地说明直播的主题、活动的亮点和利益点。如讲解活动利益点时，可多看镜头与粉丝进行眼神交流；用手机向镜头展示如何点赞、如何领取优惠券。

（五）产品或景点介绍

可根据产品单品脚本介绍或重点突出产品性能优势和价格优势（直播间活动）。

1. 景点或户外活动介绍

注意要区别于普通导游词，多与粉丝互动，多讲粉丝提出的问题。先对直播的景点或总体行程进行介绍，再介绍具体的景物或活动。

2. 品牌简介

可介绍品牌的知名度、历史、资质、理念价值观等。注意讲解时，要多看镜头，可以多加些讲解式的手部动作来推介，以加强讲解的生动感与粉丝对品牌的认知度与信赖感。

3. 单品介绍

要有逻辑地、清晰地罗列单品卖点，可以场景代入化方式讲解，从而引出粉丝的需求感，以引起共鸣；搭配讲解提高客单价；报原价后在直播间领取可优惠多少，通过对比突出直播间的价位，增加下单量。比如，讲解优惠价格时，可拿出计算器打出原价与折算后的优惠价并向镜头展示，让粉丝更直观地了解优惠力度，以引起购买欲。

（六）粉丝互动

可通过直播间福利留人、点关注、送礼、抽奖、催单话术、穿插回答问题等方式与粉丝进行互动。

（七）结束预告

一般直播结束后要做的工作包括整场直播的回顾，感谢粉丝，引导关注，预告下次直播时间、福利和产品活动。

四、旅游直播后的复盘

虽然"直播+"模式已成为行业趋势，但在产品接入直播模块而产生的付费效益却不明显时，其存在的意义和价值仍时常被挑战，这时首要的就是验证其价值。同时，新领域缺乏可复用的方法论，只有不断探索、优化、沉淀才能促进其健康化成长。

直播结束后要对整场直播进行复盘，及时记录直播的数据，每场的直播数据可以放在一个Excel中做记录。还需要回顾本次直播遇到的问题是什么原因导致的，下一次直播时如何改进。也可以私信朋友问一下直播的感受，让朋友帮忙提建议，这样的建议也会很中肯。

因直播的快节奏性和强竞争性，在兼顾快速复盘的同时，还需要考虑阶段性、整体化地对直播数据进行监控，这就需要将直播复盘分为快速复盘和阶段复盘两个大方向来进行。

（一）快速复盘

在直播结束当天或隔天对昨日数据进行快速复盘，此时可重点关注单期直播下的直观数据表现和用户反馈。其目的是沉淀当天直播的经验并快速应用至后续直播中，这也是一个不断PDCA（PDCA是英语单词Plan、Do、Check和Act的首字母缩写）循环的过程。

1. 数据分析

可重点聚焦本期的数据表现，同时横向对比其他直播期数据，以明确本期的数据表现。进行横向对比时，需要将直播关注的四大核心数据——总人数、最高在线人数、评论人数、在线时长均值与其他期比对，以明确该期直播的优劣。聚焦本期数据时，可重点关注直播数据的整体在线人数变化趋势，定位到最高在线点，和直播内容拟合，这样可以帮助定位直播的高光点。

常见的数据分析有以下几方面。

（1）人气峰值和平均在线人数。这两类数据决定了直播间的人气。如果数量太低根本就没有变现盈利的可能，一般平均在线50人以上就有直播带货的变现能力，这是基本条件。

（2）平均停留时长。这项数据反映的是直播内容的吸引力，观众平均停留时长越长，说明对直播间的兴趣越大，这主要取决于选品能力/内容呈现和主播留人能力。一般直播电商的平均停留时长为 30~60 秒，而好的直播电商的平均停留时长在 2 分钟以上，户外直播的停留时间会稍长些。

有新粉丝进来之后的欢迎语、与观众的互动技巧、吸引关注点击的商品、户外活动的呈现等都是可决定观众平均停留时长的点，有能力的直播间可以努力把数值做大，对直播间标签的建立和自然流量推荐都有非常好的助力作用。

（3）带货转化率。带货转化率＝下单人数/总场观看人数，这是综合纬度的一个考量，最重要的影响因素就是主播的带货能力。一般情况下，带货转化率行业平均水平在 1% 左右，好的主播能做到 3%，所以在直播电商时着重关注这个指标。其实质是一个考核主播带货能力的标准，其他的话术能力、催单能力、专业能力毕竟都是客观感受，转化率是实打实的数据标准。

2. 用户分析

可关注主播在播、用户在听及主播在答的过程，具体包含直播过程中用户的情绪、反馈异常的节点（如消极发言等），定位用户可能存在的痛点。在直播间的互动评论中，呼声最高的内容可作为后续直播返场内容纳入直播内容需求池中。

（二）阶段复盘

在累计多场直播后，需要进行阶段性的复盘。可从宏观角度对多期直播进行收敛分析，明确直播对产品的核心价值，并定位核心用户圈层、吸引点及直播应该要有的节奏。在阶段复盘中，除了数据分析、用户分析外，还需要关注市场分析，具体内容如下。

1. 数据分析

不同于快速复盘，要从整体宏观角度关注直播对产品的价值，以及直播整体的数据表现、热点分布等内容。

从直播对产品的价值定位来说，除了收入以外，其作用还包括吸引新用户，增加用户活跃、延长用户停留的时长。在明确价值后，就应该明确后续要如何把直播做得更好，这里数据上可以分为两个大的方向，一是热点分析，二是直播节奏分析。

（1）热点分析上，需要从单期、分类、词项拆解上看。首先，单期直播就是简单地对单期直播数据进行排序，找到好的直播提炼其特征性；其次，分类分析上关注各类直播数据间的横向对比，能从分类数据对比上看出哪一类直播更吸引用户；最后，通过对每期直播的标题进行词项拆解，筛除掉无意义的词项，再乘以对应期直播的人数，对每个出现两次及以上的词项数据取出其对应的单期直播人数均值，即可定位到用户最关注、最能吸引用户的核心关键词。

（2）直播节奏分析上，总结阶段性复盘的庞大数据量，可以聚类出多期直播聚类下的直播趋势线，在趋势线上，亦关注三大核心点——拉新、增长、流失。用户进入直播的高峰期（即新增高峰），可用于定位直播亮点，并对应布局以留住用户。

2. 用户分析

要明确直播受众及用户圈层，并针对这部分受众的观看体验进行服务体验调查，以帮助明确后续业务重心、范围及宣传模式。

在用户圈层上，对观众数据清洗，从年龄、性别、地域、渠道等各项维度定位观众的特征。同时，考虑到直播本身是以产品为载体，所以其用户圈层基本与产品本身重合，但会存在一定的差异。可以结合 TGI 分析（Target Group Index，目标顾客指数），定位到直播用户圈层相较于直播内容的差异点，从而针对受众进行直播内容的调整。

同时，直播本身因其特殊性，也可类比至服务体验设计思维，在用户侧分析时，从直播前—中—后三大环节分析用户行为、需求、痛点、快点，从而定位到各个环节优化直播的机会点。

3. 市场分析

在市场分析时，不仅要关注那些在直播领域做得好的同类竞品，同时也要多分析在受众群体中最近的热门话题是什么，这样有助于后续在宣发时引出直播核心话题，也能够思考直播的新赛道，以协助产品拓宽其用户圈层。

五、旅游直播总结与提升

（一）主播提升

1. 增强服务意识

做过旅游销售的人都非常有耐心，客户都是一单一单谈下来的，各种五花八门的问题都会遇到，所以做旅游主播一定要有服务意识，一定要有耐心。

2. 专业要求高

术业有专攻，做旅游主播一定要懂旅游，懂坐飞机的流程、客票规定，懂酒店的分类、服务特色，懂景点的卖点、历史文化背景，懂行程安排的合理性，还要懂旅行社操作的可安排性。

3. 领域要细分

旅游业的细分法则有很多，有根据客源地分的，也有根据目的地分的，还有根据用户消费层级分的，不同的主播一定要细分出自己的领域，成为细分领域的 KOL，千万不要求全。

4. 会玩还会卖

很多旅游主播都是玩咖，自己走过很多地方，也写过很多攻略。但投放市场的产品，要想成为爆款，就必须能发觉产品的卖点在哪里，精准推销给客户，所以主播必须懂营销策略，引导用户下单。

5. 综合能力强

旅游产品是一项复合产品，比如一个行程为什么 A 线路比 B 线路贵？为什么 3 月出发会比 4 月还贵？为什么 C 航空有时比 D 航空便宜，有时又比 D 航空贵？而且旅游消费本身是一种精神消费，除产品本身外，还需要对目的地人文背景有所了解，所以旅游主播不仅要懂旅游规则，还要懂得人文规则。

6. 讲解和组织能力突出

户外旅游直播需要带粉丝一起游览各景点，或展现各种旅游户外活动，这样就要求主播有大量旅游从业经验，在讲解和组织能力上有自己的长处。

（二）坚持旅游直播原则

旅游直播，一方面创新发展出以"云旅游"为代表的旅游新业态和服务方式；另一方面又依托主播现场专业的内容输出，最大化挖掘旅游资源的内在吸引力和消费者的消费欲望，释放出更多的消费潜力。但面对目前直播市场形形色色的乱象，要坚持以下原则。

1. 以产品/内容为核心

（1）旅游直播电商的关键在于"货"，只有真正以产品为核心，其发展才能真正跳出对流量的依赖，进入一个全新的发展阶段。

所谓的以产品为核心，并不仅仅是加强对选品的要求，而是应该更加关注产品本身的设计、生产和供应。只有真正从本质上去改变产品本身，用产品来打动人，直播带货才不会沦为一个过时产品的打折促销地，而是变成一个新产品的展示中心。

在后旅游直播时代，不应仅仅以卖货为主导，同时要导入更多当地的人文、情景和更多的故事。让消费者看完直播后，有想把这个地方列入出行清单的冲动，这样才可以让旅行业直播的附加价值变得大。

旅游直播电商不是一个流量的收割工具，而应该是一个真正可以把用户需求和产品供给相结合的衔接器。

（2）户外旅游直播尽管具有强实时性及互动性，主播也大多以深度讲解、深度体验为主，但因为直播非常长，无法预知下一秒会出现什么，而且无法快进，却正好满足了以下两个特点：内容的正反馈和内容的随机性。每个能够形成正反馈的内容都是一个内容的"信息高潮点"，在直播的过程中，主播要能够最大程度地填充这样的"高潮点"，这是决定大多数直播观众能否坚持看完直播的关键因素。

而要组织一场足够长的、能够吸引人的内容，就需要足够多的、可填充的信息高潮点，显然这不是一件任何人都能做到的零门槛的事情。现在许多户外旅游直播都是资深导游，例如，2019全国导游大赛一等奖获得者金牌导游曹震现在就是一名知名的网红直播导游。

但如此高水平的旅游主播并不多，如何能打造更多的"信息高潮点"呢？这里有个公式：内容价值浓度 ＝［（脸 × 逻辑）＋脸＋逻辑］/ 信息体量。

其中，"脸"是指内容创作者展示围绕自己与自己周围世界的客观属性的信息，举例来说就是颜值、身材、身份、环境、周围正在发生的事等。而这里的"逻辑"，是指内容创作者展示围绕自己与自己周围世界的主观表达的信息，举例来说包括情绪、观点、段子、八卦、故事等。

一场动辄几个小时的直播，基本决定了用户不会全程蹲守直播间，这也就意味着每位用户进入旅游直播间后，他们听到的信息是非线性的、碎片化的。而留住观看者的决策因素要么是有趣的内容，能在几分钟内打动人心；要么是熟悉的内容，观众愿意花时间重温。高沉浸感的内容是令用户留存的不二法门。

2. 以用户体验为终极追求

相较于泛娱乐化直播，户外旅游直播的观众更青睐户外深度玩乐体验，对旅行玩乐内容的纯度、体验的深度都有更高的要求。旅游直播的观众往往先被直播内容吸引，进而才形成旅游消费决策。

同样，以旅游电商为主的主播真正的关注点在于是不是把商品卖了出去，并不是去关注用户的需求是不是真正得到了满足。若仅仅是把直播带货定位在这个层面，显然是无法长久的。这要求平台具备迅速聚集旅游达人、商家、文旅部门的能力，在提供有趣的旅行内容的同时，也要提供性价比高的旅行玩乐产品。可通过互动形式的拓展与直播内容的多元化，来增强用户黏性，创新塑造和强化自身差异化优势。

在粉丝消费后关注其用户体验，这里所讲的用户体验不仅仅包括直播的体验，而且包括用户通过直播购买商品之后的体验。只有真正把用户体验看成是直播带货的终极目标和追求，旅游直播电商才摆脱了卖货的牵绊，进入到全新的发展阶段。

3. 以新功能为自身定位

旅游直播应该有更多新的功能和定位，更应该是一种赋能上游生产环节的工具和手段。通过旅游直播，近距离地了解用户的真实需求，并把这些需求反馈给上游旅游企业，以促成旅游产业效能的提升。把旅游直播的功能从收割用户转移到赋能旅游产业上来，其功能和作用才能得到拓展，发展才能真正长久。

（三）提升旅游直播的技巧

1. 选择合理的直播时间

直播的选择时间对直播间的流量以及最后的成交量是有直接影响的。

一般 6:00~10:00 这个时间段上班族基本已经上班了，在这个时间段内开始直播虽然直播间流量较少，但早上开播的人并不多，所以竞争压力小，是个圈粉的好时机。

12:00~14:00 这个时间基本上是大家的午休时间，也比较稳定，此时直播非常有利于维护粉丝。

一般，直播电商的黄金时间段是 18:00~24:00，这个时间段内粉丝活跃度高、购买力强。同时主播之间的竞争也大，要想在这个黄金时间段内取得一番成绩，就一定要做好直播预热以及直播准备，才能留住直播间内的人群。

不过户外旅游直播时间可以突破以上时间限制，以旅游资源的最佳时间作为直播时间段。

一般，旅游直播电商时长 4~6 小时为佳，因旅游户外直播的特殊性，时间不确定，还要注意留出学习直播套路与产品内容以及分析数据的时间。

2. 有趣的名字和鲜明的标签

一个有趣的名字可以让人在第一时间记住，简单、风趣或者接地气的名字都是比较有记忆点的。

主播必须有自己的闪光点或者特点，才能让别人记住。口头禅可以是一个标签，搞怪也可以是一个标签，专业度也是一个标签，宝妈带娃出行或者攀岩达人也是标签，总之是要让人记住、认可。

3. 背景与专业度

主播的背景决定了其号召力和公信力。一般专业度或者从业背景是一个被别人信任的关键。主播在直播时也要注意对自己背景的包装。在 KOL 的时代，粉丝会因为喜欢而产生信任感，并进行关注。现在很多国家金牌导游都涉足旅游直播，他们比普通旅游主播拥有更强的专业背景。

4. 在细分市场坚持

主播的专业度是从事这一行最重要的品质，只有足够专业，才能让粉丝认可并记住。只有精准定位细分市场，才有持续发展机会。凡事贵在坚持，一定要有耐心和恒心，坚持播，坚持陪伴，长此以往才能出效果。

（四）直播未来

1. 持续输出内容打造 IP，做好对流量的链接

主播要持续输出内容，需要做好两个方面：一是直播的风格化，要注重打磨文案、推敲呈现、注入个性；二是在直播外注意提升主播本人的知名度。

2. 以专业团队的模式做好对于供应链的链接

主播走得更远的一步是对于供应链的整合，尽管无法完全控制履约和服务，但在采买和品控等环节，还是大有作为的。当然，这就需要主播们明确定位，深耕聚焦品类，并和一定的品牌方建立长期关系。

无论何种形式获得流量的电商，最终还是会过渡到供给侧的竞争，比拼的还是效率、价格、体验。也就是说，没有产品端和供应链的优势，没有向分销链条和用户让利的空间，这种模式最终会失去核动力。

3. 精准定位，将 IP 价值注入产品，实现店铺式转型

直播电商的意义是主播用自己的人设赋能产品的个性化，并且利用自己的公信力为产品背书。可用不同的标签和个性划分出不同的客群，以跳出低价竞争局面。

4. 专业直播孵化公司

未来个人旅游主播必然需要专业机构的运营支撑，像 MCN 这类加速主播成长的平台机构还是大有可为的。未来的 MCN 会是一种典型的 S2b2C 商业模式，即作为一个平台，在供应链、流量、管理等方面可赋能小主播成长。

任务小结

直播目前已经成为各类内容和电商的重要结合点。直播一定要以好内容为驱动。相比传统的图文内容，旅游直播能够更真实、完整、直观地呈现目的地和旅游线路的旅行体验。学习本任务时，学生可以先分析自己平时爱看的旅游直播，从模仿开始，慢慢建立自己的风格。无论如何，开始实践和行动才是最关键的。

任务实践

任务准备	全班按原有分组,提前在某直播平台注册
任务要求	1. 各组进行 1~3 次旅游直播,有条件的学校可以与商家合作进行旅游电商直播,其他可以选择当地某一旅游资源进行户外旅游直播 2. 各组撰写旅游直播策划方案,包括选题、团队分工合作等内容 3. 各组撰写直播脚本／台本 4. 提前 1~3 天进行直播预告 5. 各组进行直播 6. 直播后进行复盘讨论,并形成文字意见稿 备注:因新设立的直播账号观看人数不多,要达到较好的效果,最好提前注册并运营,也可以几个组共享一个直播账号,轮流进行直播
任务成果	每组进行 1~3 次直播 留存直播配套的策划方案、预告海报、脚本／台本、复盘分析稿
评价方式	学生自评、互评和教师评价相结合,条件允许还要考虑直播观看人员的评价

项目五　运营提升

 项目导读

通过上述4个项目的学习,你是否找到了旅游新媒体运营的必经之路?要想成为运营高手,还需要掌握旅游新媒体运营提升的制胜宝典。本项目旨在引导学生通过学习旅游裂变营销策划、旅游新媒体社群运营、旅游新媒体数据分析及舆情管理与网络安全,持续提升运营能力。

学习目标

1. 掌握裂变营销的概念、流程、不同渠道的操作方法、关键节点、机制设计方法,可设计一款社交营销裂变产品。
2. 掌握旅游新媒体社群的搭建、运营方法和技巧,精准制定专属新媒体旅游社群。
3. 掌握旅游新媒体数据分析 KPI 设置,选择旅游新媒体数据分析工具,会制作日常报告。
4. 掌握网络舆情的概念、特征、类型、产生、发展规律、监测方式、原则、操作流程、研判预警、风险研判分级标准及应对原则和技巧。
5. 掌握网络安全的本质以及管理内容和措施。

 思维导图

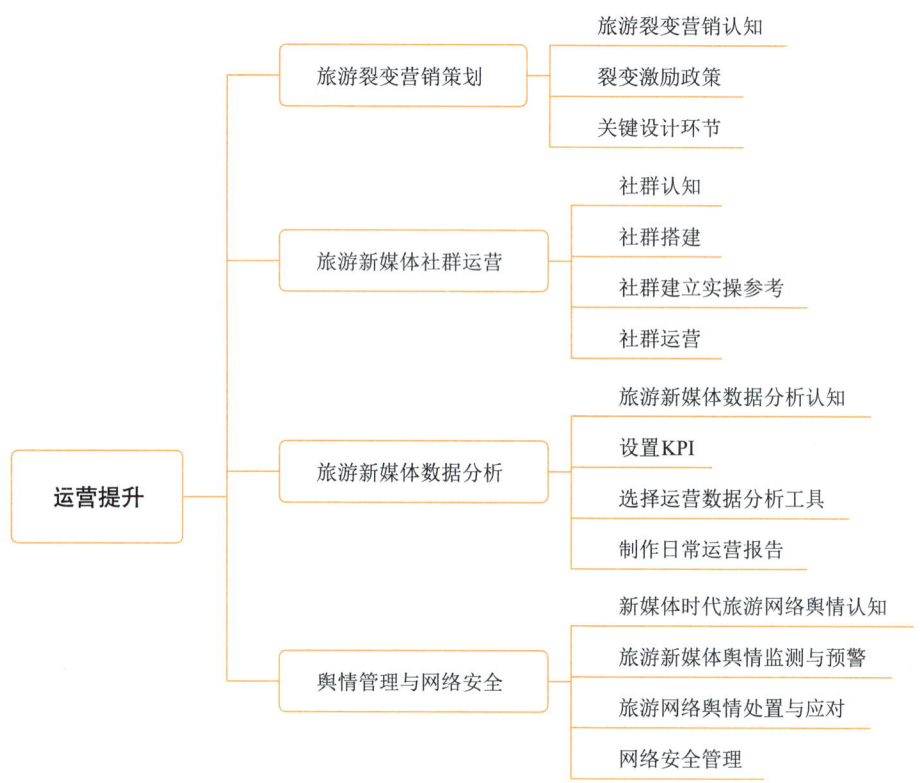

任务一　旅游裂变营销策划

【任务导入】

请看图 5-1，并讨论以下问题。

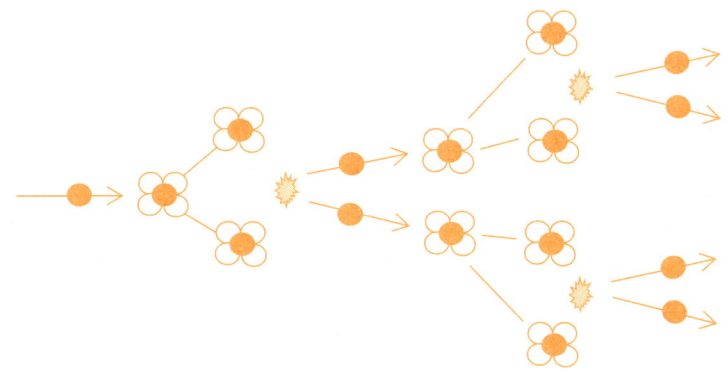

图 5-1　裂变图示

1. 图 5-1 所示的图形形成一种怎样的趋势？
2. 这种趋势一般出现在哪些行业？

任务解析： 焦虑是当今大多数营销人员共同的情绪，为吸引客户营销人员所用的手段可谓多种多样，不断迭代更新。可能除了信息技术之外，我们无法想到其他学科发展得如此之快，每天都有新的方法出现，老板要求每一笔给营销部门的资金都要带来一定的收入回报，由此增长黑客应运而生，现已成为许多企业突破发展瓶颈的救命稻草。

增长黑客专注于研发低成本创新的替代方案，以实现爆炸性增长。"社交裂变"是目前网络流量成本不断加速上升情况下的最佳增长策略之一，它的趋势话题不断在现有的各大社交媒体上爆炸，在很短的时间内创造了许多品牌神话。那么，社交裂变是如何成为增长黑客关键的突破点的呢？

一、旅游裂变营销认知

（一）旅游裂变营销的概念

营销的目的是获取新用户，社交媒体营销的本质是"裂变"，裂变营销就是利用每个人的社会关系来放大影响力，激发增长，俗话说：一生二，二生三,三生万物。简单来说,社交裂变的主要核心是利用利益驱动用户,通过他们的社交关系,以最低的成本实现用户的最大增长。

旅游裂变营销是一种基于用户社交网络的营销方式,在加强旅游传统营销的基础上,整合关系营销、内容营销及会务营销,增强深度用户的转化率,利用这部分用户影响其所处的社交链,实现旅游产品信息裂变式传播,最终达到营销的目的。

(二)社交裂变营销简史

1. 起步:微信红包

微信红包是腾讯公司2014年开发的一款移动应用,改变了传统春节在朋友和家人间的问候方式。随着虚拟红包的普及,社交裂变迎来了大爆发。许多公司认为,只要放弃一些利润,他们就可以通过社交媒体快速获得新用户。比如,我们经常收到美团、饿了么等公司发放的虚拟红包。通过亲朋好友的分享,邀请一起尝试一项新服务。然而,这种社交裂变仍处于较低的渗透水平。

2. 发展:分散用户在渗透等级3范围内的裂变

拼多多的策略是上瘾和病毒式传播,其核心目的是竭尽全力推动你与朋友分享该应用程序。拼多多活跃用户为了获得更优惠的价格,将"红包"或"交易"分享到他们的社交平台(以微信为主),以激励朋友加入团购或帮助"讨价还价"或"是朋友就帮忙砍一刀"活动。被"低价"或"激励"吸引的用户被动在看到朋友分享后也分享了这笔交易,便形成了用户不断独立裂变直到交易成功的模式。拼多多的去中心化是为了切断巨大的流量成本,通过社交裂变不断获取新用户。

3. 迭代:传统商业公司的社交裂变

社交裂变颠覆了传统广告,新时代的营销核心是将传统商业融入社交裂变。连咖啡小程序上线新功能口袋咖啡馆,让用户通过创建虚拟店铺卖出真咖啡,首日页面浏览量超过420万,开店超过52万家。

口袋咖啡馆在社交媒体上火爆的关键是因为它满足了许多女孩的梦想:开一家自己的咖啡馆。以经营类游戏模式,用户可以自己装修店铺,自己准备菜单,美观界面,分享起来非常好玩,乐趣无穷。而且分享也能赚钱,在网吧实现的每一笔订单都能获得奖励。

(三)裂变营销模型AARRR漏斗模型

前文已经介绍过图5-2所示的这个模型,大家可通过抖音举办的"山里DOU是好风光"旅游营销推广活动来了解该模型的应用。

图 5-2　AARRR 漏斗模型

二、裂变激励政策

（一）用户需求和激励机制

1. 用户需求

运营人员在制定激励政策之前需要先理解用户的需求，即用户做任何动作背后的动机，才能够更好地制定激励政策。

你行动背后有哪些力量在推动？你每天起床去运动是因为你知道这对你有好处还是因为某种来自外部的奖励？人们做某件事情的原因有很多。有时，人们被内心欲望激励而采取行动，但有时某些行为是被外部激励出的欲望而驱动。想要探究其原因，我们可以从马斯洛的需求层次理论进行研究。

图 5-3 是马斯洛需求的五个层次，是最著名的动机理论之一，它详细揭示了是什么激励了人类的各种行为。1943 年，马斯洛发表了论文《人类动机理论》并出版了《动机与个性》一书，在其中首次介绍了需求层次结构的概念。这种等级制度表明，人们在转向其他更高级的需求之前，需要有满足基本需求的动力。

这个结构通常显示为金字塔。金字塔的最底层由最基本的需求组成，而最复杂的需求则位于金字塔的顶部。底层需求被满足后，人们通常会进入到下一个层次需求的追求，例如，在被满足了对食物、水、睡眠和温暖的需求后，便会进入下一个层次的需求，即安全需求。

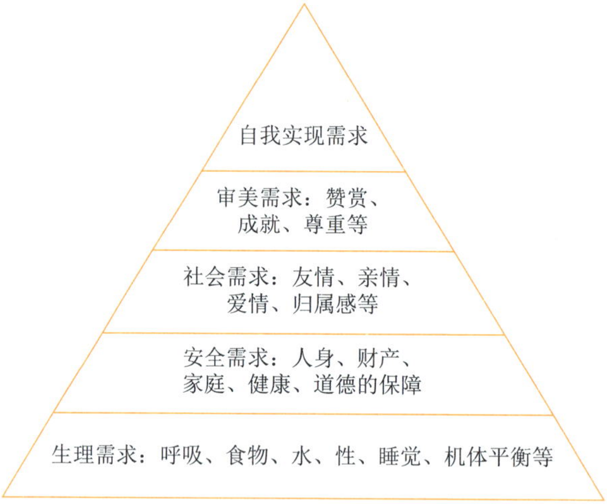

```
         自我实现需求
      审美需求：赞赏、
      成就、尊重等
    社会需求：友情、亲情、
    爱情、归属感等
   安全需求：人身、财产、
   家庭、健康、道德的保障
  生理需求：呼吸、食物、水、性、睡觉、机体平衡等
```

图 5-3　马斯洛需求层次理论金字塔模型

2. 激励机制

在了解了人类的需求理论后，运营人员需要思考的是如何根据产品特性，找到能够激励用户的点。这里需要简单引入激励理论，它可以帮助从业人员更好地理解和建立激励政策。

霍肯伯里在《发现心理学》一书中写到："在驱动理论建立的基础上，激励理论出现在 20 世纪 40 年代和 50 年代。激励理论认为，行为是由奖励、金钱或认可等外部目标的拉动驱动的。很容易想到许多情况下特定目标，可以作为有助于激活特定行为的外部激励，如工作中的晋升。"激励理论表明人们的行为受到外部激励的影响，个人被刺激吸引住了并且不想减少。

激励的影响程度也会根据人的不同而有所不同，一些动机将比其他动机更好把握。比如一个人可能认为不值得为这个奖励而工作，而另一个人则可能认为它非常值得。

通常来讲，激励可以分为积极的和消极的两种。

积极激励是指为行动提供的奖励或强化。例如，老师赞扬她的学生完成了家庭作业，这让学生想在未来继续更好地完成作业。老师还可以奖励其更好的分数、在班级里的认可或因工作出色而获得更多。这些都是其他形式的积极激励。

消极激励措施则截然相反。例如，同一个老师可以选择批评其学生没有完成作业，这种消极的动机可能会让学生失望，使其不想再参与课堂等。

综上所述，首先要明确被激励的对象是哪类人群，然后再针对该人群特性选择合适的激励方式，透过现象看本质。不论是哪种激励方式，首先需要考虑的是目标客户的需求，其次是目标和结果。

（二）裂变载体的选取

在了解完需求和激励机制后，需要进入下一阶段——裂变激励政策的选取和实施。

互联网时代裂变营销的基础是通过低打通成本的社交关系链形成社交流量。借助用户的社交网进行产品的传播和促销，对于绝大多数用户来讲，其核心是利益驱动。所以利用合理的利益激励用户实现裂变式传播是目前的主流做法，而对于价格不敏感型用户，可以通过探索马斯洛的需求等级制度来进行完善。这里可以总结出一条公式：

$$裂变 = 激励奖品 + 推广海报 + 分享流程 + 种子用户$$

1. H5 页面

H5 页面是一种新兴的可在移动端播放 Flash 动画的营销工具。

其玩法有以下几种方式。

（1）拼团。指以团购的方式快速增加用户量，比如汲取拼多多拼团精髓并升级的自我游的团购模式，以"社交互动、分享传播、服务延伸"为出发点，通过社交互动及拼团价格的优惠，触达更多用户并快速形成裂变。

（2）邀请奖励。指老用户邀请新用户注册并使用服务后给予老用户和新用户奖励的政策。例如，自我游在老用户拉来一个新用户并且产生有效订单后，老用户将获得分享返佣的活动。

（3）好友助力。指用户将该任务分享到社交平台，让其亲朋好友在页面进行点击或者注册帮助其获得某项产品或服务的活动。

（4）分享拉新。指通过社交平台分享链接二维码等作为入口，让新用户进入平台。运营人员可在后台系统内看到用户通过哪个渠道进入平台分享裂变，比较常见的是社群裂变，在群里通过发放一定的福利，使用户自发分享拉新。

2. 小程序

小程序是一种无须下载即可在微信里使用的应用。

其玩法有以下几种方式。

（1）功能裂变。当小程序被附上某些目的性，用户的分享意愿便会随之增高，比如微信小程序中的小游戏如果附带复活功能，那么使用人群分享的积极性就比较高，又或者携程的好友助力抢票功能。

（2）公众号合作。每个公众号链接的是一个不同的群体。公众号最主要的作用是内容的传播，如果想要加上交易属性，可以添加链接或者二维码，将用户推至小程序内进行购买。例如，携程的公众号拥有大量的浏览量，且用户对公众号信任，愿意从公众号分享的二维码进入小程序购买。

（3）人群定制化玩法。小程序也可以根据不同人群进行定制入口，比如携程小程序根据市场分析推出的当季热点视频推荐，增加了用户在微信上相互推荐热门视频的动力。

（4）动作加持。小程序加微信社交群体后会产生化学效应，分享小程序至微信朋友圈，好友群可以让好友进行送、拼、帮、砍等动作，以实现用户之间的传播。

（三）主流裂变激励政策

1. 现金类奖励政策

目前市面上大多数营销活动实际检验的结果中，现金奖励是最快速见效的激励措施。

（1）拉新类。比如，老用户邀请 N 人成功注册成为新用户，就可以获得 N 份现金奖励。

（2）消费返佣金。用户完成一次购物后可获得一定的佣金返现额度，单价高的商品适合做降价吸引，单价低的商品适合做返佣金奖励。

（3）分享奖励。老用户邀请好友成功下单则可获得相应的返现，所有的社交类电商平台均可使用这种政策，可以轻松做到快速社群拉新的裂变。

（4）任务奖。用户完成某个任务并且获得名次后，可以获得相应的现金奖。需要注意的是现金奖励的金额大小要根据活动的难易程度和获客成本来决定。

2. 实物类奖励政策

市面上常见的许多奖励政策为做任务赢取某种实物，如新款手机、汽车、家电等。需要注意的是线下活动更适合使用实物奖励政策，因为线下活动将实物奖品堆放在一起可形成视觉冲击，让参与用户能更加直观地感受到人气，提高其参与意愿。

3. 权益类奖励政策

用会员制度来将用户分层是如今较为普遍的方式之一。不同等级的会员享有不同的权利，这是把会员分层权利作为一种奖励发放给用户。

4. 体验类奖励政策

用户如果参加某项活动，完成后可以获得 1~3 个月的会员免费体验。同样的方式也可以应用到其他场景，如酒店、餐厅、游乐场等。限时免费体验会员，可以让用户对产品的会员服务有体验感，如果体验感好，用户会产生使用习惯，从而可将部分免费用户引导为付费用户。

5. 优惠券类奖励政策

这类奖励是历经多年实践现在依然有效的，其特点是成本比较低，但用户接受度较高，主要有以下几种方式。

（1）门票类奖励。目前市面上许多景区、游乐场等都会推出一些转载该文章即有机会免门票的活动，可以快速产生 UGC 内容传播。

（2）奖券类奖励。优惠券有很多种类，如常见的单品券、满减券、无门槛券等，可让顾客体验到实质性的奖励，愿意购买甚至复购。

（3）积分类奖励。许多产品将打卡积分设置为日常活动或者购物积分，这类积分可以相应奖励，如兑换券、实物小样、抽奖机会等。积分成本很低，只要设定相应积分能够兑换到合理的、有价值的东西，就可以起到四两拨千斤的作用，将用户留下。

目前市面上设置的裂变激励政策多种多样，也在不断地更新迭代。不过总结上述针对大众用户的主流玩法，最主要的还是利用人们占便宜和投机的心理。如果是前文提到的愿意花大价钱购买服务的优质用户，需要满足的则更多是更高层面的需求。

三、关键设计环节

目前旅游裂变活动主要使用的平台是微信群和 QQ 群，这两者性质类似，所以在设计裂变活动时均需要注意以下三大节点。

渠道宣发，指通过公众号、微信群、朋友圈等社交平台，利用权益吸引用户扫码关注或者进群。

群内促活，指给群内用户分发任务和物料，让他们转发起到用户间传播的裂变。

裂变循环，指不断地有新用户通过老用户的传播任务关注公众号或者进群，可以再次将制作好的物料，例如海报发到群内，让新用户变成新一轮的传播者，如此往复，不停地进行裂变循环。

以上是对于设计裂变活动关键环节的解释，因为微信群与 QQ 群类似，设计步骤也类似，所以这里只详述微信群裂变。

（一）微信群裂变的六大步骤

1. 明确价值

想要让用户自发转发形成裂变趋势，首先就要明确产品的价值。换句话讲就是你的产品能够为用户带来什么价值？帮他们解决了什么样的问题？回答了这两大问题后，即明确了产品价值，用户才有理由帮助宣传产品。如果产品无法给出用户充足的理由，可以根据上述奖励机制，利用趋利心理形成传播。

需要注意的是，在明确产品价值时不能自认为良好而进行确定，比如，未经充分调研自认为市面上的消费者喜欢的就是这类行为，这种自嗨型价值不论投入多少能够得到的回报会少得可怜，所以一切应该站在用户的角度，做到真正从用户出发，而不是自认为用户会喜欢什么就强行推广。所以上述两个问题是必须要解决的，这样才能够找到目标用户的需求痛点，提供相匹配的价值。还有在明确任何产品价值时，要注意发掘产品的独特性和唯一性，可以从发掘并填补市场空白的角度考虑，这样才能吸引用户进行自发传播。

2. 前期准备

做旅游裂变活动时会面临很多突发问题比如时间的把控等，所以只有做好充分的事前准备，才能确保想要达到的效果。可以从以下几方面着手准备。

（1）裂变介绍。需要事先准备一篇详细介绍裂变活动规则的文章，并在明显位置放出参与的入口链接。

（2）制作裂变海报。可以使用 Photoshop 等专业软件制作或者使用 H5 页面模板套用制作海报。海报既可以在推广时使用，也可以在裂变群内作为促活转发时使用。需要注意的是，海报上的字一定要少而精，重点内容可以使用亮色字体且放大突出，目的是引起关注、引起兴趣、激发意向及说服行动，并且活动参与入口要放在明显位置。海报设计可以从以下 7 个元素着手，即产品名、购买理由、权威机构/名人信誉背书、人物或者产品照片、促销信息、活动入口二维码、产品详细介绍。

（3）推送裂变文案。这是搭配裂变海报在推送时使用的，可将编辑好的话术和海报同时进行推送，目的是让有些不愿意点开图片的用户点开。其关键点在于突出介绍活动能给用户带来什么价值，除了向外推广，也可在群内促活时使用。文案可以从以下 3 个角度入手，即制造恐惧型，如提出某个市面上一直令人担忧的问题并给出合理的解决方案；省时间型，如想要快速学会某种技能，并且你的产品能够帮助呈现出什么效果；用户获得某种利益型，如可以实际获得的物质或者精神享受等。

（4）结合裂变工具。使用微信群作为裂变平台有一个小问题，就是每个群的人数有上限。所以必须结合裂变工具才行，如爆汁、进群宝、Wetool 等就是专门服务于微信群裂变的工具。

（5）利用气氛组小号。每做一次裂变活动初期都是需要积攒人气的，刚开始进群用户数量少，需要有人烘托氛围，所以需要准备至少 5 个左右的微信号，在群里当气氛组带动氛围或者化解不可控问题。比如，有人会在群里发其他不相关的广告，或者提出质疑，这些都需要提前做好应急预案，让小号在合适的时机发挥作用。

值得注意的是在裂变工具初次设置完成之后，一定要记得进行多次反复的测试和调试。在准备阶段还有一个重要事项需要完善，即找到竞品的类似活动并且深入分析，取其精华去其糟粕，辅助调试与完善裂变活动流程、裂变话术、海报等。不仅设计产品的时候需要从用户需求出发，设计裂变活动时亦如此，这也是非常重要的。只有基于用户实际需求、情感需求等角度发起的活动才能够打动用户。

3. 渠道宣发

渠道宣发指在公众号、个人账号、微信群等不同渠道宣传发布本次裂变活动。需要注意的是一定要将参与活动入口设置得明显些，且流程要简单，尽量不要超过 3 个步骤，否则会大量流失潜在用户。

另外最好通过多个渠道同时推送营造势头，这样短时间内会有大量用户涌入活动，也可以更好地带动周围朋友一起参与。因为根据羊群效应理论人都有从众心理，所以即使还不清楚这到底是什么活动，但看到周围有很多人参与，那么许多人也会选择加入其中。除了做好宣传外，需要再次强调的是首先将产品做好，因为在自媒体裂变营销中，其实也就是利用人们常说的口口相传推广形式。只有建立起良好的口碑，才有助于转化。如果在其他微信群中，有人直接推送某个产品的硬广，会让有些潜在用户感到反感，甚至会被踢出群聊，所以采取第三方口碑推荐方式最为合适。推广活动时也可以邀请 KOL 参与，有名人效应和信誉背书会让消费者更容易接受活动。但一定要注意推广节点和 KOL 选取的契合度，比如，活动预热期可以选择一些尾部 KOL，因为他们粉丝少与粉丝互动较为直接，会让潜在用户感觉更加真实；当活动慢慢有热度后，可以选择一些腰部 KOL 扩大宣传；如果活动即将迎来爆发期，可以与头部 KOL 合作，直接点燃整个裂变活动。

4. 实时监控

从活动开始直到结束需要全程实时监控，一旦出现问题可及时调整。有 3 方面属于主要监控范围，即裂变工具、广告效果以及应急处理。

对于裂变工具的监控主要在活动前期，虽然经过调试，但实际运营中有些工具还是会有稳定性问题，如二维码扫描失败、无法自动发布任务等。

对于广告效果监控主要分两部分，一部分是自己产品广告的推送效果如何，比如新用户通过该活动注册量的多少；另一部分是是否有竞争对手混入群内趁机发广告，这些都需要根据应急预案做出调整。

对于应急处理需要视情况而定，比如，有带着其他目的的人混进群，将头像和名字改得像主办方乱发消息或者有截流等行为，针对这些行为一定要准备一套完整的应急方案。

5. 权益给予

权益给予指有些裂变活动会承诺用户完成传播任务后，可以领取某些有价值的实物、现金或资料等。可以建立一个群、公众号或者客服微信号，专门针对完成裂变活动任务的新老用户，及时把权益返还给用户。所返还的权益一定要与承诺时的一致，只可多不可少。在设定返还权益物时一定要考虑如何转化成二次裂变的资源，尽可能最大化活动效果。

6. 衔接运营

裂变活动结束后需要衔接运营，但不要立即推送商品让用户购买，因为裂变活动想要做得好一定是依靠口碑宣传与用户建立起信任感后再做转化的。可以用柔和的话术，在活动后的一周衔接期内推出一款高性价比的爆款产品进行转化，以增加用户黏度。

以上就是设计裂变活动的三大节点和六大步骤，在实施时一定要注意流程之间的先后关系，做到层层递进、环环相扣。

【案例5-1】

途牛亿元老带新活动

裂变营销活动做得好的企业有很多家，比如拼多多、瑞幸咖啡、途牛等。不论是哪家公司基本上参照的都是拼多多的裂变营销模式，我们要详细剖析的是途牛的裂变营销活动。

途牛推出的途牛亿元活动，其商业理念是利用集聚亲友力，让用户通过将订单分享在个人的社交平台上完成邀请新朋友出游，新老用户均获利的新型社交电商思维。

点评：这一活动模式主要灵感来自拼多多的营销手段，比如，最经典的"老带新"裂变营销活动（用户推荐计划）"是朋友就帮我砍一刀"，一度成为人们茶余饭后的谈资。因为该营销手段操作简单且见效快，从而被许多公司和产品争相模仿。

（二）"老带新"裂变营销活动

"老带新"活动基于互联网各类社交平台，主要目的是利用老顾客的分享行为获取更多新顾客，实现用户增长的目标。平台利用一系列的权益作为激励手段，刺激老用户通过将订单活动等分享到其社交网络平台上与潜在用户建立关联，不断吸引潜在用户注册成为新用户。当新用户顺利注册，并且帮助老用户完成分享的订单、活动等任务后，平台会把约定好的权益发放给完成任务的新老用户。这种活动被称为基于权益奖励机制的任务系统流程，而老用户将任务分享到社交平台与新用户产生互动并完成任务的过程，可以被称为裂变营销活动（图5-4）。

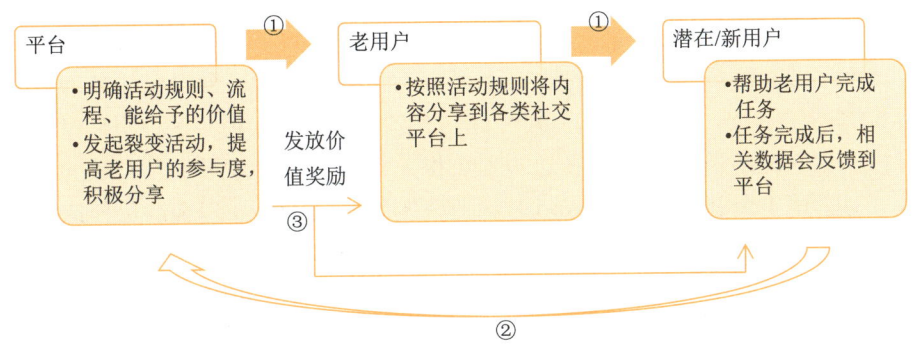

图5-4 "老带新"活动流程图

综上所述，"老带新"裂变营销活动的核心目标是提高用户增长总量，参与人员是老用户和新用户，关键节点是任务设定与发放、给予的权益设定及分享渠道设定。

1. 核心目标

实现提高用户增长总量是活动的核心目标，那么什么样的用户增长数据才可以视为有效的呢？用户增长并不是指App下载量或者是账号注册量的增长，根据前文所提到的AARRR模型给出的答案是用户增长数量包括了拉新、激活、留存、转化到自传播这五个阶段。所以单纯的App下载数量增加或者是新用户账号注册数量增加，都只是停留在第一个阶段——拉新。所以，运营团队在了解了什么是真正的用户增长这一概念之后，便能够在今后的任务设置上做出相应的变化，比如拉取新客户后，需要针对这个群体设计相应的任务或者定制服务从而使这些客户留下来。如前文所提，新拉来的用户在前三个月内流失量非常大，所以必须要制定针对将用户留存下来的任务或者活动，以避免用户薅完羊毛就卸载的情况。

2. 参与人员

活动中的主要参与人员是老用户和新用户，针对这两类不同人群所作出的决策也不一样。老用户是已经接纳并认可平台的用户，起到承上启下推动的作用，所以需要制定合理的给予权益以激发他们的分享热情。针对老用户的关键点在于给予合理的权益及简化内容传播渠道。

（1）给予合理的权益。给予合理的权益是激发老用户分享意愿的关键所在。因为平台为了实现用户增长的目标需要设计任务并发放给老用户，让他们完成这个闭环以获取更多新用户，而人类的本性是趋利的，所以需要发放一定的价值或者权益去激励老用户。这里运营人员需要考虑的是如何设计一套合理的、平衡的任务与权益机制。换句话来说就是所给予的权益需要与任务难度系数相匹配，过多或过少都不可取。比如，如果平台设置任务为"邀请50新用户下载App并注册，则可得到3元现金红包奖励"这种明显付出与回报不相匹配的情况会导致参加的人数将大大减少；而如果平台发放的任务是"每邀请1个新用户下载App并注册，则可获得100元现金红包"这种也属于付出与回报不相匹配的情况，当回报超过付出时，会使运营成本飙升从而导致后续活动失败。所以在设计任务和权益时，首要考虑的是付出与回报是否对等。

如果出现预算不足但又想最大化收益时，可以从调整活动模式入手。比如设置抽奖模式，随机红包等将大额奖金设置抽到的可能性降低，增加不确定程度的活动模式，利用人们的投机心理更能够激发参与热情。

途牛亿元活动口号是"你敢来，我就敢送"，给予老用户的权益为成功邀请新会员出游后可无上限领取旅游券，变身土豪；给予新用户的权益为接受老会员邀请，成功注册并首次电话下单（含无线下单）消费后，尊享"双倍抵用"五星土豪特权。这个活动力度对于新老客户来说均具有一定的吸引力。

（2）简化内容与优化传播渠道。简化内容与优化传播渠道并不代表简单粗暴的减少字句或者仅选择几个社交渠道，而是指让老客户将活动内容以及所能带来的权益在传递给新用户时，能够最大限度地减少沟通障碍。所以平台需要提供的是最便捷的内容传播渠道，以及几句通俗易懂的宣传内容，让老用户能够毫不费力地将活动传播给潜在用户，也让潜在用户在最短时间内了解活动参与方式及预期收益。

比如途牛"老带新"领取无上限旅游券，从截图上来看，领券数额较大，下方标注已经成功提现的案例以及仅几人助力后便可获得上千元大奖，金额和领券方式按钮采用有冲击力的颜色，简洁明了、吸引力强，能够使老用户有动力将这条消息分享给其他用户。

新用户通常是指从未使用过该产品的用户，属于平台的新增用户，也是"老带新"活动的获取目标。针对这类用户，不仅要实现任务和权益的平衡，也要尽可能地将所能给予的权益传递给新用户，从而激励老用户的邀请转化率。值得注意的是市面上存在很多薅羊毛党，这些人通常会使用一些手段来骗取平台提供的权益，因此运营人员需要设置一套风险控制体系来精准识别新用户的真实性，然后再发放权益。

3. 关键节点

该活动有 3 个关键节点，即任务设定与发放、给予权益设定及分享渠道设定。

（1）任务设定与发放。前文提到过新用户只是下载 App 或者注册成为新用户的话，只能算是 AARRR 的第一个步骤"获客"。注册后发放相应的任务加权益可以使用户留下来，所以需要获客类、体验类以及留存类至少 3 种任务类型。

其中，获客类任务是指促使新用户下载并注册的任务；体验类任务是指能够让新用户充分感受产品魅力所在的任务，当该任务完成后，则视为体验任务成功，比如旅游电商平台类的途牛，将用户体验并激活的任务设置为对某样产品下单；留存类任务是指能够通过老用户提醒新用户重复使用平台。

（2）给予权益设定。平台所能给予的权益可以分为无形价值和有形价值两类。

无形价值是指该产品已经有了一定的品牌效益，打出了口碑，所以用户愿意自发传播这个产品，从而帮助运营人员实现梦寐以求的零成本口碑传播获客。这里需要引入的就是品牌建设概念。品牌建设是指品牌的拥有者需要对品牌进行定位规划、设计宣传、赋予价值观等行为，当品牌形成知名度后，才有一定的市场占有率和经济效益。所以当其他用户向其亲朋好友推荐时，就形成了零成本口碑传播。

有形价值是指平台发放给用户的物质性奖励，一般较为常见，通常表现为现金实物优惠券、虚拟币、会员权益等。需要注意的是在设置权益内容时，一定要与产品的核心价值相关，这样可以帮助用户更加便捷地认知平台或产品，也能够帮助老用户消除在向新用户传播该产品价值时的障碍。与产品核心价值高度契合的有形价值可以帮助平台筛选出高质量的潜在用户群体，因为被这种方式吸引来的用户是真正对产品核心价值感兴趣的，更容易被转化为忠实用户。比如旅游电商类设置优惠券为给予权益，被吸引来的用户是因为对平台所售卖的产品感兴趣加上优惠券的诱惑，而非其他原因。所以虽然用现金作为给予权益能够吸引来大量用户，但在使用时一定要考虑被吸引来的用户需求是否与平台价值相契合。

（3）分享渠道设定。合理的分享渠道设定是让用户有良好的邀请与受邀请体验的关键所在。前文提到老用户想要触达新用户需要两方面的设置，即合理的分享内容与合理的分享渠道。

分享内容是新用户正式接触产品的第一次。目前大部分平台在移动端发放的宣传内容表现形式为落地页，如果将落地页分享到群中，会有一个落地页预览，相较于文字、图片等形式的宣传效果而言落地页效果更好，所以这部分设置非常关键。有时落地页会被社交平台所屏蔽，所以我们常见的文字类型的"拼口令"也可以成为补足手段被使用。

分享渠道是指"老带新"活动中老用户可以通过哪些路径将宣传内容分享给新用户，如邮件、SNS等。为了给用户带来良好的体验，降低邀请过程中的摩擦，可以结合用户的社交平台使用习惯，将其加在分享组件中，如国内常用的微信、QQ等分享渠道，国外常用的WhatsApp、Facebook和邮件等分享渠道。每个分享渠道都有自己严格的平台政策，需要运营人员提前研究，如果在社交平台上传播违反其规则约束的内容而被判定违规后，则该渠道将会短路被阻止访问。

（三）裂变营销类活动注意事项

一款优秀的裂变营销活动的产生并非凭空捏造或运营人员拍脑袋得出的设计，都是需要经过大量的A/B测试后再投放到市场的。其中，A/B测试是指互联网产品界面或流程制作出两个版本后，在同一时间维度让组成成分相同的目标人群随机访问。这两个版本将数据收集分析评估后，得出最佳版本的测试。因此，所有用户能够看到的营销文案、宣传图片等信息如果有条件的话，做A/B测试是非常有必要的。亚马逊网站做过很多类似实验，有研究表明页面上翻页箭头形状、大小不同也会导致用户购买率的变化。

《增长黑客》一书的作者说过一句经典的话："好的产品是增长的前提。"所以"老带新"这类旅游裂变营销活动的确是帮助实现用户增长的重要策略之一，但该类型推广活动能充分发挥效应的前提是需要有爆款潜质的产品出现，否则砸再多的钱在营销和广告宣传上也无法长时间留住用户，因为用户是无法忍受一个不符合需求的不合格产品。不合格的产品强行使用这种手段是不可能看到增长黑客这一情景的，看到的只是一时的增长幻影。

任务小结

通过本任务的学习和实践，学生应了解旅游裂变营销的概念、裂变的流程、主流裂变营销渠道及不同渠道的具体操作方法、裂变营销的关键节点、裂变机制设计的方法及头脑风暴出的更有吸引力的新玩法，从而达到熟练掌握旅游产品裂变营销的本质及以小组为单位设计完整的、可行的裂变营销方案。

任务二 旅游新媒体社群运营

【任务导入】

根据用户旅行需求搭建旅游新媒体社群

案例一：某公司 HR 要组织公司员工出去旅行，50 人左右的团单，并且承诺说以后他们公司想每个季度都组织一次主题旅行，自己也想多走出去看看世界，同时也可以给到员工福利。

案例二：某旅行社的员工，从事传统旅游行业多年，因为公司业务急剧下滑，想转型新媒体旅游业务，表明要提升自己的业务技能，想加入我们的社群学习关于新旅游新媒体的营销策略及其他更多技能，进行一个思维认知的迭代。

请查看以上两个案例，并讨论以下问题。

1. 根据以上案例中用户的需求，讨论两类用户该进入什么类型的社群。
2. 根据以上案例中用户的需求，模拟搭建一个适合两类用户的旅游新媒体社群，给出社群搭建的具体方案（任选其一即可）。

任务解析：在互联网新媒体时代，借用社交网络而进行营销的方式层出不穷。新型的营销模式相较于以往的传统营销模式，呈现出实时反馈性、多类型交互性等优势，深受各行各业的青睐。与此同时，由于旅游行业对于用户信任度以及用户黏性具有强烈的需求，该行业也具备对于自媒体社群的自然需求，社群管理和基于社群的用户增长玩法，会让社群经济实现指数级增长。一个完善的社群体系，让企业精准地获取用户的同时提供更加完善的服务，具体包括以下内容。

1. 分析用户需求，根据不同种类的用户需求以及业务属性进行不同社群功能化分类。

2. 精准剖析用户在不同时间段的数据反馈，不断丰富旅行内容、旅行服务，快速打造符合市场需求的有个性、有特色的旅行产品。

3. 高频次触达用户，包括但不限于为用户推送和提供相应的旅游目的地起止、咨询、活动等信息或服务，把低频次、低复购的交易行为转变成经营用户关系。

一、社群认知

(一) 社群的概念

社群（Community），广义而言是指在某些边界线、地区或领域内发生作用的一切社会关系。它可以指实际的地理区域或是在某区域内发生的社会关系，或指存在于较抽象的、思想上的关系。本教材中的社群是指旅游新媒体社群，通过相同的兴趣爱好获得资源分享、旅游产品推介，创造对自己有益的利益圈层群体。

构建旅游新媒体社群的核心方向，主要是利用各新媒体平台的用户特征和大数据分析进行分类。根据不同类型、不同需求、不同消费的用户等不同系列行为，构建富有特色的旅游新媒体社群，从而吸引、留存、转化用户。

(二) 旅游新媒体社群发展历程

社群是社交关系链的枢纽，而关系链需要具有稳定的群体结构和持续的活动。通过连接、沟通等方式实现用户价值。旅游新媒体社群是旅游新媒体时代的产物，其发展经历了多个历程（表5-1）。

表5-1 社群发展历程参考表

时代	标签类别	标签内容
1.0	线下实体社群	有组织的群体、聚集
2.0	无线电社群	无线电信号联络（电话、手机）
3.0	互联网社群	互联网公域、私域平台（微博、微信等）

1. 旅游行业从1.0到2.0

随着科技发展和互联网普及，信息越来越透明公开，1.0版本的传统旅游行业出现了断崖式下跌，游客通过旅行社门店进入景区的比例已经从60%~70%下降到20%~30%，早期的旅游创业公司不断倒闭。旅游者、旅游方式、旅游需求、获客渠道、供应链条都在变，旅游行业随即进入2.0时代。1999年携程、艺龙网成立，中国的在线旅游市场走过了突飞猛进的上半场。2009年以后，途牛上市、阿里旅行改名飞猪、美团成立独立品牌——西瓜旅行，在线旅游正式进入爆发期。2018年以后，在线旅游的格局基本显现。

2. 旅游行业3.0升级

从发展阶段上来说，流量红利的阶段过去了，获客成本越来越贵，盈利能力决定了一家企业到底能活多久；搜索流量也越来越乏力，社群流量和内容流量成了在线旅游的新战场。与其花费更高的获客成本去抢一个新用户，还不如精耕细作维护好已有的用户，让用户留下来并且进行持续的复购消费。

（三）旅游市场行为中社群的运作

传统的拓客方式后续跟进维护成本比较大，用户之间互相隔绝，因而没有群体营销价值，不能发挥互助、口碑传播的价值，单个用户也无法形成群体营销合力。而社群可以把一次性流量变为可复用流量，地推和广告投放获取的一次性流量，通过社群沉淀变为可以重复利用的流量。密度影响心智，线下扩张成本太高，移动互联网时代，"人就是店，店就是微信社群"（图5-5）。

图 5-5　社群营销发展历程参考图

用户认知存在一个客观规律，即触发、认知、付费、体验、习惯生成。随着移动时代的到来，大部分客户都是"懒惰"的，能在朋友圈求助的就绝对不百度搜索，只给打开一个 App 的机会。所以，旅行社建立社群，是为了缩短与用户的距离，消费者与品牌的关系不应仅仅是交易关系，更是在互动、交流、协作、感染中建立情感上的无缝信任，创造以情感信任为基础的社群经济。

通过一次消费打通人与人、人与企业、人与产品间的连接，通过商品品类、兴趣等分类社群，使消费者高频互动，提高消费者与企业的黏性，从而让旅游这个高单价、低复购的产品，能够在日常生活中触达用户，培养使用习惯、营造需求氛围、产生消费欲望。

【案例5-2】

享梦游社群营销

以享梦游（北京）网络有限公司为例。2016 年，享梦游正式启动，基于全方位新媒体平台为载体的营销方式，通过公域平台引流至私域旅游新媒体社群，圈定用户及用户资源，再通过线下产生体验温度，促动层级裂变，从而进行用户至会员身份的转变。

视频 5-2：享梦游：我和我的理想

二、社群搭建

（一）社群搭建的前提

著名经济学家吴晓波说过："以后将会是'无社群、不商业'的时代。"新媒体时代，新品牌、新消费的热潮不断涌起，做自己的私域社群俨然变成势在必行。

社群是低成本、高转化的运营载体，它所带来的价值延伸更是我们搭建社群的重要收获。搭建社群可以让我们从现有流量池筛选合适同频的伙伴，这个过程本身就是一种筛选，使得我们在过程中挖掘种子用户，达到从 0 到 1 的生态构建。

想要搭建一个优质社群，需要能够拥有基础运营技巧、掌握内容策划和生产以及活动设计和实施的能力。

（二）建立社群

1. 了解社群画像

社群画像可以更好地了解社群现有的用户群体，帮助提升用户体验，做有针对性的营销，从而促成口碑营销及产品复购（表 5-2）。用口碑及策划有效活动来引导复购群体拉新，还可利用精细化运营来基础拉新、留存用户（比如，什么时间推送给他们什么内容，以确保触达率、互动率更好）。

表 5-2 社群用户画像参考元素表

社群用户画像	元素
兴趣偏好	旅行、购物、赚钱、文化
人口属性	年龄、性别、身高、地域、学历、收入、教育
行为习惯	运动、休闲旅游、酒店住宿、饮食起居
社会属性	社会职务、婚姻状况、住房车辆、社交关系
心理属性	生活方式、个性、需求动机、价值观、人生态度

2. 构建社群画像

（1）明确使命，具体步骤如下。

第一步，制定清晰目标。找到目标用户，制定社群门槛，筛选精准用户。

第二步，观察交流。对用户朋友圈进行了解、观察、收集数据，进行针对性的一对一私聊。

第三步，不断试错。用户画像，是一个标签的集合。通过一系列的测试、活动、私聊对话，摸清用户喜欢什么样的内容、活动。

第四步，数据分析。这是影响运营目标的关键动作。找出社群成员的共同点，从而区分目标用户与非目标用户。针对精准用户，可明确产品定位，投其所好。售前精准营销、售中增值服务、售后维护回访，在原有基础上放大社群价值化。

社群存在的含义是明确激发和定义冲突，达到利他有价值的留存与高效转化。不妨先问问我们可以给用户提供什么？应该具备什么样的知识储备？以构建旅游新媒体社群为例，我们要对别人进行旅游攻略、目的地美景输出，新媒体平台基础内容、内容种草等输出，要对自己进行知识输入以及社群运营排期。

（2）增强仪式感。社群活动仪式化会让社群成员形成固定使用习惯，从而对活动产生预期，以增强社群黏性，具体步骤如下。

第一步，时间要固定。社群活动以固定的时间开始以及结束，要明确活动组织形式，培养用户期待感。

第二步，设计触发情景。这是时下最热门话题，季节性最适合旅行的目的地等。触发情景+仪式活动组合进行长时间培养，用户会形成反射行为，在遇到某个场景时可能会瞬间想到在社群里遇到的事。

第三步，用户参与。社群活动设计用户可参与、讨论环节，邀请群内优秀活跃用户做分享，以提高用户积极性。

（3）增加社群反馈。社群反馈行为是让用户提高对社群的参与感与依赖性。

三、社群建立实操参考

（一）社群搭建初期

1. 建群、群名称命名

建群之前，给自己的社群起一个新颖独特的群名，以便用户快速找到（表5-3）。

表5-3 社群命名公式参考表

社群命名公式	案例参考
垂直领域	旅游爱好者联盟
地域分布+群体领域	北京探店达人俱乐部
人名+功能领域	××带你看世界

2. 确定社群定位

以目标为导向，基于社群目标定位，扩充每个环节关键行为点，以确保目标层层递进。

以结果为导向，预设不同结果，站在结果的角度规划社群流程及预判可能出现的问题。

（二）社群搭建中期

1. 整理邀请入群人员名单（以旅游成长群为模型）

注意，用户选定的原则有旅行需求、旅游爱好、想做副业、想赚钱、有成长需求等，可按照用户关系权重排序并进行邀约（表5-4）。

表5-4 用户关系权重参考

种类等级	用户画像
一类	家人、亲戚
二类	好朋友、好同学
三类	同学、同事、用户
四类	新用户、对社群感兴趣的人群

2. 提前准备针对不同人群的邀约话术

不同人群，采用的邀约话术不一样，具体要根据对象人群的特点及建社群的目的而定，以下两则邀约话术可供参考使用。

话术一（拉群时对于未入群的用户使用的话术）：我是某某，近期启动了一个新的项目，组建了一个新的社群："某某的品位生活旅行宝藏群"，主要用于分享旅行行程、攻略、美景等，不定期邀请旅游大咖做群分享。诚邀您加入，期待未来与您携手前行。

话术二（邀请熟人入群使用的话术）：某某，我最近在做旅行，有一个自己的旅行分享群，里面的内容包括旅行的方方面面，都是很有品质的。

我觉得符合你的品位，想邀请你入群帮我捧个场，增加一下人气，你自己就可以进入社群，每天也能学到不一样的东西，感谢您的支持。

以上邀约话术模板仅供参考，建群时需结合实际情境与自身风格。

(三)社群搭建后期

1. 正式邀约入群

正式邀约入群可分批次邀请、1 对 1 进行邀约安排（表 5–5）。

表 5–5 社群建群规则和邀约对照表

建群规则（微信群上限 500 人）	邀约
40 人以内	可直接邀约，无须被邀请同意
40 人以上	可通过邀约进群
100 人以上	需要满足实名认证以及绑定银行卡
200 人以内	可以扫群二维码进群
200 人以上 500 人以内	只能通过邀请进群

（1）第一批邀请 40~100 人。先邀请新用户，对社群感兴趣人群进入作为第一批用户。

推送群公告，告知大家此群的作用是什么，否则会给邀请进群的朋友留下不好的体验。

（2）第二批邀请 200 人以内。生成群二维码，推送至朋友圈，引导朋友扫码进入社群。

注意发圈话术也可以参考前面介绍的社群搭建中期的第二个邀约话术。

（3）第三批邀请 500 人以内。200 人以上社群，可通过活动引导、朋友推荐邀请至社群。

注意在日常拉新过程中，有新用户进群时，可以 @ 对方发送欢迎话术以增加社群仪式感，也可通过发送红包表示欢迎。

2. 推送群公告安排

在邀约用户进群期间，社群满 100/200 /300/400/500 人的过程中，群公告可设置推送频率，告诉社群中的朋友该社群是做什么的，加入社群会获得什么。

拓展知识 5-2：群公告推送参考模板

一般发布群公告分为下面两种类型。

（1）对于刚入群的用户，要有对应的话术。

（2）对于后续社群的扩容，也需要发送欢迎词，告知对方所在社群的功能。

3. 明确开群目的

明确告知社群用户建立社群的目的、社群规划及活动、福利安排等内容。

4. 建群注意事项

（1）不要不打招呼直接发出邀约动作给对方。

（2）不要暴力拉群，要提前1对1沟通，经对方同意后再邀请拉入群。

（3）前40人优先邀请不是最强关系人群。强关系人群一般指如死党、亲友等人群。

（4）进群期间，消息要量化发送，以避免用户体验感差。

（5）群公告要提前准备好。

【案例5-3】

旅游新媒体社群搭建案例分析

普通社群	
目标用户	自由职业、学生
用户兴趣	交友、学习
用户链接	人脉资源不精准
用户成长	基础知识

旅游新媒体社群	
目标用户	自由职业、新媒体、学生、宝妈、公务员、企业
用户兴趣	交友、学习、旅行、新媒体
用户链接	相同爱好相互吸引
用户成长	旅游新媒体最新动态、基础知识

思考：

1. 不同目标用户该如何建立不同的用户画像？

2. 了解用户基本画像后如何开启有效沟通？

3. 不同用户进入同一个旅游新媒体社群后如何设计社群活动？

四、社群运营

（一）内容+社群：一种让客户不断复购的路径

10年前是产品思维，整个行业都是增量市场，只要产品够好就能带来增长和收入，而互联网下半场的创新法则是连接、赋能、破界，从产品思维到宣发思维，竞争不再是单纯的产品竞争，而是资源、流量、优质供给的竞争。

由于内容的传播，使用边际成本低，围绕业务/产品，针对目标用户的衍生需求，设计内容就可以低成本捕获和业务/产品相关的大量精准高质量用户。

内容+社群就是设置一种让客户不断复购的路径和不断转介绍的机制，高度关注就等于高质量的内容与足够数量的和。

要通过优质的旅游产品内容，让用户感受到服务。通过服务、产品内容不断更新，引导用户复购。通过好评反馈，好玩、高质量视频内容输出，让用户进行转介绍从而带动人消费。

就像中医讲究"望闻问切、对症下药"，那么同样地，不同的社群需要运用到的方式与方法也自然不同。比如，在旅游群里分享中医知识，那这个主题是不是很不符合社群定位呢？这样不仅会让群员觉得莫名其妙，也容易失去旅游垂直领域的信息专业度，造成用户流失。社群搭建起来其实并不难，但难的是高效运转的长期运营。

在此，以享梦游社群运营为例，根据旅游新媒体的用户画像来分析，享梦游主要围绕着Z世代新青年的生活方式而设计，构建出一系列旅游为根基的新媒体社群生态圈。

1. Z世代的含义

Z世代是一个网络流行语，也指新时代人群。该词语的称谓最早可以追溯到发表于1999年第5期《中国青年研究》上的一篇短文——《最新人群——"Z世代"的生存状态》，文章将1980~1984年出生的一批青年人命名为"Z世代"（即最早的一批80后青年）。新的"Z世代"是指1995~2009年出生的一代人，他们一出生就与网络信息时代无缝对接，受数字信息技术、即时通信设备等影响比较大，所以又被称为"网生代""互联网世代""二次元世代""数媒土著"等。

2. Z世代消费者的特征

随着年轻人逐渐掌握话语权和经济大权，市场上的消费行为更多元化。对于Z世代消费者们来说，他们会更关注自身的成长和体验，对小众文化有强烈的好奇心和认同感，兴趣、爱好是Z世代消费者的首选参考因素。

例如，就旅游而言，当年轻人想要旅游的时候，大多数都会根据当下心情说走就走。如果在这个过程中发现了原来还有一种新媒体分享式的旅游模式,不仅能够学到如何赚钱,还能让自己在开阔眼界的同时提升思维,以及遇到一群陪伴成长的人,收获价值认同感,那么他们会更愿意参与这个生态体系。

对于Z世代消费者而言,如果没有打动他们的内心,他们基本不会选择花钱消费,品牌能否深度影响才是关键。找到共鸣与爱以后,他们会更愿意为了兴趣与爱好、情绪价值而买单。针对Z世代人群的特征,微博数据也总结了其消费逻辑,基本可以归纳为:

兴趣悦己＞升级提升＞精神力量＞价值认同＞精神陪伴

要善于利用数据和社交媒介工具增进对Z世代的理解,针对这类消费者的用户画像、需求分析、产品优化、竞品分析、营销卖点、传播策略等方向进行观察,传递正向的价值主张、态度与卖点,并且针对Z世代人群开发个性化产品和服务,让其能够迅速从同类竞品中识别到差异化,切入他们的文化、兴趣圈层,了解他们需要什么,因为人们对更好生活品质的追求不会改变。

以旅游为例,Z世代消费者不仅希望看到国内的景区、打卡特色城市,也想要深度体验海外自驾、游艇派对、丛林探险等能够深度参与和体验的产品,这也符合Z世代人群个性化的兴趣喜好,满足年轻人的猎奇心理。相应地,在做社群与产品的时候,也要把这类消费者特征考虑进去。

3. 旅游新媒体社群的商业变现

新媒体分享式旅游是最适合用社群模式运营的行业之一。社群商业模式由"IP+社群+场景+分享经济"组成,套用在新媒体分享式旅游上,也同样适合。

【案例5-4】

旅游新媒体社群变现

摄影协会成员小A不仅喜欢摄影,日常也非常喜欢旅游。他旅游时的风景回传作品经常得到同学们的点赞欣赏与喜欢,经常有人会问他风景在哪里拍的,想要跟着他一起玩。那么在小A身边的圈子里,他的身份不仅是摄影师,同时也是一个具备活动组织能力的旅游达人(IP),拥有一定的号召力,能够带着一群人出去玩。小A可以将一群同样喜欢旅游的人邀请进一个社群,这时候就有了一个社群组织(社群)。

某天,小A组织了一场海边露营+游轮派对的旅游摄影活动(场景)发布在社群里。大家对这个新潮的旅游摄影行程很感兴趣,于是跟着他一起参加了,就有了线下场景的承载。通过分享旅游行程给群友的小A,因为加入了分享式旅游项目,所以当其组织这个活动并让大家报了名的同时,自己也能够赚钱(分享经济),这就是社群商业的变现。

点评:IP+社群+场景+分享经济=社群商业变现

社群想要实现变现,主要还是看流量是否精准,这是变现的前提。还有你的社群能为你的粉丝提供什么内容,旅游新媒体社群商业变现的经营思路是人人都可以从旅游爱好者身份转变为旅游从业者。

比如,案例中提到的小A就是一个旅游达人,将其身边喜欢旅游、有旅游需求的人聚集在了一起(精准流量),再通过线下旅游的场景化营销赚钱,不断借助分享经济实现持续变现。

(二)分享式旅游新媒体社群运营

作为社群生态圈,不同的社群有不同的定位,针对不同定位的社群,再进行对应的精细化运营,才能够让整个体系良性地运转起来。

1. 旅游社群的内容运营

所有的社群都是有生命周期的,一定会经历"萌发期—高速成长期—活跃互动期—衰亡期—沉寂期"。针对不同的社群,一定要制定不同的运营方案,精细化运营、服务每个客户,让客户拥有仪式感、归属感、融入感、价值感等。

通过图5-6的呈现,可见享梦游社群生态圈将社群分成了多个长期社群及短期社群,因为用户需要获取信息,需要情感共鸣,需要与众不同……总结来说就是两类需要,而我们对应提供的也是两类价值,即一种是情感价值,另一种是专业能力价值。

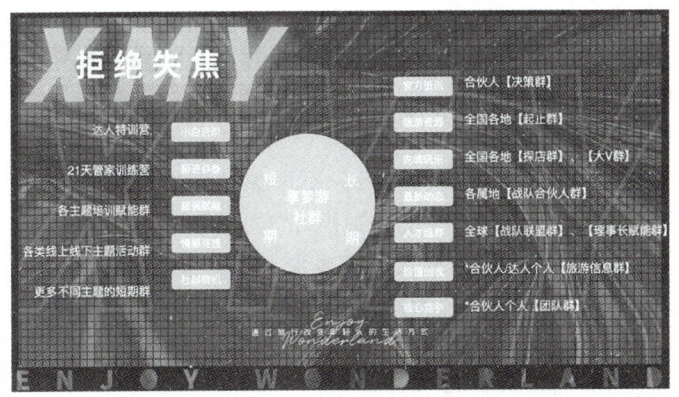

图5-6 享梦游社群案例

不同社群定位不一样，一个会员会同时进入多个社群，当需要对应信息的时候，会去对应社群查阅信息，这样也能聚焦信息，保证整个社群生态圈的长期稳定发展。

拓展案例5-2：旅游产品社群

（1）短期社群

搭建目的：根据客户/会员不同的需求，快、准、狠地传递对应信息。

短期社群内容：以聚集一群拥有共同目的和需求的人，聚在一起完成一个阶段的内容信息提取与安排后即解散。

①搭建主题活动群，满足会员们的日常旅游社交活动等需求，去往一个共同的旅游目的地/线下活动等。

②搭建主题培训群，为会员开发的培训体系，新人7天快速入门的"享梦游城市新星集训营"，哪怕是旅游小白也能迅速学习到旅游相关知识，实现从旅游爱好者到旅游从业者的身份转变。

③衍生满足客户/会员学习成长需求的培训，比如以金融理财、穿搭化妆拍照等技能需求为主搭建的主题培训群，让会员拥有超值的投资回报。

（2）长期社群

搭建目的：给予长期运营服务、圈层价值渗透、信息传递等。

长期社群内容：持续发布最新动态信息，给短期社群的运营提供宣发窗口，服务于客户/会员权益，让社群成员拥有归属感与价值感。

①享梦游全国起止群，会分享各省份起止点出发的旅游行程，方便会员在相对应的群里及时寻找到想要的旅游资源。

②享梦游全国战队群，将会员按照生活所在片区划分，聚集在一起，方便会员组织线下活动与接收信息。

③享梦游战队高层管理群，汇聚享梦游各个生活片区会员中最优秀的意见领袖KOL，参与项目运营与发展的讨论与决策，传达总部最新的信息给各片区战队的会员。

在社群里提供对应的内容与服务，不失焦地进行分类管理，将长短期社群结合，能够更好地让客户/会员得到很好的服务与体验。通过不定期举办各种线上/线下活动以及专业的培训，让客户/会员了解到关于旅游方方面面的信息，从而转变成一个专业的旅游从业者形象。社群不仅是年轻人的欢聚场也是人脉圈。

没有足够价值的社群迟早会成为鸡肋，一个好的社群一定是要能给群员提供稳定的服务输出，这才是群员加入社群、留在社群的价值。当会员生活与学习需求都能得到满足以后,他们就会以此为基础向公司输送旅游客户,并且从中他们可以获取一定数额的佣金,从而激发运营原动力,实现社群生态体系的良性运营。

2. 旅游新媒体社群裂变引流

用复购流量和转介绍流量替代广告流量,针对旅游新媒体,以新青年生活方式设计为基础,以内容+社群为运营底层逻辑,借助社群工具实现商业变现。

通过会员机制的设计,让社群成员想要出去玩的时候,首选就是自己所在的旅游平台。在自玩省钱的同时也可以分享旅游行程赚钱,不断吸引新人了解并且选择加入自己所在的平台,以实现引流纳新。

通过内容+裂变和流量广告对比,不难得出:根据目标用户画像设计出来的内容,借助社群工具吸引拥有同样兴趣爱好的用户会更加精准。他们也更愿意为了美好的体验和品质服务来买单。当用户有了良好的体验后,对所选平台的真诚度也会增强,并且能够不断进行口碑宣传与分享,以低成本甚至零成本让用户愿意主动发声吸引人加入,这样达到的效果是难以被模仿和复制的(表5-6)。

表5-6 旅游新媒体社群内容+裂变和流量广告对比

流量来源	内容+用户裂变	活动/赠品+投放广告
吸引人群	精准用户	羊毛党
真诚度比	用户真诚度高	用户真诚度低
成本	低成本/0成本	费用高/易踩雷
效果	不可复制	同行易抄袭

而广告投放在一开始就要花一笔费用,成本上也要投不少钱,并且能看到的用户类型很多,不够精准,更多的也是通过活动与赠品吸引而来,羊毛党占大多数。领取福利后,如果没有持续的内容运营,用户对平台选择的真诚度会降低且容易造成用户流失,并且一个模式广告投放出来后,很容易就会被同行抄袭模仿或取代。

（1）旅游新媒体社群引流

①通过用户裂变用户。

目标用户画像：有旅游意向、想要低价旅游的人。

引流方案：在客源不重合、利益不冲突的情况下，可以跟社区超市、水果店等老板合作，将社群二维码张贴在收银台，以吸引对旅游感兴趣的人自动扫码入群。同时群内设计，让已经进群的朋友邀约身边爱玩的朋友一起进群，每满多少人就发百元红包作为福利，吸引社群用户自发邀约进行裂变。

②朋友圈宣发引流。

目标用户画像：喜欢旅游、热爱生活的爱好者。

引流方案1：福利吸引。

明确社群定位以后，通过在朋友圈里的宣发，附上二维码让用户扫码入群，同时加以福利活动，吸引一群朋友圈里喜欢旅游的爱好者们。通过这个动作吸引进群的用户，更多是被共同兴趣爱好吸引而来的，一定程度上也是筛选出了一批未来的精准客户。

引流方案2：社群内容展示。

根据社群定位精准进行内容展示分享，利用朋友圈作为宣发窗口，展示社群能够满足的客户需求，同时吸引精准客户主动进群。

③其他引流方式。

目标用户画像：有旅游计划的爱好者、喜欢旅游的驴友。

引流方案：利用微博、抖音、小红书、豆瓣等平台，主动发起或者回复相关话题，说明自己是一名旅游爱好者，近期想组织一场某某目的地的旅游行程，要不要一起组队。这时候就能把精准客户引流到微信里，打开话题后进而邀约进旅游社群。

（2）社群日常运营小技能

精准定位好你的社群，找到相同兴趣爱好的人，进而维护在一个社群里。将大家引流进社群以后，需要进行一些日常运营，否则社群容易成为死群。这里给大家分享以下6个日常社群运营的小技能。

①每日分享栏目。根据社群定位，每天分享相关话题，比如你是做旅游社群，那么可以尝试做一个早报栏目。比如每天早上固定的时间段问候大家，给大家分享一个旅游景点，滋养大家对旅游美景喜欢向往的心，从而打造自己的旅游达人IP。

②主动抛话题。社群都是由拥有共同兴趣爱好的朋友们聚在一起的，那么大家一定也是有共同话题的，不要指望群友们会发起话题，一定要自己主动发起。比如"国庆假期快到啦，大家的旅游计划做好了吗？我想出一个行

程带大家一起去玩,有没有好的推荐呢?"类似这样的话题,一定要主动引导,这样社群就能逐渐活跃起来了。

③小号/水军活跃。如果社群冷下来没有互动,这个时候一定要学会借力。那如何借力呢?可用自己的小号在群里跟群主互动,回答群员的疑问,邀请熟悉的朋友在群里充当水军活跃氛围。人都是有从众心理的,一旦看到有人在社群里分享了,才会跟着互动。

④想要福利的回复口令。不管是冷启动还是日常活跃,做福利活动总是能够吸引人,而且发完福利公告后的接龙口令,是最快让人有参与感的动作之一。比如,今晚8点社群将进行一轮旅游优惠券福利抽奖,想要福利的回复口令:今晚8点准时参与领福利!当其他群员看到这么多人回复口令的时候,不仅会让社群看起来热闹活跃,并且也能起到通知作用,群员们也会更加关注社群消息并且在相应的时间参与。

⑤红包促群活跃。虽然现在发红包促群活跃效果在慢慢削弱,但红包跟着信息通知发出后还是会起到一定的激活作用,尤其是在需要刷口令的时候,配上小红包,红包标记重点,抢了红包的客户会更愿意配合口令的分享。在社群里发红包,爱马仕橙(微信红包爱马仕橙色)会更加亮眼醒目,可起到提醒查看重要信息的作用。

⑥旅游行程分享。作为旅游新媒体社群,群内日常内容必有的一项就是旅游行程分享,这样用户才会养成有旅游需求的时候,来到群里查阅信息,或者没有旅游需求,但是因为你的分享而想要出发旅游了,就能有咨询成交的机会。

运营社群是为了维护与服务好客户,给客户提供相对应的价值及激发潜在的消费者。对于刚接触社群运营的新人来说,明确社群目的、搭建社群、引流拉新后,基本掌握以上几个小技能进行日常运营维护就可以了。

任务小结

通过本任务的学习和实践,学生应该了解旅游的发展历程、社群的发展历程,熟悉社群的搭建、运营技巧;掌握搭建旅游社群技巧,通过旅游社群不同的活动实践吸引用户,提高用户留存转化率,并引导用户参与,提高旅游产品复购率。

任务三　旅游新媒体数据分析

【任务导入】

2022 年第三季度 5A 级景区新媒体传播力指数发布

2022 年下半年，文旅产业指数实验室发布 2022 年第三季度 5A 级景区新媒体传播力指数报告。全国 5A 级景区新媒体综合传播力指数评价维度由微信传播力、微博传播力、抖音号传播力 3 个指标构成，权重分别为 40%、30%、30%。2022 年第三季度 5A 级景区新媒体的综合传播力 TOP10 排序为：故宫博物院、武功山风景名胜区、开封清明上河园、乌镇旅游景区、云台山风景区、中华恐龙园、横店影视城、广州长隆、芜湖方特、河南老君山风景名胜区，如表 5-7 所示。

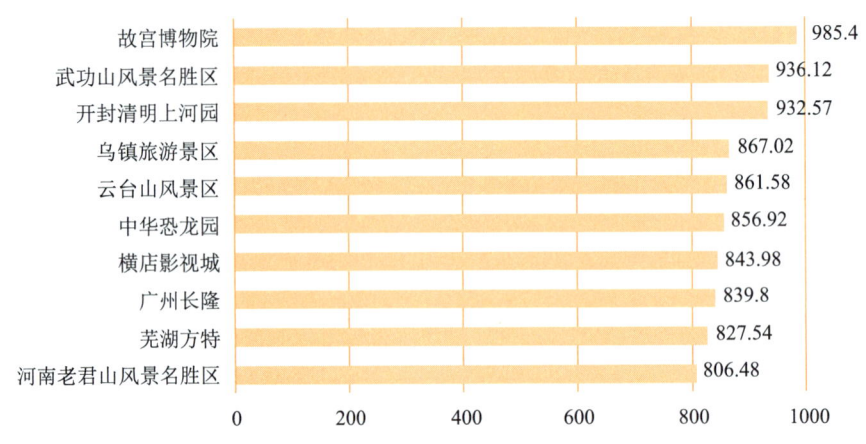

图 5-7　2022 年第三季度 5A 级景区新媒体综合传播力 TOP10

文旅产业指数实验室是针对文化、旅游、传播、经济、社会等多领域、跨学科的创新研究平台，由中国旅游报社、中国社会科学院中国舆情调查实验室等单位联合成立，先后入选文化和旅游部文化和旅游信息化发展典型案例如，国家新闻出版署中国报业深度融合发展创新案例。文化和旅游新媒体传播力指数研究由文旅产业指数实验室主导，联合抖音、清博智能、问卷网等新媒体与大数据联盟成员机构共同实施。

（资料来源：中国旅游报 2022-11-13）

任务解析：从任务案例中我们可以看出，各新媒体账号运营存在着各种差异，好与坏的评判可通过数据去分析，即为传播力指数。那么可以从哪些方面进行数据分析？怎么去进行数据分析？如何将分析的结果进行直观展示？可通过本项目的学习对新媒体数据分析相关概念及工具进行初步的掌握。

一、旅游新媒体数据分析认知

（一）旅游新媒体数据分析

随着互联网技术的快速发展，特别是移动互联网、云计算和大数据技术的广泛应用，旅游新媒体平台上的数据量呈现出爆炸式增长。这些数据不仅反映了旅游市场的实时动态，还蕴含着用户的消费偏好、行为模式和潜在需求。因此，对旅游新媒体数据进行深入分析，成为洞察旅游市场趋势、优化旅游资源配置、提升旅游服务质量的重要手段。旅游新媒体数据分析是指利用大数据技术和方法，对旅游领域新媒体平台（如社交媒体、短视频平台、在线旅游预订平台等）上的海量数据进行收集、整理、分析和解读的过程。这些数据包括但不限于用户生成的内容（如评论、分享、点赞等）、旅游产品的浏览量、预订量、价格信息及用户的地理位置、年龄、性别等人口统计特征。

（二）旅游新媒体数据分析的意义

在大数据时代，各级政府和各类企业紧跟时代潮流转战新媒体，积极应用新媒体进行办公，不断创新着服务模式。旅游新媒体数据分析的意义在于，它能够帮助旅游企业、政府机构及旅游爱好者更加全面、深入地了解旅游市场的运作机制和用户需求。通过数据分析，政府更高效地发布政务信息，为公众提供更加便捷、优质的政务服务，加快政府职能转变，还有利于企业的管理和运营。同时，它也有利于传统媒体更快地进行转型升级。

1. 政府旅游新媒体层面

为了进一步提升政务服务的质量和效率，各级旅游行政机关积极利用大数据技术和信息化手段，充分发挥旅游新媒体的传播优势。他们通过优化网站栏目设置、提升用户体验、加强数据分析等措施，旨在向公众提供更优质、更便捷的政务服务。这也是新时期对各级旅游机关提出的更高要求，必须要加快布局游新媒体运营与数据分析。

（1）发现标杆，为政务新媒体运营提供典范。目前，我国各级旅游行政机关新媒体账号开通率极高，但运营水平参差不齐。因此，运营人员需要通过对旅游新媒体数据进行分析，发现众多新媒体账号中运营较好的发挥其榜样模范作用。运营人员应该对水平较高的旅游新媒体账号进行整理分析，发现其可取之处，并对其进行系统的学习，从而提高自身的运营水平。

（2）分析数据集，提高政务宣传效率。新媒体的出现和发展，使传播者和受众得以更高效、更快捷地进行实时互动，从而拉近了政务部门和群众之间的距离。对旅游新媒体数据进行分析，找出政务宣传信息中点击率和留言率较高的内容，可发现其中的热点所在，找到群众的兴趣点所在，进而在后续的旅游宣传中，从旅游者角度出发，用旅游者喜闻乐见的语言进行旅游宣传，以吸引旅游新媒体用户持续关注，增强用户黏性，扩大影响力。

（3）监测舆情，助力旅游行政机关解决公关危机。当旅游行政机关遭遇某些突发情况，产生公关危机时，通过对新媒体数据进行分析，能够对社会舆情的发展进行实时监测，快速应对，从而解决公关危机。2024年，《黑悟空》火爆全球，连带着游戏里的取景地山西隰县小西天景区也因此吸引了大量游客。面对超负荷的游客量，景区采取了有效的舆情管理措施。通过大数据监控发现舆情后，景区迅速发布公告实行预约限流，并提出具体的整改方案。同时，当地政府还通过个性化的服务增加游客满意度和景区吸引力。这些举措不仅解决了景区短期内的问题，也为长期发展奠定了基础。

2. 旅游企业层面

在目前的环境下，信息呈现爆炸式的增长，旅游企业的营销环境也发生了前所未有的变化。海量的信息数据和不断创新的大数据技术，使企业从用户驱动的营销模式转变为数据驱动的营销模式，旅游新媒体数据分析对企业运营具有重要意义。

（1）旅游新媒体数据分析与精准营销。旅游新媒体数据分析有助于企业更精确地找到自己的营销方向，对企业进行精准营销具有重要意义。在精准营销方面，新媒体数据分析主要通过了解用户、预测销售效果来发挥作用。比如，黄山景区运用大数据，深入挖掘消费信息，重视提升消费及退票体验。基于支付宝平台百万用户基础与数据分析，推出全国首个"先游后付"服务，借助芝麻信用，深化数字化服务，提升用户体验。

（2）旅游新媒体数据分析与企业品牌构建。品牌是一个企业区别于其他企业的标识，它不仅具有利益属性和价值属性，还代表了一个企业的文化追求。构建品牌是企业工作的重要组成部分。在新媒体时代，企业可以借助旅游新媒体数据分析，加强品牌构建，助力企业的长远发展。旅游新媒体数据分析对企业品牌的构建，主要是通过用户服务、品牌宣传两个方面来发挥作用。比如龙门石窟景区运用大数据挖掘分析旅游数据，精准定位市场，结合其深厚的历史文化资源，增强受众与文物保护情感连接，推动文化IP传播。利用数字技术复原文化遗产，转化为数字资产，打造文创生态链，创新游览体验，吸引游客参与多元化营销，实现文化遗产品牌化。

【案例 5-5】

Mr. QingYang

2019年7月，新华网开始对青羊海外社交媒体账号——Mr.QingYang进行日常运维。作为全球网民了解成都、了解青羊的个性化窗口，Mr.QingYang在Facebook、Instagram、Twitter三大海外主流社交媒体平台以时尚年轻的风格，持续输出青羊国际化营商环境、人文、旅游等丰富内容。2019年7月至2020年7月，新华网从青羊魅力国际化传播定位分析、主题内容规划与发布、粉丝互动与用户黏度强化、青羊原创精品视频中英双语加工、跨国传播风险控制等方面展开全链运维，结合青羊独特的城市气质和城市自信，围绕大运会"成都时间"接旗仪式、世警会、成都国际非遗节、国际化营商环境建设等重大时间点、重点内容发出来自青羊的声音，获得诸多关注，如图5-8所示。

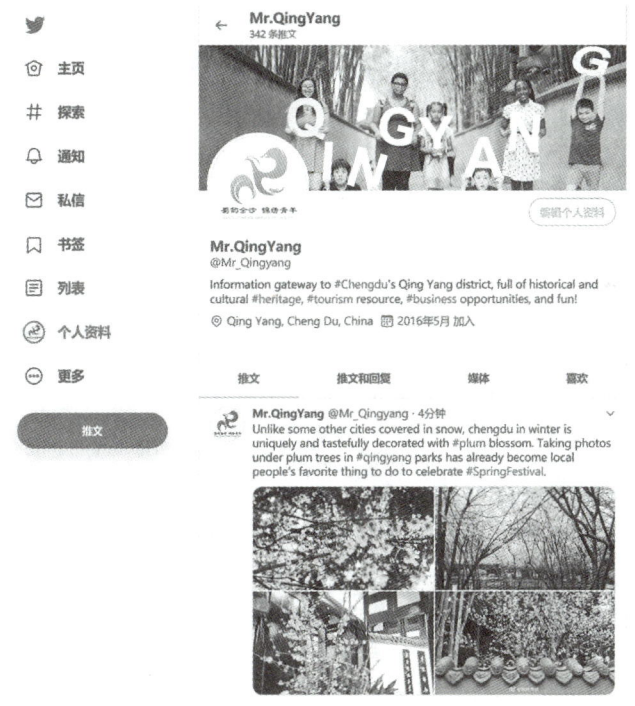

图 5-8 Mr.QingYang 的 Twitter 账号

点评：成都青羊区政府以Mr.QingYang为窗口，将青羊区的城市要素吸引力在全球得到全新释放，展现出新时代"千年蜀都·文博青羊"的开放胸襟和文化自信，为政府部门公众号运营树立了典范。

二、旅游新媒体数据分析指标

（一）KPI 概念

旅游新媒体数据 KPI 考核是衡量旅游新媒体运营效果、优化内容策略和提升商业价值的重要手段。KPI 全称 Key Performance Indicator，中文翻译为关键绩效指标考核。设定 KPI 的目的是激发员工的工作积极性，达成公司设定的战略目标。新媒体的 KPI 设置不同于传统的 KPI 设置，而是有自己的特色，通常依托以下几个因素进行设置。

KPI 考核周期：因各个单位实际情况不同，KPI 的考核周期也不尽相同，有论年/半年/季度/月的。周期太长，可能公司的战略方向已做了调整，原先设定的目标还未达成，且对于员工个人而言激励效果不高；周期太短，则容易导致员工疲于应付 KPI 的考核，或者因为经济周期的波动导致短时间未达到 KPI。因此，KPI 考核须按单位实际情况设置，通常可按照半年一次进行设置。

KPI 最终体现：与对员工的激励绑定在一起，体现在年终奖励或者加薪上。

（二）KPI 考核

设定目标类的方法可参照 smart 法则，将指标设定成明确有挑战性但又能在一定时间内可达成的。

其中，关键绩效指标的设定过程是：第一，建立评价指标体系；第二，设定评价标准；第三，审核关键绩效指标；第四，具体实施；第五，绩效评价和反馈。

KPI 考核可从人、事、钱这 3 个维度展开考虑，通常可分为部门建设指标、业务指标、财务指标。业务指标以部门业务为出发点，根据主次分出主营业务，再将主营业务分成 2~4 个细分方向，不建议分很多，要抓住重点；财务指标是公司上层领导非常关心的指标，对此我们可从成本类和收入类两个维度去考虑；部门建设指标主要是以人为主的一个指标项，可从人才培养情况、团队建设、文化价值观等角度去分析。

对于新媒体运营的 KPI 设置主要有以下几个要点。

1. 侧重于内容运营

全平台阅读量：全平台阅读量 = 自有微信公众号阅读量 + 转载微信公众号阅读量 + 其他媒体阅读量（如今日头条、一点资讯等），媒体型的阅读量最核心的在于传播，触达的人数越多越好。

公众号打开率：公众号打开率 = 会话渠道打开人数/整体阅读人数，因为文章会存在一定打开周期，所以一般按照发文后 3 天统计。

原创率：原创率代表文章原创的比例，原创比例越高说明公众号内容越优质。

文章留言数：每篇文章的留言数量代表读者的黏性。

阅读完成率：阅读完成率代表有多少用户能够完整读完你的文章。这个需要开通流量主，因为需要看完文章才能看到广告，可以间接从广告位的曝光数看到读完文章的人数。

转发率：转发率代表着文章对读者有触动感，故而转发分享。

收藏率：收藏率代表文章对读者有用，故收藏。

2. 侧重于渠道运营

微信公众号粉丝数：微信公众号粉丝数相当于初始的发行量。

全平台稳定转载合作商：全平台稳定转载合作商有稳定的转载对象（给对方可以开白名单），可以进行引流。

外部互推（活动）的数量：很多内容号，特别是时尚行业，互推涨粉仍然是一种非常有效的方式。互推的关键在于粉丝的匹配，最好是异业粉丝匹配。

平台渠道数和质量：除了微信，在今日头条、网易、凤凰等开通的渠道数量，以及各渠道扶持的力度，如腾讯的芒种计划。

广告合作商数量：对于自媒体来说，内容是立足之本，广告则是发家之本，所以获取稳定的广告合作商数量对商务而言是核心要求。

3. 注重过程考核，而非结果考核

对新媒体的考核更注重过程，而非结果，这有点像国外流行的 OKR 制度。设定一个可行的目标，可能需要跳一跳才能够到，然后进行拆解。作为企业管理者，除了关心指标有没有达标，还需要看执行动作。比如为了增加公众号粉丝量去买粉，或者是加了一大堆薅羊毛的。尤其是对于做金融的同学来说 100 个薅羊毛的不如一个真实用户。这样的 KPI 就算完成了也没什么实际意义。

4. 1+N 的设置方法

在某个阶段要设置一个核心指标，然后将其他的作为辅助。这个核心指标也叫作北极星指标，可以深刻影响大家的执行过程。比如说接手"美丽说"订阅号初期，粉丝量已经达到百万级，这时候粉丝增长可能已经不是主要目的，更重要的是做用户黏性的维护。因为之前的 KPI 是进站 UV（Unique Visitor），导致发文章都是发商品图，粉丝的黏性很差。如何提高粉丝黏性，当时找了一个核心数据，即每篇文章的留言数。

为了提高这个指标，需要优化文章选题，提升与粉丝的互动，所以当时增加了每日的互动栏目，以及增加了星座等栏目，粉丝留言数有明显的上升。以此带动的是阅读量提高，菜单栏的消息数变多，进站的 UV 也进一步得到提升。

5. 横向迁移 KPI 的方式

企业的 KPI 并非一成不变，到了一定的阶段，需要根据具体目标进行变化。比如，逻辑思维，之前的目标可能是增长粉丝量，现在更注重的是粉丝变现，把大家引导到"得到"上去付费；比如说"美丽说"，之前的 KPI 是进站 UV，相当于卖货型，但发现效果很差，后来改成了媒体型，KPI 也就变成了媒体指标。

三、数据运营分析工具

（一）新媒体运营的数据分析工具

工具的使用可以有效提升新媒体运营的工作效率，而数据分析工具相较于人工手动分析而言，效率更高，直观性更强。因此，分析新媒体数据，必须要掌握常用的数据分析工具。按照旅游新媒体的使用情况，常用的数据分析工具共分 4 类，包括网站分析工具、自媒体分析工具、第三方分析工具和本地 Excel 工具。

1. 网站分析工具

官方网站对于旅游企业的重要性不容忽视，它是企业在互联网上的重要门户和展示窗口，对提升企业形象、吸引潜在客户、促进业务增长等方面都具有关键作用。因此，网站分析工具是新媒体运营中不可或缺的一部分，主要包括百度统计、CNZZ 统计、谷歌分析、站长工具及爱站网等。这些工具主要为网站运营者提供全面的数据支持，帮助他们更好地了解网站的运行状况。比如，网站管理员可以在第三方站长工具平台注册账户，然后申请统计代码，之后将统计代码粘贴至网站对应的位置，随后就可以在第三方站长工具平台查看与分析数据。常见的网站分析工具及功能如表 5-7 所示。

表 5-7 常见的网站分析工具及功能

工具名称	功能介绍
百度统计	提供流量分析、来源分析、访客分析等，深入了解用户行为
CNZZ 统计	实时、全面的网站数据监控服务，掌握网站流量动态
谷歌分析	对网站流量、用户行为、转化率等进行深入分析，优化网站性能和用户体验

续表

工具名称	功能介绍
站长工具	提供 SEO 分析、网站安全检测、友情链接检查等,管理和优化网站
爱站网	网站排名查询、关键词分析、竞争对手分析等,制定有效运营策略

2. 自媒体分析工具

自媒体分析工具是使用难度最低的一类数据分析工具,运营者无须掌握分析函数或统计代码,所有数据可一键生成。

无论是微博、微信还是今日头条等平台,都具有完善的统计功能,利用后台自带的自媒体分析工具,新媒体运营者可以直观地看到用户增长量、后台互动量等数据。常见的自媒体分析工具及功能如表 5-8 所示。

表 5-8　常见的自媒体分析工具及功能

平台名称	自带统计功能
微信公众号	用户分析、图文分析、菜单分析、消息分析、接口分析、网页分析
今日头条	文章分析、头条号指数、分析分析、热词分析
微博	粉丝分析、内容分析、互动分析、相关账号分析、文章分析、视频分析
大鱼号	文章分析、视频分析、用户分析、大鱼星级
百家号	文章分析、百家号指数、粉丝分析
一点号	文章分析、一点号指数、订阅用户分析、阅读用户分析
企鹅号	内容统计、视频统计、订阅数统计
搜狐号	总体数据、单篇数据
网易号	订阅数据、内容数据、网易号指数

3. 第三方分析工具

第三方分析工具指的是非官方平台自带的、需要官方平台授权后才可以使用的数据分析工具。并非所有平台都提供自带的统计工具,且自带工具的功能可能有限。第三方分析工具作为补充,提供了更广泛的数据来源和更深入的分析能力。

第三方分析工具与自媒体分析工具的主要区别在于前期的注册与授权,一旦授权完毕,其后续操作与自媒体分析工具类似,通过网站即可查看。

虽然微博、微信等自媒体平台已经具有统计功能,但是对于精细化数据,如单条微博转发效果、微博粉丝管理、微信公众号数据跟踪等,依然需要借助第三方分析工具。常见的第三方分析工具包括新榜数据（图5-9）、西瓜助手、孔明社会化媒体管理平台、蝉妈妈、清博大数据等，能够跨平台收集数据，进行多维度分析，帮助运营者了解行业动态、竞争对手表现，并制订相应的竞争策略。

图5-9　新榜数据小红书数据分析工具

4. 本地 Excel 工具

有一定办公软件操作基础的新媒体运营者，可以借助 Excel 工具进行数据分析。分析的数据主要来自两大渠道：一是人工统计，二是后台导出。

（1）利用 Excel 工具处理人工统计数据。人工统计的数据包括文章发布数据，有文章发布数量、后台评论类别、同行口碑分析、行业标杆拆解等。由于自媒体分析工具及第三方分析工具都不具备这类数据的抓取统计功能，所以需要新媒体运营手动统计与分析。

（2）利用 Excel 工具处理后台导出数据。处理后台导出数据主要的应用条件是当自媒体分析工具及第三方分析工具无法满足个性化数据分析要求时，在微博、微信公众号、今日头条等后台，均可将 Excel 数据导出至计算机本地。导出后台数据以后，新媒体运营者可以用 Excel 对数据进行个性化分析，包括时间分析、公式分析、对比分析、趋势分析等。

（二）微信公众号数据分析

我们以微信公众号为例，对数据分析进行演示。微信公众号后台提供了强大的数据分析相关功能。

首先进入微信公众号登录界面，接着进入微信公众号后台。微信公众号的后台数据分析，整体上分为五大板块，分别是用户分析、内容分析、菜单分析、消息分析、接口分析。其中，接口分析主要指的是公众号开发的基础，使得开发者能够实现各种自定义功能和服务,不涉及数据分析。这里我们重点了解前面几个板块的数据分析。

1. 用户分析

(1)用户增长数据分析。微信公众号后台的用户分析包含4个核心指标——新关注人数、取消关注人数、净增长关注人数及积累关注人数,是运营者评估公众号运营效果的重要依据。新关注人数直接反映了公众号的吸引力和近期的增长趋势,运营者需特别留意其数据变化,分析增长或下降的原因,如内容质量、选题吸引力、传播渠道的有效性等,并据此调整策略。取消关注人数则揭示了用户黏性和满意度,当该指标上升时,运营者应及时收集用户反馈,了解用户取消关注的具体原因,如内容不符期望、推送频率不当等,以便及时作出调整。净增长关注人数作为新关注与取消关注的差值,综合体现了公众号的实际增长情况,需定期分析趋势,综合其他指标评估运营效果。而积累关注人数则代表了公众号的历史积累和整体影响力,是持续运营和优化的基础。

在这4个指标中,运营者需要重点关注新关注人数,以便准确判断粉丝增长的趋势。

监测新关注人数,需要特别留意数据的突然变化。例如,某天新增粉丝突然增多,可能是当天的内容、选题、传播渠道等方面正好满足了用户的需求,那么需要运营者仔细分析原因,看看哪方面导致了粉丝数量激增。同理,如果某天新增粉丝突然降低,甚至取消关注人数特别多,就需要仔细分析当天所发内容是否引起了用户反感,从而导致用户取消关注(图5-10)。

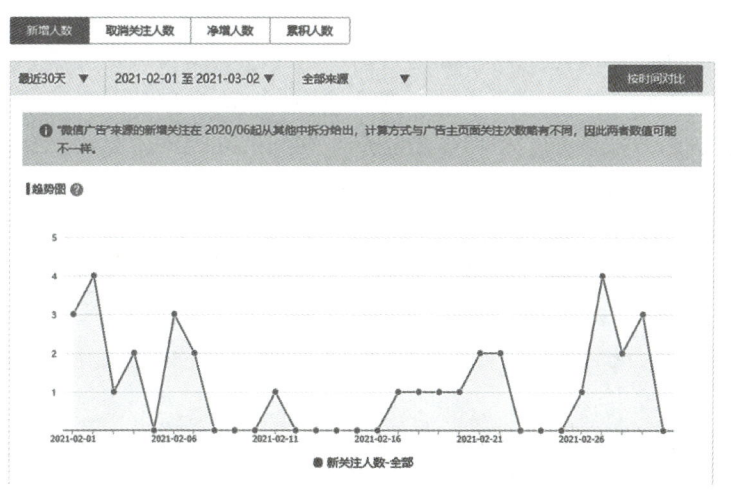

图5-10　30天里用户增长数据趋势(折线图)

除了分析数据突然的变化，运营者还需要进行数据对比分析。对比分析主要分为两种，即同比和环比。同比是指在相邻时段中的某一相同时间点进行比较，是本期统计数据与历史同期数据比较；环比是本期统计数据与上期统计数据比较。通过同比数据，运营者可以分析特定时间段推出何种运营内容更好，才能更直接了解当前用户对账户内容的喜好程度。

官方微信平台后台能查询到最近 7 天、最近 15 天、最近 30 天或任意 2 个月内的数据。因此，运营者可以很方便地以周、旬、月等为单位进行环比、同比分析。

此外，运营者还可以通过点击"全部来源"看到新增用户关注微信公众号的几个主要途径，即搜一搜、扫描二维码、文章页关注、名片分享、小程序关注、他人转载、微信广告、视频号直播、视频号、其他合计等。

搜一搜：指的是直接在微信中搜索公众号名称或者 ID 从而关注微信公众号的行为。

扫描二维码：指的是用户通过扫描微信公众号所对应的二维码从而进行关注的行为。扫描二维码关注公众号的场景多样，包括线上公众号互推时的二维码展示、图文文章末尾附带的二维码引导、各类活动海报中嵌入的二维码，以及视频结束时展示的二维码画面等。线下场景中，则常通过发放传单、张贴海报等方式，让用户扫描上面的二维码进行关注。

文章页关注：指的是用户在阅读微信公众号推送的文章时，通过文章页面内的关注按钮或链接直接关注该公众号的行为。这种方式通常利用文章内容吸引用户兴趣，进而促进用户主动关注。

名片分享：指的是通过好友或者群内分享微信公众号名片而关注的行为。

小程序关注：指的是用户在使用微信小程序进行支付或交互后，通过微信支付成功页面或小程序内的引导，直接关注与该小程序相关联的微信公众号的行为。这种方式利用了小程序与公众号之间的互通性，为用户提供便捷的关注途径，同时也有助于公众号获取更多潜在用户。

他人转载：主要指的是用户通过被转载的文章图文末尾快捷关注而来。

微信广告，指的是用户通过微信中所提供的各种广告关注而来，主要是针对企业并且做过微信广告。目前来说，微信广告主要分为朋友圈广告和公众号广告，其中公众号广告主要包括底部广告、视频贴片广告、互选广告、文中广告等。

视频号直播：指的是在通过观看公众号视频直播并关注的行为。

视频号：指的是通过朋友圈视频号精选视频而选择关注的行为。

其他合计：除以上主要渠道外关注而来的行为，如看一看、摇一摇、模糊搜索等。

熟悉掌握这些关注途径后，对研究如何增加公众号粉丝会有很大的帮助。例如，一个运营者拥有自己的实体店铺和商品，那么可以每次在顾客支付时，引导顾客关注自己的公众号，从而带来稳定的新增粉丝。除此以外，如果某一天新增粉丝特别多，可以了解用户从哪个渠道关注，从而顺藤摸瓜去寻找最初的源头或平台，可能这个平台就会发展成一个核心传播渠道。

除了正常查看，公众号每日增长的粉丝数据是支持导出的。单击页面的"下载表格"，即可下载每日分析增长明细。下载后将会得到一个 Excel 文件，运营者对此能做出更多分析，如每日平均增加粉丝量、历史单日最高增加粉丝量数据。同时，通过利用 Excel 运营者还能生成更多数据图表，如柱状图、曲线图、饼状图等，以便更直观地查看数据。

（2）用户属性数据分析。用户属性中可以看到性别、语言、省份、终端、机型等数据，其中最有价值的是男女比例、城市分布、手机机型。这些数据能帮助运营者查看粉丝的属性和质量。进入用户属性的页面，运营者可以看到男女比例数据，而此数据能够帮助运营者更好地调整发布内容。如果女性比例偏高，那么运营者的写作风格可以更亲切、可爱、调皮些，让更多女性粉丝喜欢。

男女比例不同的公众号，适合推广的内容也会有所侧重。例如，男性粉丝居多的微信公众号，可以投放体育、汽车等相关内容的资讯；而女性粉丝居多的公众号，则可以投放时尚、美妆、娱乐等内容。

运营者还能看到省份分布的数据，城市数据能提供以下多方面的参考。

①粉丝付费能力参考。当运营者知道省份分布的数据以后，相当于知道了粉丝集中分布的地方，同时也能作为粉丝质量的参考。例如，某微信公众号中一二线城市的粉丝比三四线城市多，则表明这个账号粉丝的付费能力相对较强。

②活动举办参考。知道了粉丝所在城市，对于运营者后续策划线下活动、举办粉丝见面会活动，也具有参考价值，运营者可以优先选择在粉丝集中的城市举办活动。

③内容创作参考。了解粉丝所在城市比例之后，运营者可以尽量贴合当地的文化生活进行特别创作。如果某公众号北京的粉丝比例偏高，那么创作诸如北漂、京剧、胡同等话题的文章，就容易引起粉丝的共鸣，反之，如果一个公众号广州的粉丝比例偏高，以北漂为话题创作，就可能效果要大打折扣。

手机机型分布的数据，主要为运营者对用户质量进行分析提供了参考。

机型对于判断用户质量或属性有一定的帮助，尤其是 App 或者游戏的推广特别看重某一平台机型的比例，以便选择最适合自己的账号去推广合作。例如，某公司的 App 目前只推出了 Android 版本，那么这个公司肯定会优先选择安卓机型用户居多的账号机型进行推广合作。

当运营者了解了用户分布的整体数据后，包括性别、省份、城市、机型等，最大的意义在于可以更加精准地投放网络广告。广告主在投放广告时可以侧重选择性别、城市、机型等要素，以便更加精准地投放广告，从而提升广告转化率。

2. 内容分析

除了用户数据，还有一个很重要的数据模块，那就是内容分析。目前主要分为已发布内容分析和多媒体分析，其侧重点不同。已发布内容分析指以图片、文字为主的内容分析，多媒体分析是特别针对公众号所发消息中包含视频、音频为主的内容所做的单独分析，其中直播和视频号动态相关的数据由视频号助手查看，此处不展示视频号相关数据。

此外，在了解内容数据分析之前，运营者需要了解以下数据指标的定义。

送达人数：内容消息群发时，能够送达的人数。

图文页阅读人数：点击图文页的人数，包括非粉丝，阅读来源包括公众号会话、朋友圈、好友转发、历史消息等。

图文页阅读次数：点击图文页的次数，包括非粉丝，阅读来源包括公众号会话、朋友圈、好友转发、历史消息等。

分享转发人数：转发或分享到朋友、朋友圈、微博的用户数，包括非粉丝。

分享转发次数：转发或分享到朋友、朋友圈、微博的次数，包括非粉丝。

微信收藏人数：收藏到微信的用户数，包括非粉丝。

原文页阅读人数：点击原文页的人数，包括非粉丝。

原文页阅读次数：点击原文页的次数，包括非粉丝。

微信公众号后台的图文数据分析主要分为已发表内容和未开启通知内容两部分。

（1）已发表内容。打开已发表内容，运营者能看到昨日关键指标的 3 项数据，即阅读次数、分享次数、完成阅读次数。

阅读次数：指所有图文在某个时间段里于不同传播渠道中阅读的人数及次数。

分享次数：指用户转发或分享到好友会话、群聊朋友圈及点击朋友在看的次数。

完成阅读次数：指用户滑动到图文消息底部的次数。

接下来就是流量分析，指的是微信所有图文的总体数据趋势分析，主要分为数据指标、传播渠道、数据时间3个维度。

数据指标：跟昨日关键指标雷同，这里不再赘述。

传播渠道：以目前微信公众号为例说明，有以下渠道。

● 公众号消息：文章在选定的时间内通过公众号推送、预览、手动回复来获得的阅读量的统计。

● 聊天会话：文章通过微信聊天会话中的分享、转发或直接打开链接来获得的阅读量的统计。

● 朋友圈：将文章转发至朋友圈后获得的文章阅读量的统计。

● "朋友在看"：阅读完文章后可点击"在看"按钮就可以将文章推荐到"朋友在看"，从而产生的阅读量，可通过微信——"发现"—"看一看"—"朋友在看"进行阅读量统计。

● 推荐：文章通过微信系统或其他渠道的推荐机制（如相关阅读、热门文章等）展示给用户，并因此获得阅读量的统计。

● "搜一搜"：在微信——"发现"—"搜一搜"或者点击微信主页的放大镜按钮而查看文章的阅读量统计。

● 公众号主页：用户直接访问公众号主页，或通过公众号主页的菜单、历史消息等入口点击阅读文章，从而获得阅读量的统计。

● 其他：按照微信官方解释的"其他"阅读量来源统计，总结下来主要是用户还会通过其他场景浏览账号内容，包括内容推荐、视频页观看更多、收藏、历史消息等。

当运营者了解到公众号阅读量来源不同渠道的定义后，对于提高微信图文阅读量也会有所帮助。如果一个账号粉丝基础比较大，但是目前阅读量一般，那么运营者可以重点策划一个针对粉丝的互动活动，激发已有粉丝的活跃度，加强与粉丝的互动，从而最终增加来自公众号会话的阅读量比例；如果一个公众号的粉丝比较少，但是希望提高文章阅读量，那么可以结合好友转发和朋友圈传播的渠道特点，努力创作"爆文"，这样即使粉丝基数小，也能形成阅读量。

数据时间：主要分为日报和小时报，不同类型的公众号阅读高峰时段是不一样的，比如，早上适合一些资讯类的公众号发文，下午娱乐新闻偏多，睡前则是深度阅读的时段。需要对过去一段时间的推文进行整理、集合、分析，再得出哪个时段是阅读量最高的时段。有了这样的结论，就可以调整推文时间了。不能主观臆断或者只通过自己的个人习惯去猜测用户的习惯，数据才是最重要的凭据。另外，其支持自定义筛选和导出 Excel 文件，其中最长的时间跨度为 90 天。

当运营者点击"详情"之后，可以看到这篇文章传播的数据详情。不同渠道的转化率、全部渠道传播的趋势图、阅读文章用户的性别比例、机型分布、省份分布等数据，都可一目了然。

通过这些数据，运营者不仅知道一篇文章的阅读量有多少，更能清晰了解一篇文章的阅读量是由哪些渠道的哪些用户带来的，这对后续文章传播量的预估判断有很大的参考意义。以分析公众号阅读量来源的渠道为例，查看某篇文章数据详情，运营者可以继续深挖这个优势渠道的资源，也可以拓展那些数据不太明显的"潜在渠道"。

（2）未开启通知内容。未开启通知内容是指发表时未开启群发通知的内容。当公众号管理员发布文章时，如果选择开启"群发通知"，文章会推送给所有订阅了该公众号的用户，并占用群发次数。如果未开启"群发通知"，文章则不会主动推送给用户，但有可能被微信平台推荐显示在订阅号消息列表的"看一看"位置或其他推荐位置。这种推荐不占用群发次数。需要注意的是，其统计范围仅限于图文发出后 7 天内累积的数据。要了解 7 天以后的数据，可以到首页查询数据并下载数据明细。

该部分数据分析主要包括以下内容。

阅读次数：指用户点击图文页的次数，包括非粉丝的阅读次数。

分享次数：指用户转发或分享到好友会话、群聊、朋友圈及点击朋友在看的次数，包括非粉丝的分享。

阅读后关注人数：指用户阅读本篇群发后，通过官方途径，进入公众号主页关注的用户数。

阅读完成率：指阅读完成该图文的人数／阅读该图文的总人数。

操作：指对单篇图文的进一步详细数据分析。主要包括概况说明、送达转化、分享转化、数据趋势、阅读完成情况、用户画像、年龄分布、地域分布等内容。

3.菜单和消息分析

微信公众号统计板块中的菜单分析和消息分析，是掌握用户点击量和了解用户关注焦点的重要数据分析项目。

（1）菜单分析。菜单栏作为粉丝互动的基础入口，通过它的数据分析可以看出公众号粉丝的满意度和活跃度；点击次数越多说明服务的覆盖人群越多，人均点击次数越多说明用户越活跃。

打开菜单分析，运营者能看到菜单分析的昨日关键指标的 3 项数据，即菜单点击次数、菜单点击人数、人均点击次数。针对这 3 项数据，微信后台可以选择查看最近 7 天、15 天、30 天或者任意时间段的菜单点击情况的数据，或选择按版本进行对比（图 5-11）。

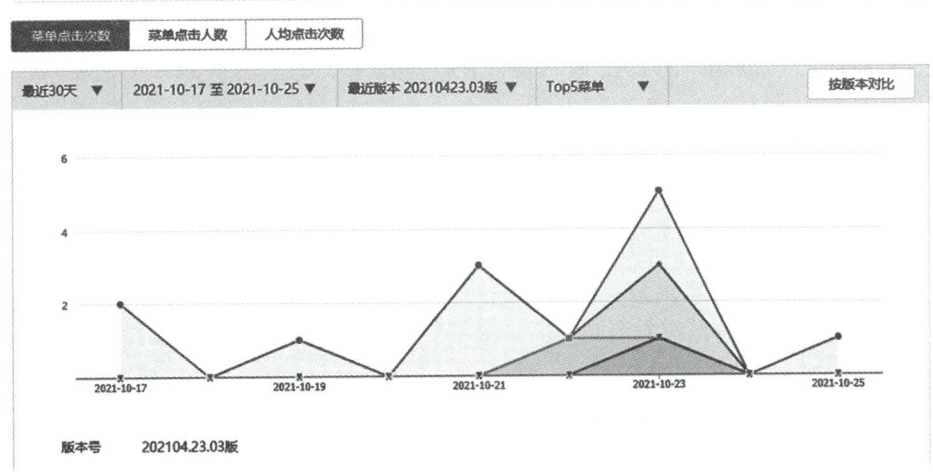

图 5-11　菜单和消息分析中菜单点击次数趋势

如果运营者想提升菜单的点击量，增加粉丝互动，那么一定要注意菜单文案的撰写，最大限度地引起粉丝的好奇心，并且在点击菜单之后设置一些有趣的菜单，从而促进粉丝的点击互动。无论设置一个或多个栏目，文案要设置得有趣并且吸引人，这样才能提高粉丝的点击欲望。

（2）消息分析。消息分析有助于发现用户发消息的集中时段，这样可以合理安排时间，了解到用户的主要疑惑点或需求点。

打开消息分析，运营者可以看到消息分析主要分为消息分析和消息关键词两个部分。

在消息分析中，运营者可以选择小时报、日报、周报、月报等时间维度，查看消息发送人数、消息发送次数、人均发送次数等数据。运营者还可以选择最近 7 天、14 天、30 天或者某个时间段的消息数据，或选择按时间对比，得到关键指标的趋势图。

在消息分析关键词中，运营者可分别查询最近 7 天、14 天、30 天中，前 200 名的消息关键词是什么。运营者可以设置一些关键词让用户在后台进行回复。对关键词的回复进行分析，有助于运营者了解用户对公众号内容的喜好，后续可以围绕这些关键词，继续创作类似的优质内容。例如，用户回复"发布会"这个关键词占比最高，那么运营者就可以定位这个关键词对应的文章，从而分析文章的写作特点，后续可以此篇文章为范例进行创作。

四、制作日常运营报告

为提高数据营销推广的适用性，通常会将营销推广的数据分析生成运营分析报告。常见的运营分析报告有日常运营报告、专项研究报告和行业分析报告。这里，我们重点介绍日常运营报告。

日常运营报告是新媒体部门每天、每月、每季度等都需要涉及的汇报，它是一种常态化报告，因此可以利用这个特点来提高报告生成效率。一方面，要确定报告的模式、报告用语和格式；另一方面要确定报告的流程，包括数据获取、数据分析、报告撰写、报告提交等，要形成相对固定的流程。常见的新媒体日常运营报告可分为过程表、效果表和汇报表 3 类。

1. 过程表

过程表通常呈现的是新媒体运营的日常过程，包括事项完成的时间、任务完成的数量等，过程表及过程分析通常能够对事项或任务开展过程中的质量进行分析，从而不断优化过程。

2. 效果表

效果表通常呈现的是新媒体的运营结果，如由公众号的用户增加数、取消关注数、文章阅读量、文章转化率等构成的数据表。效果数据及效果分析往往能够客观地展示新媒体的整体运营效果。

3. 汇报表

过程表和效果表主要是对过程及效果的评估和优化，常用于新媒体部门内部的分析与交流，而对于部门之间的交流或部门上报给领导的报告则需要用到汇报表。一般，汇报表内容要尽量简洁明了、通俗易懂，要减少数据量、突出主要数据。

4. 利用第三方工具进行数据分析的可视化报表

可视化的第三方工具很多，这里我们采用 BDP 为例进行具体介绍。BDP 个人版是一款免费使用、免安装下载的数据可视化分析工具，包括数据接入、数据处理、可视化分析、数据报表等数据功能，形成一个数据闭环，对数据进行集中管理。通过简单的拖拽字段，呈现出各种精美的可视化图表，即使数据"小白"也能很快上手，输入 BDP 官方网址就可以进入 BDP 个人免费版的网址，进行简单的注册登录操作就可以在线使用 BDP（图 5-12）。

项目五　运营提升

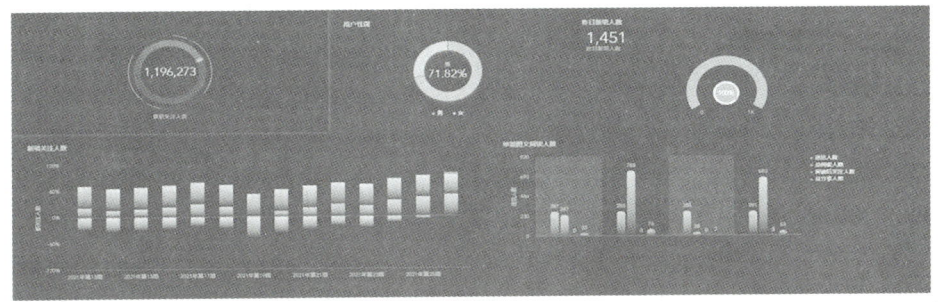

图 5-12　公众号可视化报表

任务小结

拓展阅读：
网红和 KOL

通过对该项任务学习，学生对旅游新媒体数据的概念、意义及分析工具有一个初步认知，通过对微信公众号运营及数据分析的掌握，学习如何制作、撰写高质量的新媒体数据分析报告及可视化展示，进一步提高自身的求知探索及动手实践能力。

任务四　舆情管理与网络安全

【任务导入】

"好客山东"输给青岛一只虾的警示

近几年，山东省着力打造"好客山东"品牌，"好客山东欢迎您"的广告宣传频现央视《朝闻天下》、凤凰卫视及山东各地旅游景区。经过几年的努力，这句话可以说已经传遍了大江南北，四海内外。可是，2015年国庆节期间"善德活海鲜烧烤家常菜"海鲜大排档的一只大虾，却在一夜之间让山东省"好客山东"的品牌形象受到了严重的负面影响。

2015年10月4日，四川广元的肖先生一家在山东省青岛市乐陵路92号的"善德活海鲜烧烤家常菜"吃饭时遇到宰客事件，在微博上引发网友热议。当事人称，在吃饭前，特地叫来服务员询问过，"大虾38元"是"38元一份"还是"38元一只"。一名女店员还有一个年纪不大的男员工都明确回答，是"38元一份"。结果结账时变成"38元一只"，一盘虾要价1500余元。10月

· 257 ·

5日,"青岛天价虾"事件引爆网络,成为舆论关注焦点。随后,青岛市物价局、青岛市市北区委宣传部、青岛市市北区市场监管局等相关部门逐一表态,并通过官方微博向公众反馈事件处理进展。相关舆情量在10月7日达到顶峰。

（资料来源：人民网）

任务解析："世界那么大,我想去看看。"随着中国经济的快速发展及人们生活水平的不断改善和提高,旅游也越来越受欢迎,人们往往把旅游当作提高生活品质的一个重要部分。特别是每逢节假日,人们旅游热情不断高涨,各大旅游目的地人满为患。新媒体时代下,人们可以利用各种新媒体工具随时随地了解信息、表达看法、提出建议。于是各种旅游负面舆情频频曝出,引发了一场场旅游舆情危机。

一直以来旅游业因其行业性质都是网络舆论关注的焦点之一,由于涉及人员面大、人员数量多且集中,因此一旦发生负面突发事件就极易引发大面积快发传播发酵,形成旅游网络舆情热点,甚至成为引人注目的公共事件,而旅游相关各部门稍不注意也极易被推到舆情的风口浪尖。一个城市如果不善待游客,个案就会被放大,使整个城市形象陷入危机之中,如"青岛天价虾"事件。

一、新媒体时代旅游网络舆情认知

（一）旅游网络舆情的概念和特征

1. 旅游网络舆情的概念

（1）舆情的概念。"舆情"一词最早出现在《旧唐书》中,唐昭宗在乾宁四年（897年）的一封诏中称："朕采于群议,询彼舆情,有冀小康,遂登大用。""舆情"在《辞源》（修订本）中被解释为"民众的意愿";在《现代汉语词典》（第7版）中则被解释为"公众的意见和态度"。据此可见,"舆情"的基本含义应为民众的情绪意愿、态度和意见等。现代学者对舆情概念的认识,有狭义和广义之分。狭义上,是指作为主体的民众对作为客体的国家管理者产生和持有的社会政治态度；广义上,舆情通俗来讲就是指由个人及各种社会群体构成的公众,在一定的历史阶段和社会空间内,对自己关心或与自身利益紧密相关的各种公共事务所持有的多种情绪、意愿、态度和意见交错的总和。

（2）舆情与舆论的区别。在现有的词汇中,与"舆情"具有类似词义解释的名词有"舆论""民意"等概念,在此仅简单对舆情与舆论进行区分。根据目前学界基本形成的共识，舆论是多数人形成的一致意见，是单种意见的集合。而舆情是松散的、无须得到一致认同的不同意见的积聚。当舆情产生聚集时就可以向舆论转化，因而舆情是一个比舆论包含内容更为宽泛的概念。简单来说，舆情中趋于一致和主流的意见是舆论，舆论在舆情基础上形成。

（3）网络舆情的概念。网络舆情是舆情的一种表现形式，是公众情绪、意愿、态度等在互联网上的表达。目前网络舆情已经成为形式最主要的舆情，因此我们对网络舆情的分析具有典型意义。在概念的界定上，舆情和网络舆情都是中国化的概念。网络舆情通常翻译为 Internet public opinion、public feeling、public sentiment 等。结合对舆情概念的解释，将网络舆情定义为以网络为载体，在特定时间段内通过媒介呈现的，公众对自己关心或与自身利益紧密相关的各种事件、现象、问题所表达和传播的情绪、意愿、态度和意见交错的总和。

所谓旅游网络舆情，是网络舆情在旅游领域的表现形式，指以网络为载体，以旅游事件为核心，旅游者、网民和媒体在网络世界表达的与旅游热点现象及危机事件有关的各种认知、情绪、态度、意见和行为倾向等的总和，具体包括旅游者在旅游信息获取、旅游计划决策、旅游产品预订支付、享受旅游和回顾评价旅游整个过程中所产生的各种网络信息，以及旅游者对旅游目的地、相关旅游行业的意见、态度、评价等。

2. 旅游网络舆情的特征

游客通过互联网轻松获取旅游资讯，也可以通过图文、短视频或直播等形式将自己在旅行过程中的见闻、感触体验分享到各类网络社交平台。当旅游体验不佳时，游客往往很快就会在网络平台表达自己的不满和批评，这就可能成为旅游网络舆情危机事件产生的导火索，最终演变为旅游网络舆情危机事件，对旅游企业或者旅游地形象造成损害。

和传统舆情相比，旅游网络舆情整体呈现出以下 4 个方面的特征。

（1）空间上，表现为影响范围的广泛性。互联网的普及打破了人们的时空限制，只要有网络就能共享信息，舆情事件的传播领域进一步加大。无论新闻事件发生在何处，人们均能通过互联网了解事件的来龙去脉。近年来，围绕旅游行业的各种热点事件和负面舆情呈现出逐年上升态势。典型事件如"三亚宰客""青岛天价虾""哈尔滨天价鱼""丽江女游客遭围殴""雪乡黑导游""和颐酒店女子遇袭"等。这些对相关旅游目的地和旅游企业都产生了很大程度的负面影响，而这种趋势会长期持续。除地域上的概念外，舆情事件的传播还超越了行业和领域的限制，无论是风口上的新兴产业还是远离风口的传统产业，都离不开网络传播与舆论监督。

（2）时间上，表现为事件发生的集中性和反应、发展的快速性。①事件发生的集中性。旅游舆情的时间分布与我国的节假日安排十分契合，主要集中在节假日期间爆发。②反应、发展的快速性。节假日期间，一旦发生舆情危机后，媒体往往是一窝蜂进行报道。随着 5G、区块链等新技术在信息传播中的应用，热点事件的舆情传播速度正不断加快。关于舆情回应的"黄金时间"也多次被刷新，从过去的 24 小时缩短到黄金 4 小时，甚至 1 小时。加之，在新技术的推动下，图片、视频等内容的传播更加便利、可读性更高、冲击力更强，也促使舆情传播加快提速。

（3）传播行为上，表现为网民传播行为的自由性、交互性和隐蔽性。①自由性。新媒体技术的进步以及公众自我意识的觉醒，带给网民极大的网络自由，公众在网络自我表达意见上更为自由。游客往往是旅游舆情的主要引爆点，在事件中通常充当着被动的受害者角色，同时也是旅游舆情的活跃传播者以及信息生产者。②交互性。公众习惯通过点赞、评论、发布朋友圈等方式表达自己的意见、观点和情绪，以表示对某个议题的关注。同时，公众之间、公众与主流媒体、主流媒体与意见领袖 KOC、社交媒体与公众等会存在信息的交流与传递，以点带面，具有较强的交互性。③隐蔽性。微信群、QQ 群、朋友圈、豆瓣兴趣小组等，这些半开放的公共平台承担了部分讨论功能，具有一定的隐蔽性，其隐形舆情风险也在增加。这些群组内大部分都是熟人关系，互动密切、氛围宽松，一旦利益受损，更容易抱团取暖，引发舆情。

（4）内容上，表现为话题和观点的多元性、情感的情绪性。①话题和观点的多元性。旅游网络舆情所涉及的内容非常丰富，可以传播文字、音频、视频等各类多媒体信息，并且网民来自不同国家和地区的社会各个阶层、各行业和各个领域，所涉及的话题和观点也相当多元化。②情感的情绪性。由于我国网民基数大且日益低龄化，部分网民心理脆弱，情绪宣泄多，理性思考少，使得事件的燃点变低、网络低俗语言多发、刻板印象明显。任何与公众利益息息相关的话题均有可能点燃情绪，使议题呈现井喷式传播。公共事件中，公众常表现出以情绪发泄为目的的网络谩骂、语言暴力等行为。

3. 旅游网络舆情管理的功能

对于旅游企业而言，旅游网络舆情管理有以下几个方面的功能。

（1）在处理危机公关方面，当企业面临重大品牌声誉危机时，旅游网络舆情分析可以辅助旅游企业开展公关工作，有利于掌握公关的最佳时机和化解危机的主动权，为公关提供重要参考。

（2）在品牌宣传方面，旅游企业品牌的优劣在互联网中也有体现，旅游网络舆情分析也逐渐成为旅游企业塑造、评估、修复品牌的重要参考，有利于助力优质旅游战略的落实，也将形成良好舆论环境与舆情生态的有力保障，维护"中国旅游"的品牌声誉与口碑。

（3）在市场营销方面，新媒体营销已经成为旅游企业市场营销的重要组成部分。通过对旅游网络舆情数据的挖掘，全面了解消费者的需求变化和意见建议，可以为旅游企业网络营销提供指导和反馈，实现科学决策和科学管理，制订行之有效的营销策略。

（4）在竞争情报方面，纷繁浩杂的网络信息中隐藏着重要商业情报，而从网络信息中提炼竞争情报，对市场变化趋势进行预测，以制定相应的竞争策略，也是旅游网络舆情的内容之一。

4. 旅游网络舆情的类型

依据不同的舆情分类标准，可以将旅游网络舆情分为以下几类。

（1）按照内容分，有政治网络舆情、经济网络舆情、文化网络舆情和社会网络舆情。

（2）按照存在形式分，有显性网络舆情和隐性网络舆情。

（3）按照表现形式分，有语言表达网络舆情和非语言表达网络舆情。

（4）按照形成过程分，有自发网络舆情和自觉网络舆情。

（5）按照效果分，有正面网络舆情和负面网络舆情。

（二）旅游网络舆情的产生及发展

1. 旅游网络舆情产生的原因

（1）是社会发展内在矛盾的体现。一是社会矛盾突出。随着经济体制、社会结构和利益格局的深刻变化与调整，社会矛盾逐渐显现，游客素质、利益分配、景区宰客等老话题在新热点的推动下频频凸显。二是社会心态的变化。在社会转型时期，公众的社会心态也在发生转变和重组。目前，我国公众的主流社会心态是积极健康的。然而，少数群体的非理性心态、群体怨恨心态、焦虑心态和质疑心态等不良社会心态往往会导致网络舆论危机的发生。三是社会群体分化。随着利益主体的多元化和价值取向的日益凸显，关于社会阶层固化的讨论引起了舆论的广泛关注。

（2）网络治理不当导致旅游网络舆情复杂化。在新媒体时代，有些旅游相关部门因缺乏公众舆论意识，对早期防控和人员培训不够重视，投入也不多，对旅游网络舆情的认识比较落后，经常在事件发生后丧失引导舆情和应对舆情的主动性。而一些地方部门缺乏舆论素养，这是引发公众情绪、导致舆论事件升级的导火索。例如，在云南丽江女游客被殴打毁容案中，官方虽然定性解释了事件的原因、过程和处置结果，但没有详细解释受害者原微博中的"推诿拖延""回避提问"等负面言论，这也客观上加剧了网民根深蒂固的怀疑。

（3）信息技术发展及出现的问题。一是信息技术的挑战。在大数据时代，互联网信息呈现海量、动态、多样的异质性特征，由于大量的相关性和零星因素，使得舆情更加复杂多变，有些传统的舆情监测研究和判断方法难以奏效。二是社交媒体的新功能正在增强。一些社交媒体引入了直播短视频、热门搜索、弹出窗口、视频弹出屏幕等功能，使得信息传播更快、更直接。一些地区性、地方性甚至零星的个案在互联网上迅速发酵，形成了"小而微的舆论热点"和"网上狂欢"趋势。

拓展知识5-4：旅游危机事件网络舆情的基本构成

（4）公民意识不断提高。随着改革开放的深入，我国公民的法治和民主意识不断增强，公民的主体性不断优化，参与社会治理的意识也不断提高。在互联网时代，互联网已经成为公民参与治理的新方式。新时代网民具有较高的网络收集能力和评论意愿，经常高度关注国际时事，参政议政热情很高，公民意识不断增强，这对网络舆情的发生及应对也提出了更高的要求。

2. 旅游网络舆情的发展规律

旅游网络舆情的发生、发展具有一定的周期性规律，依照时间线索可以划分为旅游网络舆情的潜伏期、升温期、爆发期和平息期。每个周期阶段都有明显的特征。

（1）旅游网络舆情潜伏期。旅游网络舆情的潜伏期是指旅游网络舆情事件发生的初期，也是控制和引导旅游网络舆情的关键阶段。这个时期，事件相关信息刚被发布，在微博、微信和新闻网站等零星、孤立地呈现，具有分散性和无序性，信息量小且片面模糊，事件没有被完整地呈现出来。它的访问量仍然非常有限，还没有引起网民的关注和议论，此时旅游网络舆情力量尚显单薄、走势也不稳定。这一阶段，信息传播还不能称之为舆情，但舆情的影响是有潜在风险的。

（2）旅游网络舆情升温期。旅游网络舆情的升温期属于过渡期，也是旅游网络舆情主体意见的形成期。在网上出现了网民感兴趣的话题后，网民的关注度也逐渐提高，网民对话题进行了一系列的看、发、跟、转、回等行为，以表达他们对刺激话题的态度、情绪和看法。此时，绝大部分的舆情事件都会逐渐升级，尤其是社会敏感话题、与社会热点密切相关的议题，经历了短暂的潜伏期后进入升温期。这个阶段，原本零星、片段式的信息被逐渐补充完整，原本孤立与分散的信息也被整合、链接在一起，在某些影响因素的作用下，关于舆情事件的信息逐渐被积累，已经形成了特定的观点并开始传播、交互意见，旅游网络舆情力量开始显现。

（3）旅游网络舆情爆发期。旅游网络舆情爆发期的特征是旅游网络舆情信息的爆发以及公众情绪的爆发，舆情事件彻底成为公众议题。这一阶段局面混乱，公众缺乏理性，舆论呈一边倒趋势，往往容易引发巨大的网络和现实影响。突发的刺激性事件迅速吸引了网民的眼球，参与人数和话题讨论都进一步加强，公众时刻关注着事件的进展，并对此过程中的各种决策表示出监督和怀疑，从而导致事件进一步发展。话题传播的主要内容已由个人观点、态度或媒体报道转变为舆情导向，信息公开，网上意见已高度统一。

（4）旅游网络舆情平息期。旅游网络舆情平息期也可称为衰退期，其特征是受众的关注度下降，事件逐渐淡出网络平台，公众情绪趋于冷静和理性。事情已经解决，真相也随之暴露出来了，公众逐渐减少了对该事件的关注。若在此期间没有新的事件或话题出现以刺激网民需求，旅游网络舆情就无法持续，影响的范围和强度也无法扩大和加强，也就不会再有新的变化，此时可以认为旅游网络舆情已经平息。

虽然可依照时间线索将旅游网络舆情划分为以上4个发展阶段，但是，一般情况下并不会完全按照这4个时期直线发展，可能原本逐渐平息的舆情会反弹升温，或者升温过程中的舆情没有爆发就逐渐平息了。因此，需要针对事件事态的变化，灵活制订旅游网络舆情应对策略，调整旅游网络舆情应对方法。

拓展知识5-5：旅游网络舆情演化的七个阶段

二、旅游新媒体舆情监测与预警

（一）旅游网络舆情监测

由于自然灾害、环境破坏、意外事故、消费纠纷、行业乱象和不当言行等原因引发的旅游危机事件逐年增多，在微博、抖音等各种网络新媒体推波助澜下受到广泛关注，从而形成旅游网络舆情危机事件，典型的如"上海外滩踩踏""丽江女游客遭围殴""和颐酒店女子遇袭""雪乡黑导游"等事件，对旅游地形象、旅游企业生存发展和旅游业产生了巨大冲击。在舆情发酵以秒读数的时代，要避免"蝴蝶效应"，就要尊重网络舆情的力量，化被动为主动，对旅游网络舆情事件进行积极研究、监测、预警，为科学有效地应对各类旅游危机事件做好准备。

旅游网络舆情监测是指对旅游网络舆情进行监控、监视和预测的行为。对于非突发事件引发的舆情来说，舆情监测是舆情引导工作的起点和基础。

对于突发事件舆情来说，舆情监测有利于及早发现和迅速反应。为及时、准确、全面地掌握相关网络信息，需要组建科学合理的机制，采用便捷有效的监测方法。随着新媒体时代数据处理技术的发展，目前首要的舆情监测手段是利用软件技术监测（如使用旅游网络舆情监测软件，设置关键词、敏感词，及时发觉相应的旅游网络舆情），其次也可以通过事件性质和主要网站进行人工监测（如定时关注国内各大网站与企业相关的新闻并及时追踪相关评论），或者采取人工与软件技术相结合的方式。

1. 旅游网络舆情监测的方式

（1）舆情软件监测。面对复杂的舆情环境以及海量旅游网络舆情信息，仅仅依靠人工实施监测已然不足，建议采用技术手段用专门的软件对全网旅游网络舆情进行全面监测。舆情软件监测主要采用基于互联网的信息搜索引擎技术、数据挖掘技术、数据可视化技术的发展，通过对大数据进行自动抓取、信息收集与汇总、分析与判断、自动预测与预警的行为。此类软件可短时间内高效处理大量信息、24 小时不间断运作，能提升对舆情信息的覆盖效率。目前，一般舆情分析软件都能在实时分类呈现舆情信息的同时，还可以报表、图表、多媒体等诸多形式展现舆情报告的初稿，这将为舆情分析人员节省很大的工作量，在此基础上，经进一步修改、补充研判类的信息，即可以快速完成舆情报告。

（2）舆情事件监测。舆情事件监测指依据旅游领域重大突发事件的性质，对舆情进行直观判断，对现实舆情或主要媒体的报道等旅游网络舆情进行监控、监视和预测的行为。景区自然灾害、事故灾难、旅游服务纠纷等舆情事件一旦发生，相关部门和企业就应对相关的舆情进行监测，并对网络舆情的影响、走势做出判断。应及时对突发事件进行针对性、阶段性的收集，为突发事件的处置和信息沟通提供依据，直到突发事件的处置与应对工作结束。

（3）舆情网站监测。舆情网站监测是指对各大主要门户网站或有关专业网站进行监控，及时监视、预测和发现相关网络舆情，这是一种日常的、无特定对象的旅游网络舆情监测。一般来说，网站或网页具有流量统计功能，舆情工作人员可以通过了解相关数据，对舆情进行监测，这数据主要包括浏览次数、发帖数、回复数、转载率、回帖数、页面浏览数、回帖总数、总流量、日流量、点击率等。需要对日常的旅游网络舆情进行持续搜集与跟踪，建立日常舆情信息库，总结旅游网络舆情事件长期性、全面性的规律和特点。

2. 旅游网络舆情监测的原则

（1）需求导向。舆情监测服务是客观存在的市场需求，要遵循市场规律。因此，舆情监测服务应以舆情需求主体的实际需要为导向，监测哪方面的内容、采集什么样的信息都要符合舆情需求主体的实际要求。如果脱离舆情需求主体需要而开展舆情监测工作那就失去了其存在的意义。

（2）客观真实。旅游网络舆情监测是要了解外部信息传播和公众舆论的情况，做到紧贴实情、符合实际。组建高素质的舆情监测工作团队，一切都是为了帮助舆情需求主体了解到真实、客观的舆情状况和趋势。舆情监测获得的信息越客观、越真实，就越有利于准确把握舆情态势，制定正确的应对策略。

（3）技术优先。面对浩瀚的互联网数字信息海洋，要想挖掘有效的旅游网络舆情信息，离开优良的技术手段简直就寸步难行。舆情监测工作要建立在先进的信息挖掘和数据处理技术基础之上，并且要随着新的形势变化，不断提升技术层级，始终保持以先进的技术手段开展舆情监测活动。

3. 旅游网络舆情监测的操作流程

（1）设置关键词。开展旅游网络舆情监测活动比较核心的一环就是设置关键词。为了将符合某种特征的舆情信息集中提取出来，要通过数据软件平台对该信息的特征进行描述和限定。如果关键词设定准确、配置科学，那么提取的数据准确率就高，舆情分析的结论就更接近真实状况；反之，提取的数据准确率就低，舆情分析得出的结论与真实情况之间的差距就大。旅游企业舆情监测通常可以采用企业名称、产品/服务名称、高管名称、竞争对手名称等。比如，想了解"中国青年旅行社"相关舆情，就可根据实际需要，采用"中国青年旅行社""中青旅""青旅""CYTS"等为关键词信息进行采集、参照。在舆情监测系统通过旅行社名称＋负面词关键词设置即可掌握与自身有关负面信息，以便及时准确地进行处置，从而避免影响企业形象的负面舆情事件爆发。

（2）设置系统栏目。在舆情监测分析系统平台中，对于日常舆情信息的监督监测是以栏目形式呈现的。设置系统栏目，可通过适当的关键词组合进行，把某一类别的信息集中呈现出来。不同的关键词、不同的组合策略，栏目呈现出的结果大相径庭。栏目内总会有部分关联度不高的信息被提取过来，所以必须通过完善关键词的遴选和组合策略，来提高提取信息的准确率。栏目数量并非越多越好，栏目太多，会显得纷繁复杂，信息琐碎，又容易淹没应该关注的重要信息，所以栏目数量以基本覆盖舆情需求主体的主要业务范围为宜。

（3）设置专项事件。当旅游危机事件突发之后，人们往往希望对该事件的舆情最新发展状况和总体走势进行连续追踪，监测该事件舆情酝酿、扩散、平息的全程面貌，这时候就需要在舆情系统平台中进行专项事件设置。专项事件设置，实质是在舆情系统平台中对某一热点事件进行的专题式舆情信息集中呈现，目的是方便舆情监测人员实时了解围绕该事件而在互联网上新增加的新闻报道、媒体评论、微博、论坛网帖、微博博文等网络信息。专项事件既可以设置为指向未来，追踪该事件最新信息，也可以对发生在过去的事件设置好前后两个时间节点，对该时段内的某一事件进行回顾式的信息集中呈现和分析整理。

（4）敏感信息预警。一般的舆情监测活动都设置了"敏感信息预警"环节。比较优秀的舆情监测分析系统平台一般也都会有舆情预警功能模块。首先，用能够覆盖负面信息特征的关键词组合，对"敏感信息"进行规定，监测系统会将符合敏感信息特征的网络信息集中起来，并计算每条信息的转发频率。其次，监测分析系统平台的预警功能模块，与短信系统、电子邮件系统对接，当符合条件的敏感信息转发频率达到规定的数值时，该条信息便会通过短信、电邮的形式发送给信息接收者，以提醒其及时采取舆情应对措施。

4. 旅游网络舆情监测的工作机制

旅游网络舆情监测工作需要专业化的团队协作展开，团队应建立以下运行机制。

（1）日常值班机制。为了适应迅速、及时的要求，旅游网络舆情监测机构必须建立日常值班机制，无论工作日还是节假日，应确保随时有人值班，随时了解最新旅游网络舆情。明确值班者的责任，包括责任时间段、查看舆情监测系统平台的频率、了解相关舆情信息之后的操作流程等。为了督促和鼓励值班人员的责任心，应设计必要的检查、奖励、惩罚办法。

（2）旅游网络舆情预警机制。为了使旅游舆情预警环节做得流畅、及时、有效，舆情监测机构应建立专门的舆情预警工作机制。建立这项机制的具体要求有如下3点：一是要全员强化预警意识；二是设预警专员，专门负责；三是进行预警信息审核。主管人员对预警价值做最终判断，根据该舆情的紧急程度、重要程度，向预警专员明确应在什么时间以什么方式，向舆情需求主体报送预警信息。

（3）舆情会商机制。舆情会商机制是舆情监测团队为研究问题、寻找方法、优化协作而进行沟通的机制。正因为舆情监测需要精密的团队协作，会商才显得如此重要。舆情会商有两种基本形式：一是常规会商，就是集中召开会议，会诊相关问题，研究解决办法；二是偶发性会商，就是根据实际需要，临时召集会议进行会商，研究的问题一般是突然发生的，需要尽快提出应对方案。舆情会商主要解决完善监测系统平台功能、优化关键词、预估舆情发展趋势等问题。

（4）数据管理机制。在舆情监测工作中搜集到的各种舆情信息，统称为舆情数据。作为舆情监测和舆情信息搜集活动的成果，舆情数据是开展舆情分析的依据。所有舆情分析报告、舆情研判结论都是对舆情数据进行梳理、比对、判断、研究的结果。因此，舆情数据管理既是舆情监测活动的最后一个环节，同时也是非常重要的环节。制订舆情数据管理机制应重点把握好如下几点：一是做到日积月累，贯穿始终；二是做到分类清晰，有利于高效率地提取数据、使用数据；三是做到安全稳妥，防止数据外泄。

【案例 5-6】

旅游网络舆情服务机构

随着大数据时代的到来，越来越多的旅游网络舆情服务机构正着力开发自主的网络舆情监测技术平台，以期实现海量旅游网络舆情数据的挖掘和运用。这些服务机构主要包括以下类别。

（1）依托主流媒体具有官方背景的服务机构。

（2）高校及科研机构主办的服务机构。

（3）互联网巨头/知名科技企业主办的服务机构。

拓展知识 5-6：旅游网络舆情服务机构

思考： 请仔细查阅以上二维码内容"网络舆情的服务机构"，并讨论思考以下问题。

1. 据你了解，你所在的单位是否有专职的舆情人员负责这项工作？主要采取哪种方式进行舆情监测？

2. 工作中你一般如何判断是否会发生舆情风险？如何判断舆情走向？如何判断决定采取何种舆情引导策略？

3. 请选取以上任一旅游网络舆情监测服务机构作为搜索对象，查找其提供了哪些功能和服务内容。

（二）旅游网络舆情研判预警

1. 旅游网络舆情研判预警的方法

（1）定性研判预警。该方法主要依靠人员的丰富实践经验以及主观判断和分析能力，推断出旅游网络舆情的性质和发展趋势，属于预测分析的一种基本方法。

（2）定量研判预警。该方法是将舆情传播数据（如点击浏览量、回帖量、转发量、评论量、点赞量等）代入已经建立的数学模型，并计算出传播态势的各项指数及其数值的一种方法。

（3）定向研判预警。该方法针对舆情风险点进行趋势性研判，目的在于根据舆情发生的特点和规律，准确把握事件的动态性发展方向。

（4）定位研判预警。因为舆情的发生是由舆情因变事项引起的，有其发展的规律，为此可以定位到具体的时间阶段，然后提供有针对性的处置措施和咨询参考意见。

2. 旅游网络舆情研判预警的重点

（1）内容研判与预警。通过对舆情内容及其影响的判断，对舆情的性质和未来走向进行预测、预警。旅游网络舆情本身就是社情民意的集合体，是不同社会群体、阶层利益和社会需求在网络上的话语和情感表达。旅游网络舆情事件的爆发往往是由旅游者引发的，旅游舆情所指向的对象也往往是景区、酒店、民宿、餐馆、导游等。对舆情内容主要从以下角度进行判断和预警，即舆情是否对政府或旅游企业有负面影响；舆情是否对政府或旅游企业形象造成损害；舆情是否对公共利益、公共安全造成威胁；舆情是否违背了传统伦理价值观或道德底线；舆情所涉及的舆论、言论是否有暴力倾向；舆情是否影响社会稳定；舆情是否引发冲突或社会恐慌等。网民是旅游网络舆情事件传播中最重要的参与方，舆情预警分级有必要针对网民关注内容与态度倾向进行定性判断。

（2）风险研判与预警。依据监测到的舆情数据和舆情状况，对舆情风险高低或级别做出主观性判断，据此采取相应舆情引导策略。一般可将旅游网络舆情的预警等级划分为轻度预警（Ⅳ级、非常态）、中度预警（Ⅲ级，警示级）、重度预警（Ⅱ级，危险级）和特重预警（Ⅰ级，极度危险级）4个等级，并依次使用蓝色、黄色、橙色、红色加以表示，如表5-9所示。其中，蓝色代表舆情事件的发展态势不是很紧急，不需要过度干涉或防范；黄色代表相应的舆情事件已有扩大的苗头，需要提高警惕；橙色代表相应的舆情事件已非常紧急，相应的措施应尽快出台；红色则代表舆情已经大范围扩散。

表5-9 旅游网络舆情风险预警等级划分

类别	舆情风险	预警等级	预警色	状态描述
轻度预警	轻度舆情风险	Ⅳ级	蓝色	表示负面舆情产生波动较小，在监控的同时可进行干预和引导，主要以引导为主、干预为辅
中度预警	中度舆情风险	Ⅲ级	黄色	表示负面舆情产生一定范围的影响，需要进行一定行政级别的干预
重度预警	重度舆情风险	Ⅱ级	橙色	表示有较大范围的负面网络舆情产生，需要介入大量干预工作，以保持社会环境稳定
特重预警	特重舆情风险	Ⅰ级	红色	表示有非常严重的负面舆情产生，可对社会稳定造成影响，必须立即进行干预

（3）舆情走向和趋势研判与预警。舆情工作人员依据监测到的舆情数据、舆情状况、突发事件性质等，对舆情的发展趋势和走向做出预判，为舆情引导或突发事件处置提供参考建议。一般来说，舆情可能存在以下走向与趋势：导致争论激化、导致事件影响扩大、引发社会恐慌、导致舆情或事件无法控制、导致人身攻击、致使矛盾冲突升级、引发网络暴力、引发群体事件、引起外媒关注等。一线旅游网络舆情工作人员可根据经验、舆情监测数据、突发事件或危机的性质等作出上述走向和趋势判断。

（4）舆情引导策略研判与预警。旅游网络舆情工作人员根据监测到的舆情数据、舆情状况、突发事件性质等，对舆情的引导和应对工作作出预判，就舆情引导工作提出策略性、参考性建议，供政府或者旅游企业经营管理者或决策者参考。舆情引导的方法和策略主要有召开新闻发布会、发公开信、发布信息疏导、公开事实、解释澄清、承认错误、领导直面公众或媒体等。舆情工作人员就是否采取上述引导策略提出建议或参考。

一般来说，对于有风险、影响范围大、可能升级、可能恶化的旅游网络舆情，应及时上报单位领导或上级管理部门，以便及时采取有效的引导措施。基层舆情研判人员或专业舆情研判人员并不一定拥有舆情应对指挥、管理、决策等权限，因此应将舆情及时上报，这是管理权限和岗位职责的基本要求，如果因为没有及时上报而导致舆情或事态扩大，可能会被追究责任。

三、旅游网络舆情处置与应对

（一）旅游网络舆情应对的基本原则

在新媒体快速迭代的今天，政府和旅游企业要主动适应媒体新生态，突破常规，利用新话语、新表达、新形式、新内容、新载体，抓住微博、微信、抖音等新媒体，发挥其强大的舆论宣传力，及时发布真实权威信息，引导舆论的正确走向。具体来说，需要在应对旅游网络舆情时把握以下 5 个原则，以顺应互联网传播规律和新媒体发展趋势，达到事半功倍的效果。

1. 第一时间原则

面对旅游网络舆情，不能听之任之，要及时准确发声，在第一时间迅速发布权威信息，做事件的"第一定义者"。按照快报事实、慎报原因、依法发布、滚动式发布的技巧，及时准确、公开透明事实真相。这既体现了信息的公开透明，又显示出负责任的态度，同时最大限度地遏制了谣言的滋生，让正面声音成为传播的主流。如在"上海迪士尼禁带饮食被告"这一舆情事件中，上海迪士尼乐园就没有符合"第一时间原则"，其危机事件最早在 2019

年8月8日被媒体报道,但官方做出回应的时间分别是11日和23日,危机回应时间明显滞后,造成后期舆情应对较为被动。

2. 坦诚真实原则

在发声时,沟通必须建立在坦率、诚信的基础之上,没有结论可以不说,但是态度要坦诚,以最大限度地赢取公众的信任。不要回避敏感问题和矛盾点,要广泛听取、收集公众意见,了解公众的真实心声和最为关切的事情,公开透明、互动沟通,有针对性地给予回应。在发声过程中实事求是、客观公正,要全面反映真相,不能用谎言或各种欺瞒手段搪塞、糊弄公众。

3. 口径统一原则

统一口径也是旅游网络舆情应对必须遵循的原则之一。平常时期,大家可以充分发扬民主作风,表达不同的声音,但是,突发事件发生后,所有成员都要统一口径,应由指定的新闻发言人统一对外发表意见,保证"一个声音说话",确保形成有效的对外沟通渠道,其他人员不要乱表态。要保证任何渠道发出的声音都是统一的、前后发声是一致的,以避免互相矛盾。

4. 留有余地原则

在事态发展并不明朗、真相尚未大白的情况下,说话要留有余地。应当快说事实、慎说原因,不能把话说得太肯定,不要轻易做出承诺,一旦事态有所变化,可能又会衍生出新的不信任危机。

5. 未雨绸缪原则

"凡事预则立,不预则废""防范大于救灾",旅游网络舆情危机的应对也不例外。很多旅游景区或企业经营管理者存在应对误区,不愿意花很少的钱预防,正是因为存在侥幸心理认为危机不会发生。对待旅游网络舆情,不能抱着这样的侥幸心理,一定要未雨绸缪,事先制订旅游网络舆情危机应急预案,决不能只做事后诸葛亮。这样,舆情危机发生后,就能立即启动应急预案,在最短时间内解决危机。

【案例5-7】

从"黄金24小时"到"黄金4小时"再到"钻石1小时"

如今网络即时性越来越强,只要一部手机,录音、拍照、视频即可一步实现,传到网上。全民皆网,拉开了一场"信息战"的序幕。传统观点认为,官方处置突发事件有"黄金24小时"之说,即在事发24小时内发布权威消息主导舆论是平息事件的关键。随着新媒体崛起,渗透并深刻参与突发事件的发展过程,传统的"黄金24小时"法则渐显无力。于是,人民网舆情监测室提出了"黄金4小时"法则,"4小时"考虑了需要厘清事实真相、政府各部门协调工作和完成信息披露文书所花的时间。而随着即时网络时代的到来,有学者认为"黄金4小时"效应也渐显乏力,于是提出了"钻石1小时"原则。在微博、微信、抖音等广泛运用的当下,"钻石1小时"原则为越来越多的组织和个人所接受。

思考: 你如何看待旅游网络舆情应对的"钻石1小时"原则?

(二)旅游网络舆情应对方法和技巧

1. 旅游网络舆情的周期性应对

依前所述,旅游网络舆情的发生、发展具有一定的周期性规律,依照时间线索可以划分为旅游网络舆情的潜伏期、升温期、爆发期和平息期。舆情监测可重点放在舆情潜伏期,此时若提早发现苗头、及时预警能够防患于未然。一旦舆情继续升温,进入升温期,则有必要进行研判预警了。通常情况下,应根据不同阶段的传播特点开展有针对性且有侧重的监测、研判预警和应对。

(1)旅游网络舆情潜伏期,应对重点是建立预警,对旅游网络舆情进行源头干预。对旅游网络舆情进行监测,及时发现和捕捉具有苗头性、敏感性的舆情信息,了解公众关心的重点和疑点,整理网民参与讨论、跟帖的主要观点和倾向性意见,启动舆情信息动态追踪机制并第一时间通知有关职能部门,共同做好应对舆情危机的准备。密切关注旅游网络舆情的变化,预见事件可能的发展和后果,通过积极发声和信息公开,抢占舆论先机,对矛盾和风险苗头进行有效疏导与化解,启动处置预案。这样既可以主动发起旅游网络舆情讨论,促进旅游网络舆情的形成,也可以避免不必要的网络关注,使旅游网络舆情在整体上平稳有序地发展。

(2)旅游网络舆情升温期,也是谣言的高发期。此时,企事业单位和媒体若不能在第一时间发布权威和详细的信息,消除公众的疑虑,种种猜测、传闻就会在网络上滋生并迅速传播。舆情监测预警的重要工作集中在全面搜集舆情的最新发展动态,要对舆情传播细节进行地毯式收集、汇总。观察有无重点媒体介入报道、意见领袖或活跃网民的积极推动,及时快速展开舆论场各方观点的搜集与整理工作,并进行理性客观、相对科学的分析,特别要收集参与评论者的发声平台、身份特征、粉丝量、地理分布等方面特征,绘制舆情事件参与群体的画像。这一阶段旅游网络舆情应对的重点是防止蔓延,尽量降低负面影响,可以从两方面下手:一是回应公众诉求,以解决问题的态度进行充分对话;二是遏制谣言,消除不良影响。

（3）旅游网络舆情爆发期，这是旅游网络舆情应对最艰难的时期，几乎已无法控制。平息舆情的关键在于如何处理舆情所带来的影响，给予公众满意的答复，以及针对舆情制定相关政策或建立长期机制，以避免类似事件再次发生。受多方舆情压力的影响，决策层或涉及事件的有关部门要表明态度和观点，并对事件进行调查，公布事件的有关信息，包括事件的原因、经过、处理方式和结果。由于公众舆论压力大，无论是直接对事件负责的主体，还是作为社会管理者的政府，对舆情的处理都面临着越来越大的困难。此阶段应重点关注舆情事件本身的传播焦点是否发生转移、促成转移焦点的原因以及各方所持观点有无倾向变化、是否存在新的关联话题，可多维度、多视角挖掘影响舆情走势的关键推动因素，回顾舆情事件的演变过程，深入探究其出现的历史、政治、经济、文化和社会等各方面原因。

（4）旅游网络舆情平息期，关键在于总结或公开事件全过程和事件真相。旅游网络舆情结束后，网友不再对事件有发表欲望的态度，转而关注新事件或话题。但平息并不代表公众对事件完全不关心，不可放松警惕，要防止舆情重新被点燃。舆情态势整体平稳后，应"趁热打铁"对事情进行复盘分析，总结应对得失，尽早开展形象修复等工作，重建与舆情主体间的信任。也要重点关注有无引发次生舆情的可能，对涉事各方存在的潜在风险进行辨别评估。

总之，旅游网络舆情的发展规律为舆情监测、预警和应对提供了一种思路，需要了解各个时期的特点和注意事项，掌握一定的发生、发展规律，从而在应对过程中灵活应变。

2. 旅游网络舆情应对技巧

（1）加强监测，完善机制。要建立完善的旅游网络舆情监测和预警机制，设置旅游网络舆情监测机构，配备相关人员，提升旅游网络舆情管理效率，同时对旅游企业全员进行旅游网络舆情应对培训，以增强舆情管控能力和应对水平。要制订科学的旅游危机事件应急处理预案，以便发生危机事件时能迅速采取有效措施控制事态发展，从而减轻危害或将危机控制在萌芽状态。

（2）先声夺人，抢占制高点。旅游部门和旅游企业要及时发布事件信息和事实真相，以避免滋生谣言，减少网络围观。在"黄金4小时"甚至"黄金1小时"内发布相关信息、公布危机事件处理情况，做舆情事件的"第一定义者"。并且在处理旅游危机事件时要妥善慎重，及时采取有效措施控制事态发展，防止事态演变和恶化。

（3）放低姿态，敬畏民意。在发声过程中要主动地、低姿态地与网民进行沟通，快报事实、慎讲原因，以情动人、以诚感人。面对网友的围观和批判，要虚心接纳，忌公然对抗舆论监督、践踏民意。要敬畏舆情，尽可能地顺应民意、尊重民意，平等坦诚地与公众沟通，表达态度和立场，最大限度地平息网民的情绪。

（4）善抓关键点，关注意见领袖。意见领袖在旅游危机事件传播和旅游网络舆情中有着重要的中介作用、过滤作用和引导作用，是旅游网络舆情传播的关键节点。意见领袖对网民的态度、行为和舆论还具有很强的支配和引导作用，往往影响网民的思维和对危机事件的想法与看法。要高度重视意见领袖的作用，处理好与意见领袖的关系，通过意见领袖发布的关键信息和真实信息，防止滋生谣言，从正面引领旅游网络舆情。

（5）整合资源，积极互动。要整合各种媒体资源，通过广播、电视、微信、微博等方式及时发布相关信息，尤其要加强与权威强势媒体的合作，引导社会舆论方向，并且应积极与媒体和网民互动沟通，收集民意，满足社会公众的知情权，从而争取话语权。在危机信息发布时要诚恳致歉、承诺改进、有效回应，对不确定的问题回应要谨慎，避免矛盾激化。

（6）做好善后，重塑信任。随着时间推移，人们逐渐回归理性，会对舆情事件进行深度思考和客观评价，还关注事件的处理结果，如果事件得到了很好的解决，舆情也将得到很好的控制。最后，要做好舆情善后工作，总结经验教训，在反思中完善管理制度，制订防范措施。通过各种媒体向公众传递正能量，恢复社会公众信心，修复改善受损形象，重塑信任。

（三）旅游网络舆情处置与应对工作机制

一是要建立旅游网络舆情领导机制。主要包括设置重大突发事件旅游网络舆情引导处置的党委中心组或主要负责人，明确相应的指挥权限和责任。在发生重大突发事件旅游网络舆情时，该机制如同大脑，能够让其他机制快速及时响应，以采取各种措施，指挥应急预案顺畅运行。

二是要建立旅游网络舆情监测机制。发展建立起一批由各部门组成的网评员队伍，拓展网络收集渠道，加强与各网站、媒体的联系和沟通。团队成员在分工上要服从统一安排，在监测工具使用上要坚持统一设置，在舆情信息搜集上要按照统一尺度进行，在舆情信息编辑上要符合统一规格。

三是要建立旅游网络舆情研判预警机制。建立和落实舆情研判联席会议制度，当预警信息报送到相关人员和涉事单位后，研判机制即启动，旅游网络舆情管理部门协同具体职能部门共同开展网上舆情研判工作，制订比较详尽的判断标准和预警方案。面对信息杂、风险大的重大突发事件网络舆情，需要对信息进行科学的定性分级，形成处置策略，提出对策及建议。

四是要建立旅游网络舆情应对机制。建立旅游网络舆情突发事件应急中心，除了相应的人员配置外，还应包括各部门之间协同配合，采取有效措施解决实际问题，确保在出现重大突发事件的旅游网络舆情时，能短时间内调动和整合各种力量，科学有效地应对处置。

五是要建立旅游网络舆情复盘机制。需要对重大突发事件进行总结反思，并对旅游网络舆情背后反映的普遍性问题举一反三，查漏补缺，主要包括制度完善、形象修复、案例总结、队伍建设等内容，其中制度完善、案例总结、队伍建设等工作的时效性要求高，一般在旅游网络舆情引导处置结束后需要及时进行，形象修复工作虽然持续时间较长，但是必不可少。

四、网络安全管理

"没有网络安全就没有国家安全，没有信息化就没有现代化。"网络安全是一个关系国家安全和主权、社会稳定、民族文化继承和发扬的重要问题。就旅游业来讲，移动支付、查找攻略、网上订酒店、预订接送机等，可以说旅游企业和旅行者都离不开互联网。不可否认新媒体并不是完美的，将它引入旅游业经营中，也可能带来很多安全问题。旅游新媒体运营需要多方力量的共同努力，稍不留神，一个小小的操作失误可能带来的影响也远不是其他传统媒体相比的，可谓一秒之内全网皆知，极有可能引发蝴蝶效应。这样的结果当然不是经营者希望的。网络安全管理的重要性，随着全球信息化步伐的加快变得越来越重要。

（一）网络安全

1. 网络安全的内涵

（1）网络安全的含义。网络安全的本质就是网络上的信息安全，是指网络系统的硬件、软件及其系统中的数据受到保护，不受偶然的或恶意的原因而遭到破坏、更改或泄露；系统连续、可靠、正常地运行；网络服务不中断。网络安全的目标就是要实现信息系统的基本安全特征（即网络安全基本属性），并达到网络通信所需的保障级别。

（2）网络安全的属性。网络安全的基本属性包括保密性、完整性、可用性、可追究性和抗否认性等。其中，保密性指网络能够阻止未经授权的用户读取保密信息；完整性指系统的展示以及传递的信息真实、准确、完备，不被冒充、伪造和篡改，包括身份真实、数据完整和系统完整等方面；可用性指网络可被授权者需要的时候访问和使用的特性；可追究性指从一个实体的行为能够唯一追溯到该实体的特性，可以支持故障隔离，攻击阻断和事后恢复；抗否认性指一个实体不能够否认其行为的特征，可以支持责任追究、威慑作用和法律行动。以上网络安全的这些属性在具体实现中所能达到的级别决定了此网络可以被完全信任的程度。

2. 网络安全的类型

（1）系统安全。运行系统安全即保证信息处理和传输系统的安全。它侧重于保证系统正常运行，避免因为系统的崩溃和损坏而对系统存储、处理和传输的消息造成破坏和损失，避免由于电磁泄翻，产生信息泄露，干扰他人或受他人干扰。

（2）网络信息安全。网络信息安全指网络上系统信息的安全，包括用户口令鉴别，用户存取权限控制，数据存取权限、方式控制，安全审计，安全问题跟踪，计算机病毒防治，数据加密等。

（3）信息传播安全。网络上信息传播安全，即信息传播后果的安全，包括信息过滤等。它侧重于防止和控制由非法、有害的信息进行传播所产生的后果，避免公用网络上自由传输的信息失控。

（4）信息内容安全。信息内容安全指网络上信息内容的安全，它侧重于保护信息的保密性、真实性和完整性，避免攻击者利用系统的安全漏洞进行窃听、冒充、诈骗等有损于合法用户的行为，其本质是保护用户的利益和隐私。

3. 网络安全的特征

网络安全根据其本质的界定，具有以下几个基本特征。

（1）机密性。指信息不泄露给非授权的个人、实体和过程，或供其使用的特性。在网络系统的每一个层次都存在着不同的机密性，因此也需要有相应的网络安全防范措施。在物理层，要保护系统实体的信息外露；在运行层，保证能够为授权使用者正常使用，并对非授权的人禁止使用，并有防范黑客、病毒等恶性攻击的能力。

（2）完整性。指信息未经授权不能被修改、不被破坏、不被插入、不延迟、不乱序和不丢失的特性。

（3）可用性。指授权的用户能够正常地按照顺序使用的特征，也就是能够保证授权使用者在需要的时候可以访问并查询资料。在物理层，要提高系统在恶劣环境下的工作能力；在运行层，要保证系统时刻能为授权人提供服务，保证系统的可用性，使得发布者无法否认所发布的信息内容。

（二）网络安全威胁

与网络安全对应的就是网络安全威胁。其大致可以分为网络基础设施威胁、网络主机威胁、网络客户的安全威胁，也可以分为网络内部威胁、网络外部威胁。对于网络来说，由于网络的结构不同，面临的威胁存在差异。常见的网络安全威胁有以下几种。

1. 网络监听

网络监听是一种监视网络状态、数据流程以及网络上信息传输的技术。黑客可以通过侦听，发现有兴趣的信息，比如用户账号、密码等敏感信息。

2. 口令破解

口令破解是指黑客在不知道秘钥的情况下，恢复出密文中隐藏的明文信息的过程。常见的破解方式包括字典攻击、强制攻击、组合攻击，通过这些破解方式，理论上可以实现任何口令的破解。

3. 拒绝服务攻击

拒绝服务攻击即攻击者通过某种方法使系统响应减慢甚至瘫痪，阻止合法用户获得服务。

4. 漏洞攻击

漏洞是在硬件、软件、协议的具体实现或系统安全策略上存在的缺陷，从而可以使攻击者能够在未授权的情况下访问或破坏系统，例如利用程序的缓冲区溢出漏洞执行非法操作、利用操作系统漏洞攻击等。

5. 网站安全威胁

网站安全威胁主要指黑客利用网站设计的安全隐患实施网站攻击，常见的网站安全威胁包括 SQL 注入、跨站攻击、旁注攻击、失效的身份认证和会话管理等。

6. 社会工程学攻击

社会工程学攻击是利用社会科学（心理学、语言学、欺诈学）并结合常识，将其有效地利用，最终达到获取机密信息的目的。

7. 非授权访问

非授权访问是指没有预先经过同意，就使用网络或计算机资源。主要有假冒、身份攻击、非法用户进入网络系统进行违法操作、合法用户以未授权方式进行操作等几种形式。

8. 传播病毒

通过网络传播计算机病毒具有极大的破坏性，而且用户很难防范，严重的可以使整个网络陷入瘫痪。

（三）网络安全管理

1. 网络安全管理原则

（1）多人负责原则。每项与安全有关的活动都必须有两人或多人在场。这些人应是系统主管领导指派的、忠诚可靠的、能胜任此项工作的。

（2）任期有限原则。一般地讲，任何人最好不要长期担任与安全有关的职务，以免误认为这个职务是专有的或永久性的。

（3）职责分离原则。除非系统主管领导批准，在信息处理系统部门工作的人员不要打听、了解或参与职责以外的、与安全有关的任何事情。

2. 网络安全管理的内容

（1）传输安全。主要是从机房物理环境条件、通信数据链路安全等方面对传输层进行全方位防护。

（2）网络安全。通过综合应用网络隔离、信息审计、入侵检测等手段，实现对网络层的安全防护。

（3）主机安全。主要针对计算机终端的硬件设备、操作系统等提出安全对策，保护主机层的安全。

（4）应用安全。主要采用身份认证、应用防护、漏洞监控等手段，确保信息安全。

（5）数据安全。通过采用备份机制保证数据稳定可靠，通过各类身份识别机制及访问控制机制保证数据的使用安全。

（6）运行管理安全。主要从制度管理及运维策略的运用方面来消除信息网络安全的安全风险，实现技防与人防并举，加强信息网络的安全性。

3. 网络安全管理措施

在网络系统中，绝对的安全是不存在的，制定健全的网络安全管理策略是网络安全的重要保证。只有通过网络管理人员、旅游新媒体运营人员的共同努力，运用一切可以使用的工具和技术，尽一切可能去控制、减小、降低以及避免一切非法的网络行为，尽可能地把不安全的因素降到最低。总体安全策略可以概括为"实体可信，行为可控，资源可管，事件可查，运行可靠"。具体来说，可以采取以下措施。

（1）建立健全安全管理机制。旅游部门和旅游企业应建立旅游新媒体安全运营机制，旅游新媒体信息审核、发布要配置专用设备，做到专机专用、专人专用，严禁安装与工作无关的软件，严禁接入不明网络，对可能涉及国家秘密、商业秘密、个人隐私的信息要严格管理，确保不发生泄密事件。加强对账号、密码的安全管理，提高密码强度，防止账号被攻击、窃取，防止发布的信息被篡改。加强网络安全规范化管理力度，制定网络建设方案、机房管理制度，从内到外，层层落实，动态管理，适应新的网络需求，如促使网络拓扑结构、网络应用以及网络安全技术的不断发展，调整网络的安全管理策略。

（2）定期进行网络安全风险评估。定期进行网络安全风险评估主要包括识别网络安全事故的危害、评估危害的风险和控制网络安全风险的措施及管理。通过进行网络安全风险评估，可以及时防范风险的危害，及时调整网络安全内容，保障网络安全运行，保证计算机信息管理系统及时应对不断变化的网络安全形势，提高危险的预防和网络安全的防御能力。

（3）加强网络技术的培训。网络安全是一门综合性的技术，需要专门的技术人员利用专用的网络管理工具，按管理策略要求来管理和维护系统网络的运行。网络管理人员必须不断地学习新的网络知识，掌握新的网络产品的功能，了解网络病毒、密码攻击、分组窃听、IP欺骗、拒绝服务、端口攻击等多样化的攻击手段，这样才能更好地管理好网络。

（4）加强全员网络安全意识。网络安全最大的威胁是网络用户对网络安全知识的缺乏，必须加强不同层次的员工和用户的安全意识，引导用户自觉安装防病毒软件，打补丁，自动更新操作系统，不熟悉的软件不要轻易安装，陌生的邮件不要打开，不安全的网站不要点击，密码设置不宜过于简单。

任 务 小 结

通过本任务的学习和实践，学生应理解旅游网络舆情的概念、特征及类型，掌握旅游网络舆情的产生及发展规律，旅游网络舆情监测的方式、原则和操作流程，旅游网络舆情研判预警的方法及旅游网络舆情风险研判的分级标准，把握应对旅游网络舆情的基本原则和方法；理解网络安全的本质，掌握网络安全管理的内容和措施。